분석용 데이터 제공
http://uup.ulsan.ac.kr/

개정판

SPSS 21.0을 활용한 생활과학 통계분석

서정희 ·허은정 공저

UUP.

SPSS 21.0을 활용한 생활과학 통계분석 (개정판)

- 2014년 8월 25일 개정판 1쇄 발행
- 2013년 8월 29일 초판 발행
- 지은이 서정희, 허은정
- 펴낸이 이철
- 펴낸곳 UUP. (울산대학교출판부) 680-749 울산광역시 남구 대학로 93(무거동) 울산대학교 출판부
- 전화 (052)259-2488 팩스 (052)277-3011 ▪ 홈페이지 http://uup.ulsan.ac.kr
- 출판등록 제370-1996-000001호(1996.3.13)
- ₩ 15,000

ISBN 978.89.7868.346.3 (93310)

개정판 서문

처음 이 책을 저술할 때 저자들은 생활과학 자료를 분석하고 연구하는 사람들을 대상으로 통계학의 기본 개념을 알기 쉽게 설명하고 실제 데이터를 가지고 SPSS 프로그램을 사용하여 통계를 돌려 결과표를 작성하고 해석하며, 아울러 학술지에 게재된 연구논문에 실린 내용을 보고 올바르게 해석하는 것이 주요 목적이었다. 이 책을 사용해본 연구자들과 교수님들께서 다른 통계관련 책보다 내용을 이해하기 쉽고 또한 SPSS를 직접 실행하고 해석하는데 많은 도움을 받았다는 격려도 듣게 되었다. 그러나 저자들은 작년에 시간적 여유가 없는 상태에서 출간을 서두르다 보니 부족한 부분을 보완하지 못한 아쉬움이 항상 남아 있었는데, 이번에 개정판을 출간하면서 수정과 보완을 할 기회를 얻게 되었다.

이번 개정판은 지난번 초판의 구성을 유지하는 상태에서 몇몇 장에 대해 내용을 추가 보완하였다. 5장의 가설검증에서는 가설검증절차에 대해 단계별로 보다 자세하게 기술하였다. 6장 기술통계에서는 단일응답 빈도분석과 다중응답 빈도분석을 구분하여 내용을 정리하였다. 11장 단순회귀분석에서는 회귀분석의 이해에 필요한 기본 내용을 추가하였다. 그리고 12장 다중회귀분석에서는 다중회귀분석의 실행에 있어서 입력방식과 단계선택방식을 사용하였을 경우 다른 결과가 나오는 것을 통해 두 방법상의 차이점을 구체적으로 이해할 수 있도록 구성하였다.

이번 개정판을 만들면서 6장 내용 정리와 12장 SPSS프로그램 실행과 관련된 부분의 내용 수정에 많은 도움을 준 전향란 박사께 감사의 마음을 전한다. 또한

이 책의 개정판을 출판하도록 도움을 주신 울산대학교 출판부 여러분께 다시금 고마움을 전한다.

2014년 7월
/저자일동

초판 서문

저자들은 10년 이상 대학원과 학부 고학년들을 대상으로 통계학, 소비자분석론, 연구조사방법론, 연구방법론 등의 교과목을 강의하여 왔는데, 최근 생활과학대학 1학년 학생들을 대상으로 하는 전산통계 과목을 가르치면서 통계학의 주요개념과 생활과학에서 많이 사용되는 통계분석을 쉽게 이해할 수 있게 만들어진 적절한 책을 찾기 힘들어서 이 책을 집필하게 되었다. 이 책이 기존에 출간된 통계학이나 연구방법론, SPSS관련 매뉴얼 등과 차이점은 다음과 같다. 첫째, 이 책은 통계학이나 SPSS 프로그램에 대한 기본 지식이 없는 학생들이나 일반인들도 쉽게 이해하고 관련 통계분석을 실시하고 해석할 수 있도록 만들어졌다. 둘째, 통계분석과 관련하여 생활과학 분야에서 가장 많이 사용되는 양적 통계분석인 기술통계, 교차분석, 카이검증, t-검증, 분산분석, 상관분석, 회귀분석 등을 SPSS 프로그램을 사용하여 각 단계별로 직접 실행하여 분석하고 해석할 수 있도록 내용을 구성하였다. 셋째, 각 통계분석에 대한 장의 끝부분에 학술지에 게재된 논문에서 실제로 해당 통계분석이 어떻게 사용되었는가에 대한 구체적인 예를 제시하여 해당 통계분석에 대한 이해를 향상시키려고 노력하였다.

본 저서는 전체 12장으로 구성되어 있다. 1장과 2장은 통계학의 개념, 척도 유형 등 기본적인 내용을 포함한다. 3장과 4장은 SPSS프로그램을 실행하는 데 필요한 기초적인 내용들로 구성되어 있다. 5장은 가설검정 절차를 설명하며 6장은 기술통계를 포함한다. 7장은 교차분석과 카이검정을, 8장은 t - 검증을 다룬다. 9장은 분산분석, 10장은 상관분석, 11장과 12장은 회귀분석의 내용을 포함하고 있다.

통계분석과 관련한 장에서는 기본 개념을 설명한 후 구체적인 데이터를 가지고 SPSS 프로그램을 단계적으로 실행하고 결과를 해석하며 보고서 작성하는 법에 이르기까지 구체적으로 기술하고 있다. 그래서 학생들이나 일반인들이 학습한 내용에 대해 스스로 직접 실습할 수 있도록 내용을 구성하였다. 분석용 데이터는 울산대학교 출판부 홈페이지(http://uup.ulsan.ca.kr/)에 있는 게시판의 자료실에서 다운받아 사용할 수 있게 하였다.

본 저서에서 서정희 교수는 1장에서 6장까지의 내용을 집필하였고 허은정 교수는 7장에서 12장까지의 내용을 집필하였다. 그리고 전향란 박사는 책의 전체 부분 중 SPSS 프로그램의 실행과 관련하여 각 단계별 순서 화면을 캡쳐하여 삽입해 주어, 책이 완성되는데 큰 도움을 주었다. 이 자리를 빌려 감사의 마음을 전한다.

본 저서는 생활과학을 전공하는 학생들이나 연구자들이 SPSS 프로그램을 활용하여 전산통계 혹은 통계분석을 실시할 때 활용될 수 있을 것이며, 아울러 통계학에 대해 기초 지식이 없는 일반인들이 통계분석을 할 경우에도 사용될 수 있을 것이다. 본 저서를 완성하기까지 저자들은 많은 노력을 하였지만 충분한 시간적 여유없이 출간을 서두르다보니 부족한 부분이 많이 있음을 인정하지 않을 수 없다. 시간적 여유를 가지고 다시 개정될 수 있기를 기대해본다.

마지막으로 본 저서를 출판하는데 많은 도움을 주신 울산대학교 출판부 여러분께 고마움을 전한다.

2013년 뜨거운 여름의 한가운데에서

/ 저자 일동

목차

03 SPSS프로그램의 실행 / 42

04 SPSS데이터입력과전환 / 73

05 가설검증 / 99

06 기술통계 / 113

07 교차분석과 카이검증 / 171

08 t-검증 / 185

09 분산분석 / 201

10 상관분석 / 223

11 단순회귀분석 / 241

01

통계학의 기초

1/ 통계학의 개념

2/ 통계의 분류

3/ 통계적 의사결정과 통계의 오남용

1 통계학의 개념

1) 통계와 통계학

통계는 현상을 관찰한 수치를 보다 쉽게 이해할 수 있도록 표나 그림으로 요약한 것이다. 통계를 의미하는 영어단어인 statistics는 State(국가)를 의미하는 라틴어 status에서 유래하였다고 한다. 즉 통계는 오래전부터 국민들에게 세금을 부과하고 군인을 모집하기 위한 국가의 통치수단으로 활용되어 왔다.

통계학은 통계자료를 분석하여 불확실한 상황에서 보다 객관적이고 합리적으로 의사결정을 하는데 도움을 주는 학문으로 거의 모든 학문분야에서 과학적이고 양적인 연구를 수행하는데 중요한 도구가 된다. 생활과학 분야에서도 가장 많이 사용되고 있는 연구방법이 통계분석을 바탕으로 하는 양적 연구방법이다. 통계지식은 다음과 같은 의사결정을 하는데 중요한 도구가 된다(권대훈, 2011).

① 어떤 자료를 수집할 것인지 결정한다.
② 어떤 절차와 방법으로 자료를 수집할 것인지를 결정한다.
③ 자료를 체계적으로 요약하여 정리한다.
④ 자료를 적절한 방식으로 분석한다.
⑤ 분석한 결과에 근거하여 결론을 도출하고 결론을 바탕으로 하여 합리적인 의사결정을 한다.

2) 모집단과 표본

연구를 체계적으로 수행하기 위해서는 연구대상을 설정해야 한다. 모집단(population)은 연구자가 연구하고자 하는 대상으로 인간이 될 수도 있고 사물이 될 수도 있다.

예를 들면 한국의 중고등학교에 다니고 있는 청소년 소비자가 모집단이 될 수 있다. 우리가 실제로 조사를 할 때 모집단을 전수조사하기 위해서는 시간과 비용이 많이 들기 때문에 모집단의 일부를 뽑아서 조사를 하게 된다. 표본(sample)은 모집단의 특성이 잘 반영된 모집단의 일부이고, 표집(sampling)은 표본을 추출하는 과정을 말한다. 예를 들면 표본은 서울을 포함한 대도시, 중소도시, 농어촌에 있는 일부 중고등학교 1반에 재학하고 있는 학생이 될 수 있다.

3) 모수와 통계량

그리스 문자로 표기하는 모수(population parameter)는 모집단의 특성을 나타내는 값으로 모집단의 평균, 분산, 모집단 비율 등을 예로 들 수 있다. 어떤 연구자가 관심을 가지고 있는 연구대상자가 선거권을 가지고 있는 여성이라면, 이는 모집단이 되고, 선거인명부에 등록이 되어 있는 여성의 비율은 모수가 된다. 통계량은 표본의 특성을 나타내는 값으로 흔히 알파벳으로 표기한다.

2 통계의 분류

통계는 사용하는 목적에 따라 크게 기술통계와 추리통계로 구분할 수 있다. 기술통계(descriptive statistics)는 수집한 자료를 단순히 기술할 때 사용하고 추리통계(inferential statistics)는 수집한 자료의 결과를 일반화하여 원인과 결과를 설명할 때 사용한다. 기술통계와 추리통계는 목적은 다르지만 서로 긴밀하게 관련되어 있다. 기술통계는 추리통계의 토대를 제공한다는 점에서 표본의 특성을 이용하여 모집단의 특성을 추론하려면 표본에 대한 기술통계가 있어야 한다.

1) 기술통계

기술통계는 자료의 특성을 쉽게 파악할 수 있도록 자료를 조직하고 요약하고 정리하는 통계이다. 주택보급율, 가정생활만족도, 나트륨 섭취량, 의생활 라이프스타일 등을 예로 들 수 있다. 기술통계는 자료를 하나의 수치, 그래프, 도표 등으로 요약해서 정리한다. 변수가 하나일 때 적용할 수 있는 기술통계로는 평균, 중앙값, 최빈값 등과 같은 집중경향값이라고도 불리는 대푯값, 분산도, 빈도분포, 그래프, 도표 등이 있다.

2) 추리통계

추리통계는 표본의 특성에 근거하여 모집단의 특성을 추론하거나 모집단에 대한 결론을 도출하는 기능을 가지고 있다. 전수조사를 하는 인구조사를 제외한 거의 모든 연구의 경우 모집단 전체를 조사하는 것은 비용이 많이 들어서 불가능하기 때문에 추리통계는 각종 조사와 연구에서 많이 활용되고 있다.

우리나라 소비자들의 인터넷쇼핑몰에 대한 만족도를 조사하려고 할 때 전체 소비자를 조사하기 위해서는 시간과 비용이 너무 많이 든다. 전국의 인터넷 쇼핑몰 사용경험이 있는 소비자를 모집단으로 하여, 성별과 연령별로 층화표집법을 사용하여 1,000명을 무작위로 선정하여 인터넷쇼핑몰에 대한 만족도를 조사한 후에 그 결과를 근거로 하여 전체 소비자의 인터넷 쇼핑몰에 대한 만족도를 추론하는 것이 더 합리적이다.

대부분의 생활과학자들은 추리통계를 기본적인 가설검증 방법으로 활용하고 있다. 예를 들면 실험연구에서 실험집단과 통제집단의 차이가 우연적인 요인에서 기인하는 것인지 아니면 체계적인 실험처치의 효과인지를 판단할 때도 추리통계를 사용한다. 또한 대규모로 이루어지는 조사연구에서 소득과 가정생활만족도 간의 상관관계가 우연적인 오차에서 기인하는지 아니면 체계적인 관계에서 기인하는지를 검증하는 도구로 활용하고 있다.

3 통계적 의사결정과 통계의 오남용

1) 통계적 의사결정

표본정보를 기초로 모집단의 특성을 추측하는 추리통계는 필연적으로 의사결정과 예측을 수반한다. 이처럼 부분적인 정보를 근거로 해서 예측을 하거나 의사결정을 하는 것을 통계적 의사결정이라고 한다. <그림1.1>에는 통계학의 문제해결 절차가 제시되어 있다. 통계적 의사결정을 위해서는 가장 먼저 문제를 정확하게 파악하고 목표를 분명하게 설정해야 한다.

그림1.1 spss 통계학의 문제해결절차

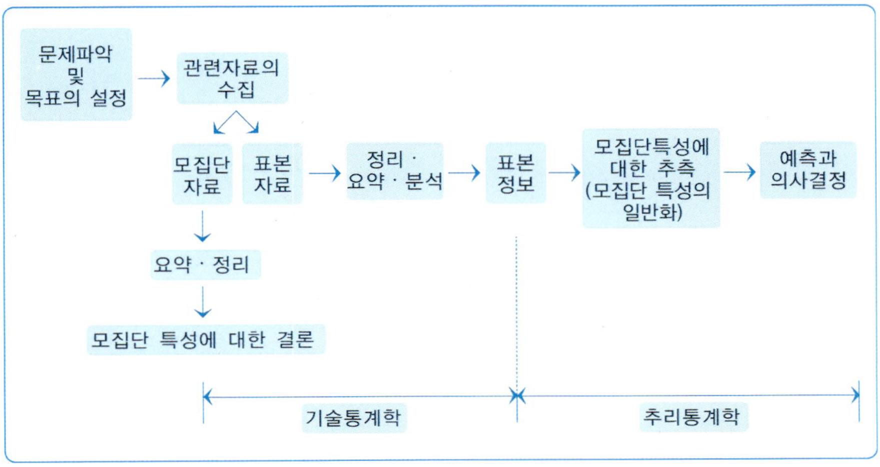

출처: 노부호, 민재형, 이군희(2009)

두 번째는 관련 자료를 수집해야 한다. 자료를 수집하려고 할 때는 모집단 자료를 수집할 것인지 아니면 표본의 자료를 수집할 것인지를 결정해야 한다. 모집단의 크기가 비교적 작아서 전수조사가 가능하거나 인구센서스처럼 국가적인 전수조사인 경우 모집단 자료를 수집하고 정리해서 요약하여 모집단의 특성에 대한 결론을 내린다. 그러나 대부분의 연구대상의 경우 모집단의 크기가 매우 크므로 표본자료를 수집하고 정리하고 요약하고, 분석하여 표본의 특성을 파악하게 된다.

세 번째는 평균이나 표준편차와 같은 표본정보를 기초로 모집단의 특성을 추측해서 일반화를 한다.

마지막으로 미래를 예측하고 예측한 결과를 바탕으로 하여 의사결정을 한다(노부호, 민재형, 이군희, 2009).

2) 통계의 오남용

현대사회에서 거의 모든 분야에서 통계가 많이 활용되고 있고, 대부분의 사람들이 통계는 숫자로 표시되기 때문에 잘 신뢰하는 경향이 있다. 선거철만 되면 여당과 야당에서 후보에 대한 지지도를 조사하여 발표하고, 선거가 끝나면 개표를 마치기 전에 출구조사를 해서 당선자를 미리 발표하는 TV 프로그램은 한편의 드라마라고 해도 과언이 아니다.

그러나 통계가 남용되거나 오용되는 경우도 많이 있다. 약 100년 전에 유명한 정치가인 Benjamin Disraeli는 "이 세상에는 세 가지 종류의 거짓말이 있다. 그것은 거짓말, 새빨간 거짓말, 통계다." 라고 경고하였다. 일반적으로 통계절차를 통하여 가공되어 특정 숫자로 표시된 자료는 일반적인 언어로 표시된 자료에 비하여 객관적이고 정확하다는 인식을 일반인에게 심어줄 수 있다. 그러나 그렇게 제시된 숫자의 의미가 반드시 정확한 것은 아니라는 사실을 잘 알고 있어야 한다.

“어떤 생활과학대 식품영양학과의 남자 교수의 50%가 제자와 결혼을 했다”라는 정보를 예로 들어 보자. 이 정보만을 보면 그 과의 절반이나 되는 남자교수들이 제자와 결혼을 했다고 해석을 할 수 있다. 그러나 실제 그 식품영양학과에는 단지 2명의 남자 교수가 있고, 그 중에서 1명만이 제자와 결혼했다고 한다면 1명과 50%가 주는 의미는 매우 다르다고 볼 수 있다. 일반적으로 표본의 수가 100이 안 되는 조사자료를 제시할 때 % 수치를 제시하면 실제 수치보다 % 수치가 훨씬 더 큰 의미를 주어서 결과를 왜곡시킬 수 있기 때문이다.

02

척도의 구성

1 척도의 유형

변수를 측정하는 도구인 척도(scale)는 가지고 있는 정보의 종류에 따라 명목척도(nominal scale), 서열척도(ordinal scale), 등간척도(interval scale) 및 비율척도(ratio scale)로 구분된다. 정보의 양은 명목척도가 가장 적고, 서열척도, 등간척도, 비율척도의 순서로 정보의 종류가 많아진다.

1) 명목척도

명목척도는 두 개 이상의 서로 다른 범주에 동시에 포함될 수 없는 상호배타성과 한 개의 범주에는 반드시 포함되어야 한다는 망라성을 가진 범주로 분류하는 척도이다. 성, 직업, 종교의 종류, 주민등록번호, 전화번호 등을 예로 들 수 있다. 명목척도는 본질적으로 분류를 하기 위한 것이기 때문에 각 범주에 부여하는 숫자는 단순히 구분하기 위한 것이므로 크기, 순서, 비율, 차이를 계산할 수 없다. 예를 들면 성은 남자와 여자의 두 개 범주로 구성되어 있다. 여자를 1로, 남자를 2로 코딩한 경우 1과 2는 단순히 구분하기 위한 것이기 때문에 더하거나, 빼거나, 곱하거나 나누기 등과 같은 연산을 할 수 없다. 특히 명목척도로 측정한 변수의 평균값은 아무 의미가 없다는 점을 명심해야 한다.

spss 예시1.1 명목척도 측정의 예

1. 귀하의 자녀는 어떤 유형의 어린이집에 다니고 있습니까? (　)에 O표 해 주십시오.

① 국공립 어린이집 (　)　　② 민간 어린이집(　)

2) 서열척도

서열척도는 조사대상의 속성을 서열로 나타낸 것이므로 범주정보와 서열정보를 가지고 있다. 중고등학교에서 학급의 학생들을 생년월일이나 키 순서로 반 번호를 부여한 것을 예로 들 수 있다. 서열척도의 숫자는 순서만을 알려주기 때문에 명목척도와 마찬가지로 더하거나, 빼거나, 곱하거나 나누기 등과 같은 연산을 할 수 없고, 당연히 평균값도 의미가 없다. 즉 키순서로 반 번호를 매긴 경우 1, 2, 6번이 있다고 하자. 2번은 1번보다 키가 2배 크다거나 1번과 2번을 더한 키가 6번 키의 1/2라고 말할 수 없다.

예시1.2 spss 서열척도 측정의 예

1. 다음은 음식점을 선택할 때 중요하게 고려하는 속성입니다. 귀하가 가장 중요하게 고려하는 속성을 중요도에 따라 순위를 1–6까지 써 주십시오.

① 가격( ) ② 맛( ) ③ 음식의 질( )
④ 종업원의 태도( ) ⑤ 실내 인테리어( ) ⑥ 인터넷에서의 평가( )

3) 등간척도

등간척도는 범주와 서열에 관한 정보와 함께 수치 사이의 차이도 동등한 척도이다. 등간척도는 서열척도처럼 더 크거나 강한 정도를 알려줄 뿐 아니라 어느 정도 또는 어느 단위만큼 더 크거나 강한지를 알려준다. 따라서 등간척도는 가감승제를 할 수 있다. 등간척도의 가장 좋은 예로는 온도를 들 수 있다. 어떤 도시의 평균 기온이 1월은 섭씨 10도이고, 6월은 20도라고 한다면 6월의 평균 기온이 1월에 비하여 2배 높다고 할 수 있고, 10도 더 높다고 할 수 있다.

등간척도는 절대적인 "0"이 존재하지 않는다. 섭씨 0도는 온도가 없다는 것을 의미하지 않고 얼음이 어는 온도를 나타내기 위한 인위적 표현이다. 또 어떤 학생이 "소비자와 시장"이라는 과목에서 0점을 맞았다고 하자. 이때 0점은 가장 낮은 점수라는 것을 의미하지 그 학생이 수학능력이 전혀 없다는 것을 의미하지는 않는다. 생활과학에서는 자연과학에서처럼 엄밀한 의미의 등간척도를 찾기가 어려운 실정이다. 다음에서 제시한 예는 엄밀성이 떨어지기는 하지만 등간척도로 인정하고 있다.

예시1.2 SPSS 등간척도 측정의 예

1. 다음은 귀하가 가장 최근에 구입했던 외출복에 대한 만족도를 측정하기 위한 문항입니다. 귀하와 가장 잘 일치하는 곳에 V표 해주시기 바랍니다.

	매우 불만족 1	대체로 불만족 2	보통3	대체로 만족 4	매우 만족 5
디자인					
색상					
바느질					
소재					
치수					
가격					

4) 비율척도

비율척도는 등간척도가 가지고 있는 속성을 모두 가지고 있고, 절대적 "0"을 포함하고 각각의 값을 누구나 동일하게 받아들인다. 그러므로 비율척도는 수학적 계산이 가능하다. 키와 체중을 예로 들 수 있다. 체중이 50Kg인 사람은 25Kg인 사람의 두배가 된다고 말할 수 있다. 범죄율, 주택보급율, 출산율 등도 비율척도가 된다.

예시1.3 비율척도 측정의 예

1. 귀하의 가정에서는 다음과 같은 지출을 한 달에 평균 어느 정도로 하고 계십니까? 직접 기입해 주시기 바랍니다.

① 주거비 (   )만원   ② 의류비 (   )만원
③ 외식비 (   )만원   ④ 교육비 (   )만원

[표2.1] 척도별 속성과 자료 분석방법

특징 / 척도	범주화	서열	거리(등간)	절대영점	중심경험치	사분위편차	유의성검정	비교방법(숫자부여방법)	적용가능분석방법	예
명목척도	○	×	×	×	최빈값		X^2	확인분류	빈도분석, 비모수통계, 교차분석	성별, 주거형태, 직업유형분류, 주민등록번호
서열척도	○	○	×	×	중앙값	사분위편차	순위상관	순위비교	서열상관관계 비모수통계	상표선호순위, 사회계층
등간척도	○	○	○	×	산술평균	표준편차 분산	t, F	간격비교	모수통계	온도, 광고인지도, 상표선호도
비율척도	○	○	○	○	기하평균	기하평균	t, F	절대적 크기비교	모수통계	연령, 소득 체중, 키

출처: 허경옥, 김기옥, 이승신, 박선영(2012)

[표2.1]에는 척도별 속성과 자료를 분석하는 방법이 제시되어 있다. 각 척도마다 가지고 있는 정보나 속성이 다르기 때문에 사용할 수 있는 통계방법도 다르다. 그러므로 연구자는 연구를 설계할 때 연구문제에 적합한 통계기법을 고려해야 하고, 통계기법을 적용할 수 있는 측정도구를 사용해야 한다.

<그림2.1>에는 측정도구와 통계기법 간의 관계가 제시되어 있다. 변수의 측정수준과 사용된 통계기법이 일치해야 한다. 만약 변수의 측정수준보다 높은 통계

기법을 이용한다면 논리적 오류를 범하게 된다. 명목척도로 측정을 한 변수를 서열척도나 등간척도에서 사용할 수 있는 통계기법을 사용한다면 해석을 할 수 없게 된다. 생활과학대학의 과를 측정할 때 아동가정복지학과 1점, 식품영양학과 2점, 의류학과 3점, 주거환경학과 4점을 부여해서 명목척도로 측정을 하고, 등간척도에서 사용할 수 있는 산술평균을 한 경우 그 평균값은 아무 의미가 없기 때문에 해석을 할 수 없다. 반대로 변수의 측정수준보다 낮은 수준의 통계기법을 이용한다면 정보를 상실하게 된다. 등간척도로 소득과 생활만족도를 측정하고, 소득과 생활만족도를 각각 2개 집단으로 임의적으로 나누어서 교차분석을 한 경우를 생각해보자. 소득수준에 따라 생활만족도가 일정하게 증가하는 것이 아니라, 특정 수준에서는 조금씩 증가하기도 하고, 또 어떤 수준에서는 좀 더 많이 증가하는 경우도 있고, 전혀 증가하지 않는 구간도 있고, 오히려 감소하는 구간도 있다고 가정한다면 소득을 두 수준으로 나누어서 분석한 결과는 정확한 많은 정보를 상실했다고 볼 수 없다.

그림2.1 측정도구와 사용된 통계치와의 관계

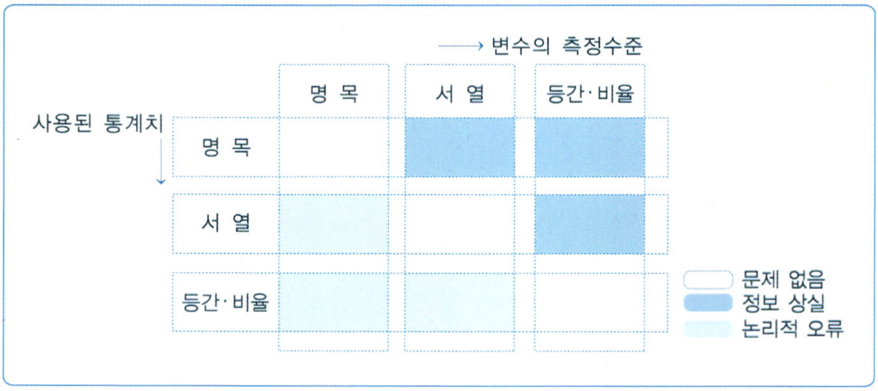

출처: 허경옥, 김기옥, 이승신, 박선영(2012)

2 신뢰도

측정도구를 이용해서 자료를 수집하면 분석하기 전에 가장 먼저 수집한 자료의 신뢰도를 검증해야 한다. 신뢰할 수 없는 자료를 이용해서 분석한 결과는 믿을 수 없기 때문이다. 신뢰도를 검증하기 위한 방법에는 재검사법(test-retest method), 복수양식법(multiple form method), 반분법(split-half method), 내적 일관성법(internal consistency method) 등이 있다. 재검사법은 동일한 측정도구를 이용하여 동일한 대상에게 시기를 다르게 하여 반복해서 측정했을 때 유사한 결과가 나오는 정도를 의미한다. 복수양식법은 유사한 형태의 복수의 측정도구를 이용해서 측정하여 결과를 비교하는 것이고, 반분법은 동일 변수를 측정할 수 있는 여러 문항을 동일한 두 개의 집단으로 구분해서 집단 간 차이를 비교하는 방법이다. 신뢰도 계수는 0과 1사이에 분포한다. 이 장에서는 일반적으로 가장 많이 사용되고 있는 내적 일관성법에 관하여 설명하고자 한다.

1) 내적 일관성법

내적 일관성법은 동일한 개념을 측정하기 위한 여러 문항을 개발하고 측정하여 문항들이 서로 일관성을 가지는 정도를 측정한다. SPSS에서는 Cronbach의 α 계수를 이용하여 내적 일관성법을 계산한다. 이 값은 문항들 간의 상관계수를 기초로 해서 구한다. α값은 0부터 1사이의 값을 가지고 문항간 평균 상관계수가 클수록, 문항수가 많을수록 α값은 커진다. 그러므로 신뢰도를 높이기 위해서는 다른 문항들과 상관계수가 낮은 문항을 제거하고 문항수를 늘려야 한다. 일반적으로 α값이 .60 이상이면 비교적 신뢰할 수 있다고 주장하는 학자도 있고, .70 이상이어야 한다고 주장하는 학자도 있고, .50 이상만 되어도 분석하는데 큰 무리가 없다는 학자도 있다.

2) 신뢰도를 높이기 위한 방법

조사자료의 신뢰도를 높이기 위한 방법은 여러 가지가 있을 수 있으나, 측정도구가 완성되지 않은 단계와 측정이 완료된 단계로 구분해서 연구자들이 가장 크게 신경을 써야 할 부분을 제시하였다(허경옥 외, 2012; 김호정, 허전, 2013).

(1) 측정도구가 완성되지 않은 단계

첫째, 응답자들이 다르게 해석을 할 수 있는 모호한 문항을 피하고 가능한 동일하게 해석할 수 있는 문항을 만들어야 한다. "당신의 고향은 어디십니까?" 라는 문항의 경우 고향이라는 용어는 아주 애매모호하다. 고향은 내가 태어난 곳, 가장 오랫동안 산 곳, 초등학교 때 산 곳, 부모가 오랫동안 사신 곳 등 아주 다양한 의미를 가지고 있다. 또한 부모는 울산에 살고 있으면서 서울에 있는 병원에서 출산을 해서 1달 정도 서울에 있다가 울산에서 10년 이상 살고 있는 사람의 경우 자신이 출생한 병원의 주소지를 고향으로 해야 하는지 아니면 울산을 고향으로 해야 하는지를 고민할 수 있다.

둘째, 측정문항수를 늘린다. Cronbach의 α 계수는 측정 문항수에 의하여 영향을 받기 때문에 문항수를 늘리면 신뢰도가 높아진다. 그러나 문항수 증가에 따른 신뢰도의 상승폭은 문항수가 일정한 수가 넘으면 증가하지 않는다는 점을 알아야 한다.

셋째, 조사원들의 면접방식이나 태도가 일관성이 있어야 한다. 조사자들은 조사원들에 의하여 영향을 받을 수 있기 때문이다.

넷째, 중요한 질문은 동일한 문항 또는 유사한 질문을 2회 이상하여 정확한 응답을 하도록 유도해야 한다.

마지막으로 기존의 선행연구나 조사에서 이미 개발되어 신뢰도가 검증된 측정도구를 사용한다.

(2) 측정이 완료된 단계

첫째, 회수된 질문지를 검토하여 응답이 무성의하거나 일관성이 없는 질문지를 분석에서 제외시킨다.

둘째, 문항들간의 상관관계가 낮은 문항을 제외시킨다. 문항들이 동일한 개념을 측정하기 위한 것이라면 그 문항들 간의 상관관계가 높아야하기 때문이다. 그러나 문항들간의 상관관계가 너무 높으면 거의 동일한 문항이라고 볼 수 있으므로 제외시켜야 한다.

3) 신뢰도 분석의 실제

(1) 신뢰도 분석의 시작

신뢰도를 분석하는 과정은 다음과 같다.

분석(A) → 척도(A) → 신뢰도 분석(R) ...

SPSS 그림2.2 신뢰도 분석을 위한 데이터 편집기

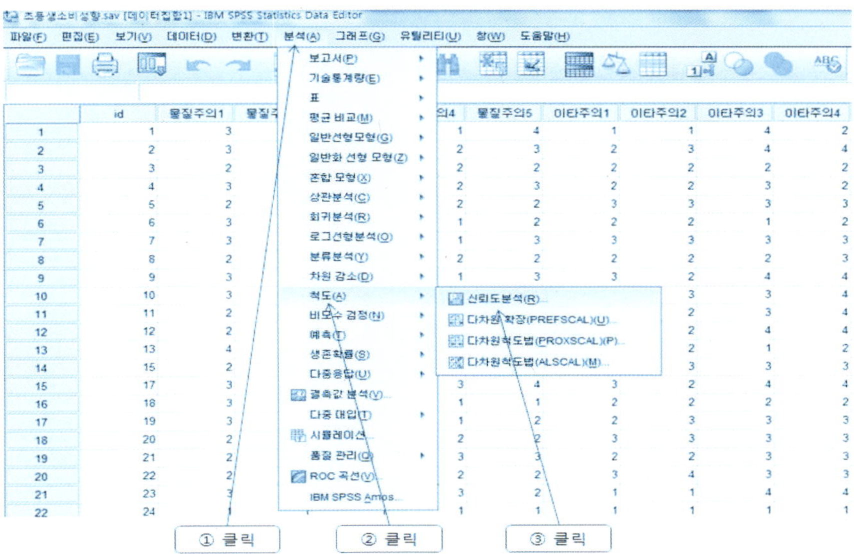

자료(초등생소비성향.sav)를 불러온 후에 <그림2.2>와 같은 순서로 클릭을 하면 <그림2.3>과 같은 신뢰도분석 대화상자(1)이 열린다.

그림2.3 신뢰도분석 대화상자(1)

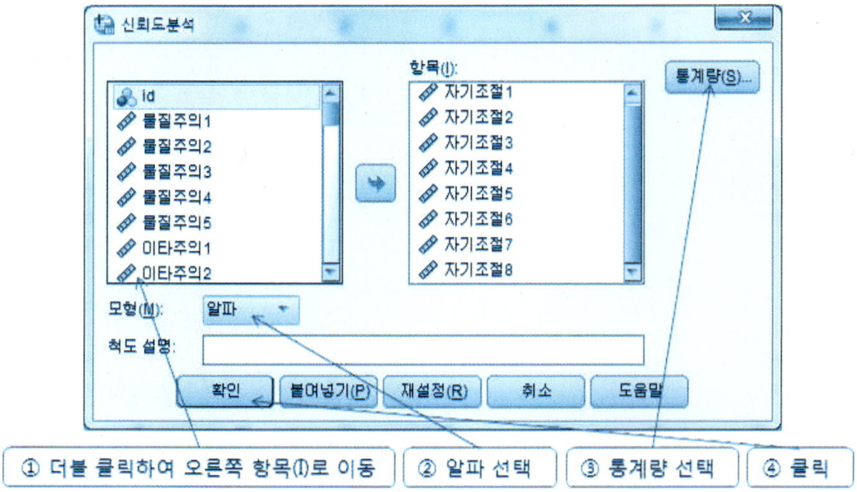

(2) 변수 이동

<그림2.3>에서 신뢰도를 분석하려는 변수들(문항)을 차례로 왼쪽 칸의 변수위에 커서를 두고 더블클릭하면 오른 쪽 '항목(I)' 칸으로 이동한다. 신뢰도 분석은 반드시 2개 이상의 문항을 선택해야 한다.

(3) 모형 및 문항 설명 표시

'모형(M)'에서는 Cronbach의 α를 구하는 것이므로 '알파'를 선택한다.

(4) 통계량

【통계량(S)..】을 클릭하면 <그림2.4>와 같은 통계량 대화상자가 나타난다.

그림2.4 통계량 대화상자

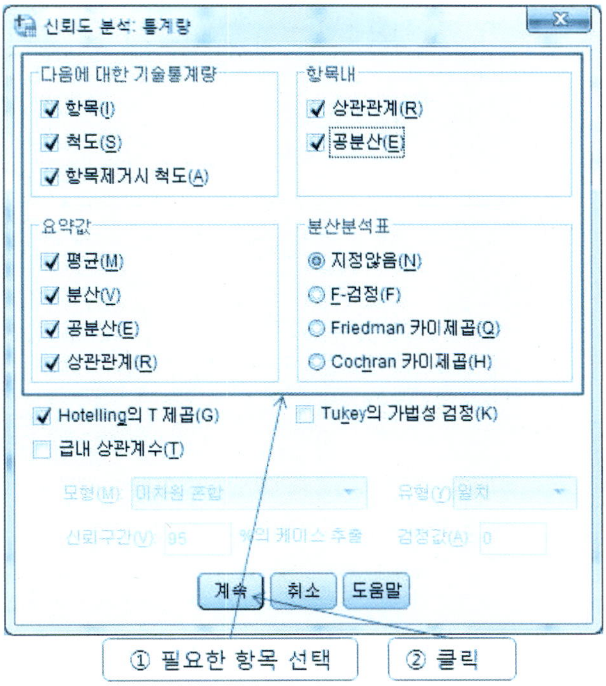

4) 신뢰도 분석 결과

[표2.2] 기술통계량 분석결과표

	평균	표준편차	N
자기조절1	2.25	.919	378
자기조절2	2.17	.875	378
자기조절3	2.52	.881	378
자기조절4	2.70	.959	378
자기조절5	2.51	.970	378
자기조절6	2.60	.875	378
자기조절7	2.65	.852	378
자기조절8	2.66	.929	378

(1) 기술통계량

[표2.2]에는 신뢰도를 측정하기 위하여 선택한 문항들의 기술통계량인 평균, 표준편차 및 사례수가 제시되어 있다.

(2) 상관관계 및 공분산

[표2.3]과 [표2.4]에는 신뢰도 분석에 포함된 문항들에 대한 공분산행렬과 상관행렬이 제시되어 있다.

[표2.3] 문항간 상관행렬

	자기조절1	자기조절2	자기조절3	자기조절4	자기조절5	자기조절6	자기조절7	자기조절8
자기조절1	1.000	.685	.207	.068	.019	.000	.062	.059
자기조절2	.685	1.000	.250	.059	.024	.129	.074	.051
자기조절3	.207	.250	1.000	.326	.293	.230	.366	.286
자기조절4	.068	.059	.326	1.000	.303	.374	.306	.213
자기조절5	.019	.024	.293	.303	1.000	.422	.401	.343
자기조절6	.000	.129	.230	.374	.422	1.000	.497	.340
자기조절7	.062	.074	.366	.306	.401	.497	1.000	.469
자기조절8	.059	.051	.286	.213	.343	.340	.469	1.000

[표2.4] 문항간 공분산 행렬

	자기조절1	자기조절2	자기조절3	자기조절4	자기조절5	자기조절6	자기조절7	자기조절8
자기조절1	.844	.550	.167	.060	.017	.000	.048	.050
자기조절2	.550	.765	.192	.050	.021	.099	.055	.042
자기조절3	.167	.192	.776	.275	.250	.177	.275	.234
자기조절4	.060	.050	.275	.920	.282	.314	.250	.190
자기조절5	.017	.021	.250	.282	.940	..358	.3311	.309
자기조절6	.000	.099	.177	.314	.358	.766	.370	.276
자기조절7	.048	.055	.275	.250	.331	.370	.726	.371
자기조절8	.050	.042	.234	.190	.309	.276	.371	.863

(3) 척도의 통계량

[표2.5]에는 분석에 포함된 문항의 평균, 분산, 표준편차, 문항의 수 등과 같은 척도의 통계량이 제시되어 있다. [표2.6]에는 요약 항목 통계량이 제시되어 있다.

[표2.5] 척도의 통계량 분석 결과표

평균	분산	표준편차	항목 수
20.05	17.827	4.222	8

[표2.6] 요약 항목 통계량

	평균	최소값	최대값	범위	최대값/최소값	분산	항목수
항목평균	2.507	2.167	2.704	.537	1.248	.039	8
항목분산	.825	.726	.940	.214	1.296	.006	8
항목간 공분산	.201	.000	.550	.550	1376.053	.019	8
항목간 상관관계	.245	.000	.685	.684	1376.482	.029	8

(4) 척도와 각 변수의 관계

[표2.7]에는 척도와 각 변수의 관계가 제시되어 있다. 여기에서 척도는 신뢰도 분석에 포함된 모든 문항을 더해서 구한 값이고, 변수는 분석에 포함된 문항의 값을 의미한다.

둘째 칸의 '항목이 삭제된 경우 척도 평균'은 해당 문항을 제거하고 분석하였을 때 척도의 평균이다.

셋째 칸의 '항목이 삭제된 경우 척도 분산'은 해당 문항을 제거하고 난 후 분석했을 때 척도의 분산이다.

넷째 칸의 '수정된 항목과 전체 상관관계'는 해당 문항과 해당 문항을 제거하고 나머지 문항들로 구성된 척도와의 상관계수를 의미한다.

다섯째 칸의 '제곱 다중 상관관계'는 해당 문항을 제거하고 구성된 척도의 분산이 전체 분산에서 차지하는 비율인 설명력(R^2)을 의미한다. 다시 말하면 a15를 종속변수로 하고 나머지 문항들을 독립변수로 하는 회귀식이 가지는 설명력을 의미한다.

마지막 칸의 '항목이 삭제된 경우 Cronbach의 α'는 각 해당 문항을 제외했을 때 크론바흐 알파 값이다. 알파 값이 클수록 신뢰도가 높다고 볼 수 있으므로 가능하면 문항을 제거하지 않는 것이 좋다. 그러나 연구자가 처음으로 척도를 만들었고, 문항을 충분히 많이 포함했다면 지나치게 낮은 알파 값이 나오는 문항을 제거하는 것이 바람직하다.

[표2.7] 척도와 구성변수와의 관계 분석표

	항목이 삭제된 경우 척도 평균	항목이 삭제된 경우 척도 분산	수정된 항목 전체 상관관계	제곱 다중 상관관계	항목이 삭제된 경우 Cronbach 알파
자기조절1	17.81	15.196	.250	.486	.725
자기조절2	18.89	15.245	.297	.503	.714
자기조절3	17.54	13.910	.478	.257	.678
자기조절4	17.35	14.069	.395	.219	.696
자기조절5	17.54	13.750	.436	.275	.687
자기조절6	17.45	13.872	.489	.374	.676
자기조절7	17.40	13.699	.540	.401	.666
자기조절8	17.40	14.022	.423	.265	.689

(5) Hotelling' s T-squared와 크론바흐 알파

Hotelling's T-squared는 신뢰도 분석을 한 문항들의 평균이 동일한지 아닌지를 검증하기 위한 통계치이다. [표2.8]에서 유의확률이 .000이므로 신뢰도 분석에 포함된 8문항의 평균이 동일하지 않다고 해석 할 수 있다. 신뢰도 분석의 가장 중요한 통계치는 Cronbach의 α 값이다. 알파 값과 각 문항을 표준화시켜 구한 알파

값은 차이가 날 수 있다. 척도에 포함된 문항들의 분산이 큰 경우에는 알파 값과 표준화된 알파 값이 차이가 나게 된다. 이 경우에는 반드시 표준화된 알파 값을 사용해야 한다.

[표2.8] Hotelling's T-squared 검증

Hotelling의 T제곱	F	df1	df2	유의확률
92.882	13.058	7	371	.000

[표2.9] 신뢰도 통계량

Cronbach의 알파	Cronbach's Alpha Based on Standardized Items	항목수
.720	.722	8

(6) 문항을 제거할 때 알파값의 활용

<그림2.2>의 신뢰도 분석을 위한 데이터 편집기에서 신뢰도분석(R)을 선택하면 <그림2.5>처럼 신뢰도분석 대화상자(2)가 나타난다. 분석하려는 문항을 이동시켜 【통계량(S)..】을 지정한 후에 【계속】을 클릭한 후 【확인】을 클릭하면 분석결과가 나타난다.

그림2.5 spss 신뢰도분석 대화상자(2)

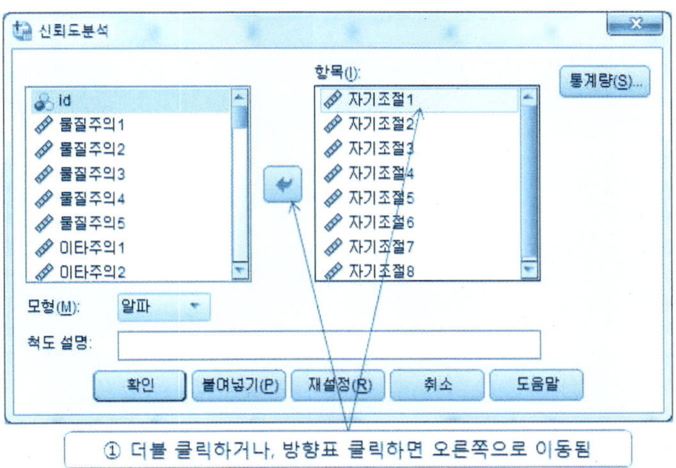

5) 신뢰도 분석 표 작성과 해석

[표2.10] 신뢰도분석 결과

요인명	변수	문항수	Cronbach's α
자기조절성향	자기조절1,2,3,4,5,6,7,8	8	.72
물질주의	물질주의1,2,3,4,5	5	.85
이타주의	이타주의1,2,3,4,5	5	.81
충동구매	충동구매1,2,3,4	4	.81
정보원천	정보원천1,2,3,4,5	5	.74

초등학생 소비성향의 5가지 요인의 신뢰도를 분석한 결과는 [표2.10]과 같이 정리된다. 물질주의가 .85로 가장 높았으며, 자기조절성향이 .72로 가장 낮게 나타났다. 대체로 탐색적인 연구에서 크론바흐 알파계수가 .60이상이면 신뢰할만한 수준이다. 따라서 각 요인의 신뢰도는 연구를 수행하는 데 적합하다고 결론을 내릴 수 있다.

6) 신뢰도 분석의 예

[표2.11]은 소비자 불매운동 인식 문항의 신뢰도분석을 한 결과이다(전향란, 2013). 자기실현추구 소비자 불매운동은 총 9문항으로 Cronbach의 α값이 .90으로 신뢰도가 매우 높았으며, 회의적 소비자 불매운동은 총 3문항으로 Cronbach의 α값은 .73으로 신뢰도가 비교적 높았다. 성과달성추구 소비자 불매운동과 수동적 소비자 불매운동은 각각 총 3문항으로 Cronbach의 α값이 .60으로 신뢰도가 다소 낮았다. 두 요인의 Cronbach의 α값은 Nunnally(1978)가 바람직한 신뢰도 계수로 제안한 .70보다 작지만, 경험적 연구에서는 신뢰도 계수가 .60 이상일 때 동일한 개념을 나타내므로(이군희, 2009) 연구 분석 척도로 사용하는 데 적절하다. 특히 신뢰도 분석에 포함된 문항이 3개라는 점을 감안한다면 .60은 사용하는데 큰 무리

가 없는 신뢰도 값이라고 볼 수 있다.

[표2.11] 소비자 불매운동 인식 문항의 신뢰도 분석 결과

요인명	측정항목	Cronbach's α
자기실현추구 소비자 불매운동	1. 상품의 가격이나 품질, 안전성과 관련된 차원에서 소비자 이익을 실현하고자 하는 것이다.	.90
	2. 목표하는 바를 이루기까지 지속적으로 펼쳐야 일이다.	
	3. 대상이 되는 상품이나 브랜드, 회사 등이 꼭 변화할 수 있도록 직접적으로 관여해야 한다.	
	4. 소비자의 참여나 관심이 없이는 이루어지기 힘들다.	
	5. 개별 소비자도 적극적으로 참여할 수 있는 일이다.	
	6. 다른 소비자들에게 참여를 지속적으로 촉구하면서 목표를 달성할 수 있다.	
	7. 다른 소비자들의 참여를 촉구하는 것뿐만 아니라, 조직을 만들어 활동해야 목표를 달성할 수 있다.	
	8. 여론화뿐만 아니라, 직접 불매운동 대상을 겨냥해서 실질적인 압박을 취해야 한다.	
	9. 소비자불만이나 문제가 발생했을 시에 펼쳐야 하는 것이다.	
회의적 소비자 불매운동	10. 대상이 되는 기업이나 정부에서 일을 하는 사람들의 일자리를 빼앗을 수 있다.	.73
	11. 기업의 영업활동을 방해해서 오히려 경제발전에 역효과를 가져올 수 있다.	
	12. 다른 브랜드나 회사로 바꾸어야 하는 비용을 가져올 수 있다.	
성과달성추구 소비자 불매운동	13. 자신이 좋아하는 연예인이나 유명인 또는 연극, 영화와 같은 예술작품 등에 대한 선호를 나타내는 수단으로도 사용할 수 있다.	.60
	14. (불매운동을) 전개하겠다고 하는 발언으로도 목표를 달성할 수 있다.	
	15. 무조건 직접 실행에 옮겨 활용해야 목표를 달성할 수 있다.	
수동적 소비자 불매운동	16. 내가 사는 곳과 가까운 지역에서 일어나는 운동이다.	.60
	17. 특정 상품이나 회사를 목표로 하는 운동이다.	
	18. 시간을 정해서 일시적으로 실시하는 운동이다.	

03

SPSS 프로그램의 실행

1/ 주요메뉴

2/ 데이터 운용

3/ 데이터 변환

1 주요 메뉴

1) 메뉴의 종류

(1) 파일

<그림3.1>에 의하면 주요 메뉴에서 파일을 클릭하면 새파일(N), 열기(O), 데이터베이스 열기(B), 텍스트데이터 읽기(D), 저장(S), 다른 이름으로 저장(A), 종료(X) 등의 기능이 있다. 이곳에서는 새로운 자료를 입력하여 데이터파일을 만들거나 저장된 파일을 불러오거나, 훈글, MS word, Excel 등의 파일을 불러와서 작업을 할 수 있다. 그리고 작업한 파일을 저장하거나 새로운 이름으로 저장하고, 분석결과를 출력할 수 있고, 모든 분석을 마치고 SPSS 프로그램에서 빠져나갈 때 종료(X)를 클릭한다.

그림3.1 spss 파일

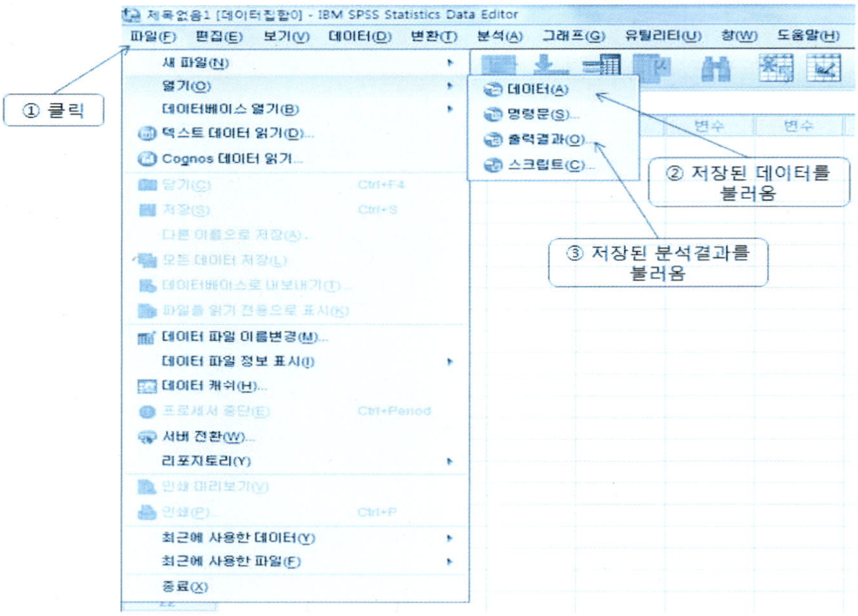

(2) 편집

편집(E)에서는 각종 데이터를 복사(C), 잘라내기(T), 붙여넣기(P), 지우기(E) 등을 할 수 있다(<그림3.2> 참고).

그림3.2 편집

(3) 보기

보기(V)를 클릭하면 상태 표시줄(S), 도구 모음(T), 글꼴(F)의 기능과 격자선을 제거하거나 나타내는 등의 기능을 하는 격자선(L)과 변수값을 설명하는 변수값 설명(V) 등이 있다. 그리고 변수(Ctrl + T)를 클릭하면 데이터 보기에서 변수 보기로 바뀐다(<그림3.3> 참고).

그림3.3 SPSS 보기

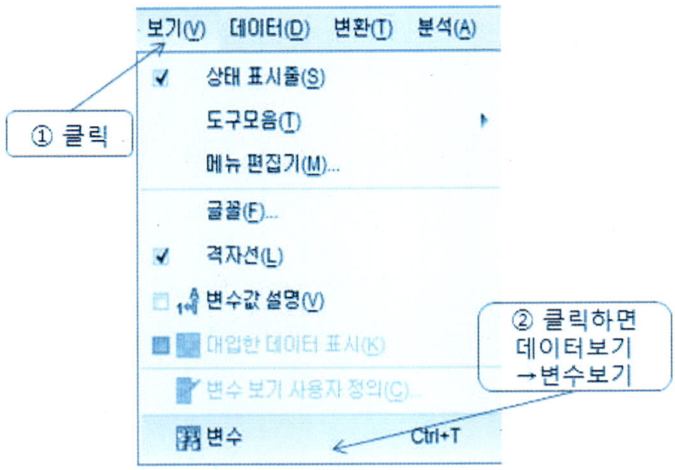

(4) 데이터

데이터(D)를 클릭하면 변수나 케이스를 삽입하거나 케이스를 정렬하고, 파일을 합치거나 분할하고 일부 데이터만을 가지고 통계분석을 할 수 있다. 예를 들면 남자와 여자를 모두 조사한 자료에서 남자만 선택해서 분석을 할 수 있고, 두 개의 데이터 파일을 합쳐서 하나의 파일로 만들 수도 있다(<그림3.4> 참고).

그림3.4 데이터

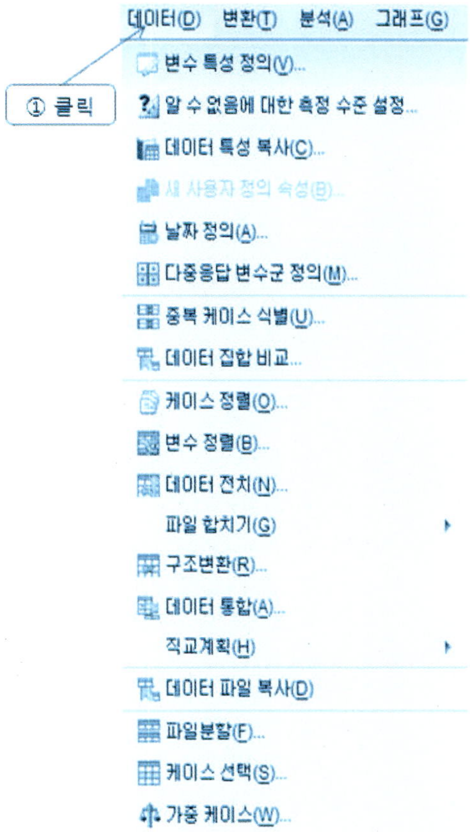

(5) 변환

변환(T)을 클릭하면 변수계산(C), 같은 변수로 코딩 변경(S), 다른 변수로 코딩 변경(R), 결측값 대체(V) 등의 기능을 수행할 수 있다. 변수계산은 의복쇼핑성향을 구성하는 문항들을 모두 더해서 의복쇼핑성향이라는 새로운 변수를 만들거나, 체중과 신장을 이용하여 BMI를 만들 때 사용한다. 결측값 대체는 표본의 크기가 너무 작아서 결측값이 있는 사례를 모두 제거하면 분석에 어려움이 있을 때 사용한다. 결측값이 포함된 문항의 평균을 구해서 평균값으로 결측값을 대체하는 방법을 사용할 수 있는데, 가능하면 결측값을 대체하는 작업은 하지 않는 것이 좋다(<그림3.5> 참고).

그림3.5 spss 변환

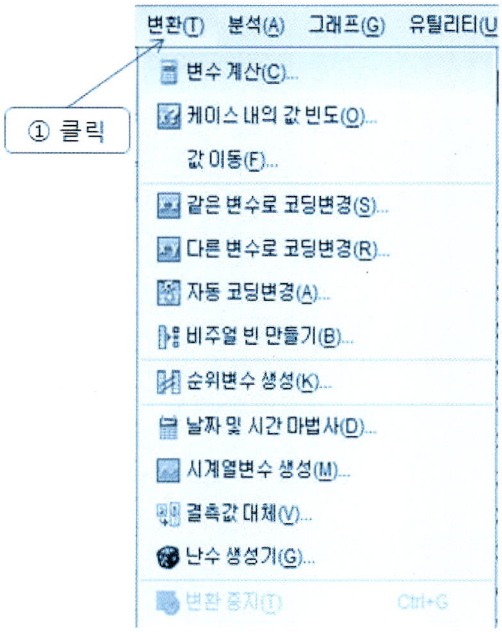

(6) 분석

분석은 SPSS 프로그램의 핵심으로 연구목적에 맞는 분석방법을 선택한다. 화살표를 클릭해서 나타나는 창에서 분석방법을 선택한다(<그림3.6> 참고).

그림3.6 분석

2) 도구모음

<그림3.7>의 도구모음은 SPSS 21.0 프로그램을 사용할 수 있는 아이콘을 설명한 것이다.

그림3.7 도구모음

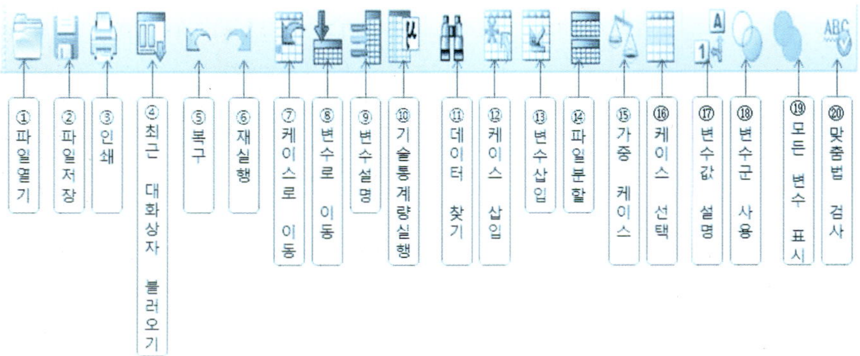

(7) 데이터 편집기, 변수보기, 진행상태 표시줄

그림3.8 데이터 편집기

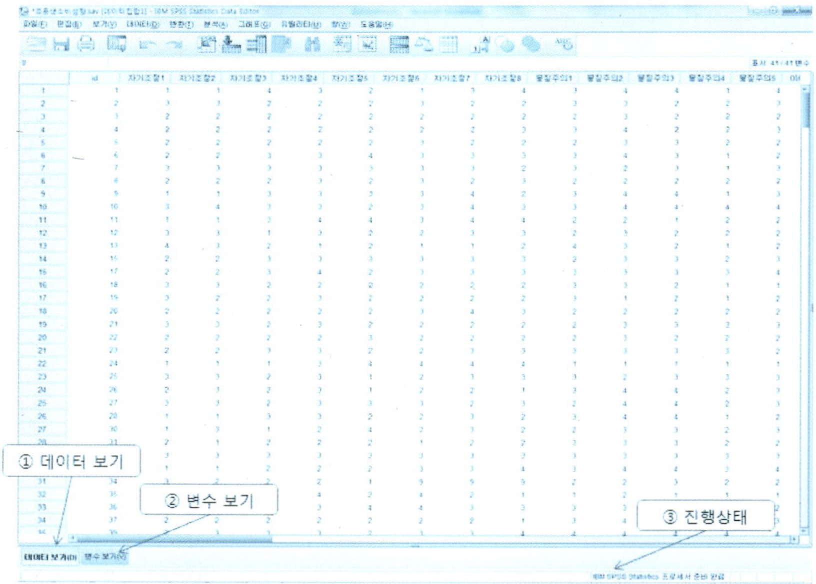

2 데이터 운용

1) 변수 삽입

변수를 삽입하기 위해서는 <그림3.9>와 같이 데이터 편집기의 데이터 보기에서 삽입하려는 변수가 위치할 다음의 변수를 클릭하면 해당 변수 전체가 블록 설정이 된다. 이 상태에서 다음과 같은 절차에 따라 실행하면 새로운 변수(공란)가 생성된다. 삽입된 변수는 변수보기에서 변수명을 입력한다(변수 정의 참고).

자기조절3과 자기조절5 사이에 변수를 삽입하는 방법은 다음과 같다.

편집(E) → 변수삽입(I)

변수를 삭제할 때는 다음과 같은 절차로 한다.

① 삭제하려는 변수명을 클릭하여 블록을 설정한다.
② 편집(E) - 잘라내기(T) 또는 지우기(E)를 누르거나 자판에서 

키를 누른다.

그림3.9 변수삽입

2) 케이스 삽입

변수를 삽입하는 것은 열(column)을 삽입하는 것인데 비하여 케이스를 삽입하는 것은 행(row)을 삽입하는 것이다. 케이스를 삽입하는 방법도 다음과 같은 절차로 실행한다.

편집(E) → 케이스 삽입(I)

케이스를 삭제할 때는 다음과 같은 절차로 한다.

① 삭제하려는 케이스 번호을 클릭하여 블록을 설정한다.

② 편집(E) - 잘라내기(T) 또는 지우기(E)를 누르거나 자판에서 Del 키를 누른다.

그림3.10 spss 케이스 삽입

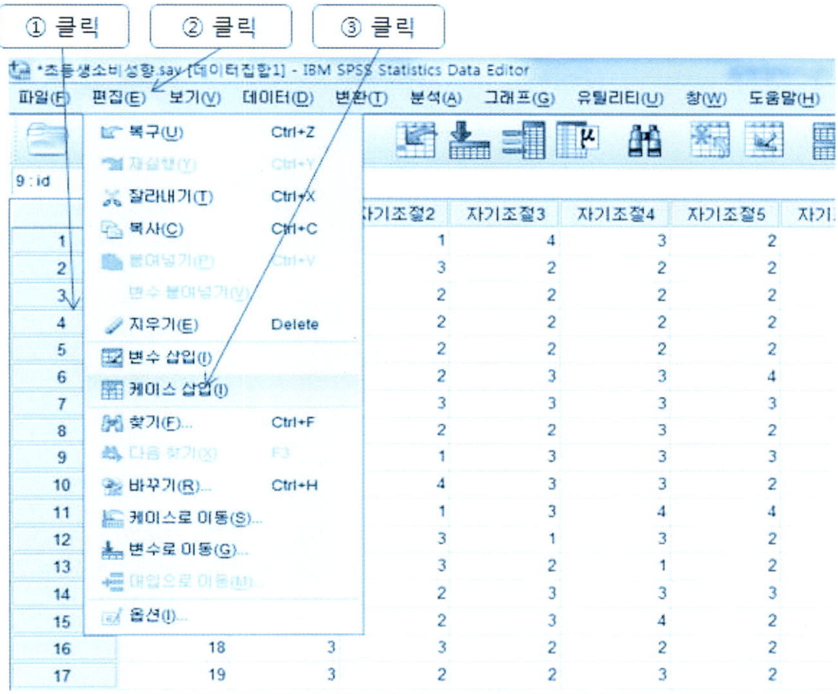

3) 케이스 이동

입력된 케이스를 쉽게 찾기 위해서는 방향키와 페이지 이동키를 이용하는 방법과 데이터 편집키의 메뉴에서 찾는 방법이 있다. 다음과 같은 방법으로 실행하면 <그림3.11>과 같이 이동(G) 대화상자가 나타나고, '이 케이스 번호로 이동(C)' 칸 안에 찾는 케이스를 입력한 후 【이동】을 클릭하면 해당 케이스로 이동한다.

편집(E) → 케이스로 이동(S)

그림3.11 케이스 이동

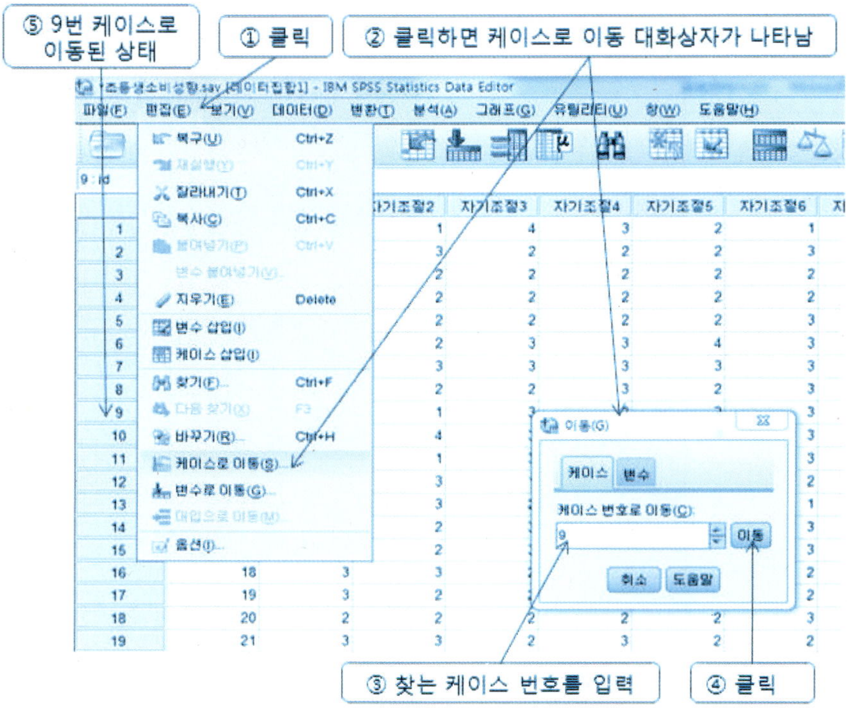

4) 케이스 정렬

케이스 정렬은 입력 순서대로 정렬된 자료의 특성을 쉽게 파악할 수 있도록 특정 변수를 기준으로 재 정렬하는 것을 의미한다. 데이터를 성별이나 연령들을 기준으로 오름차순이나 내림차순으로 정렬 하는 것으로 절차는 다음과 같고 <그림3.12>와 같이 실행한다.

데이터(D) → 케이스 정렬(O)

그림3.12 케이스 정렬

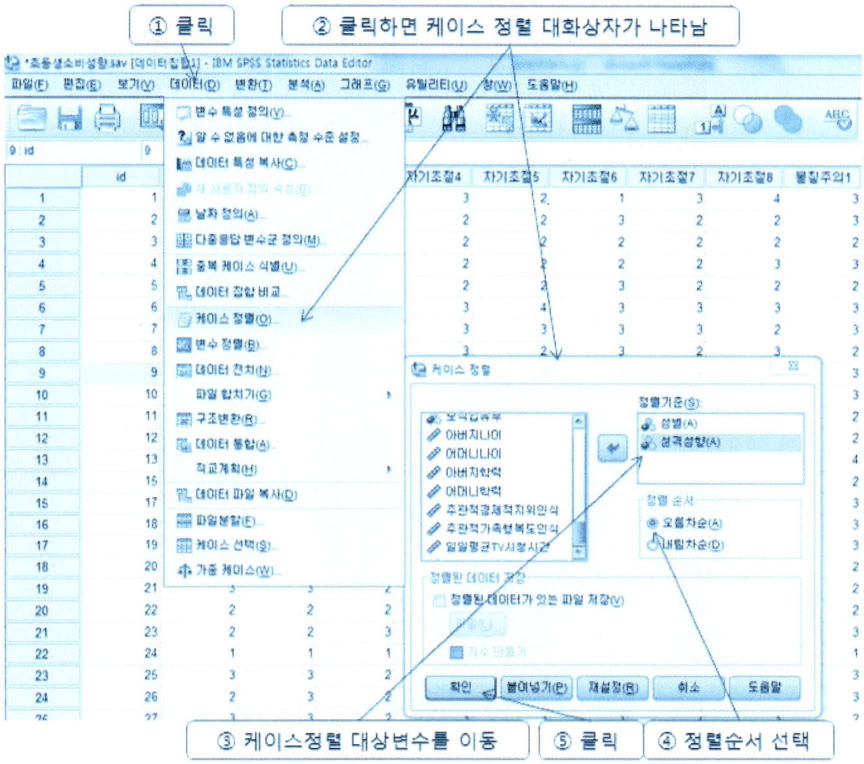

5) 데이터 전치

데이터 변수의 열과 행의 위치를 바꾸는 것으로 다음과 같은 순서로 실행하면 <그림3.13>과 같은 파일을 불러 올 수 있다. <그림3.13>에서 데이터 열기를 클릭하면 <그림3.14>와 같은 화면이 나타난다.

파일(F) → 열기(O) → 데이터(D)

그림3.13 케이스 불러오기

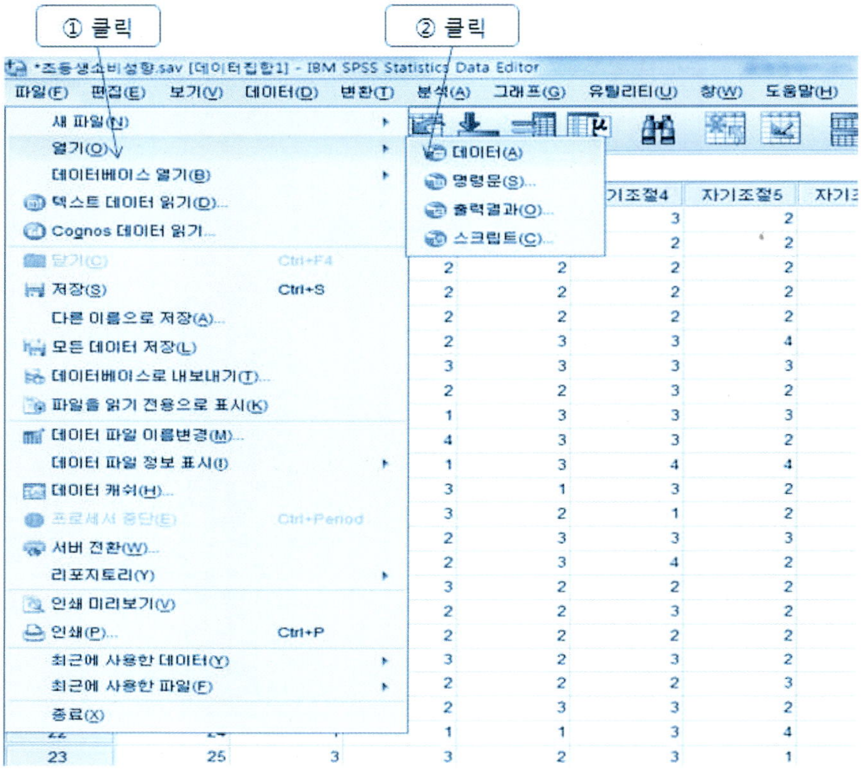

그림3.14 케이스 열기

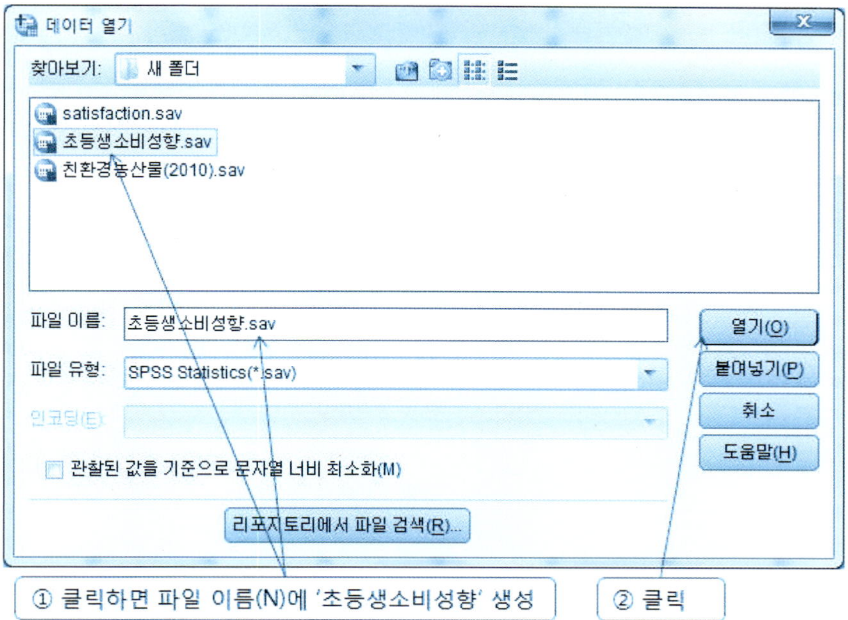

여기에서 '초등생소비성향'을 클릭한 후 【열기(O)】를 클릭하면 <그림3.15>와 같이 '초등생소비성향'을 불러올 수 있다. 다음 단계는 다음과 같은 과정으로 실행하면 되고, <그림3.15>는 '초등생소비성향'을 불러온 상태에서 데이터 전치를 하는 과정을 설명한 것이다.

데이터(D) → 데이터 전치(N)

그림3.15 데이터 전치

<그림3.16>은 데이터 전치를 클릭했을 때 나타나는 대화상자이다. 이 대화상자에서 왼쪽 칸의 항목들을 변수(V)로 이동시키고, 【확인】을 클릭하면 <그림3.17>과 같이 데이터의 열과 행이 바뀐 출력결과가 나타난다.

그림3.16 데이터 전치 대화상자

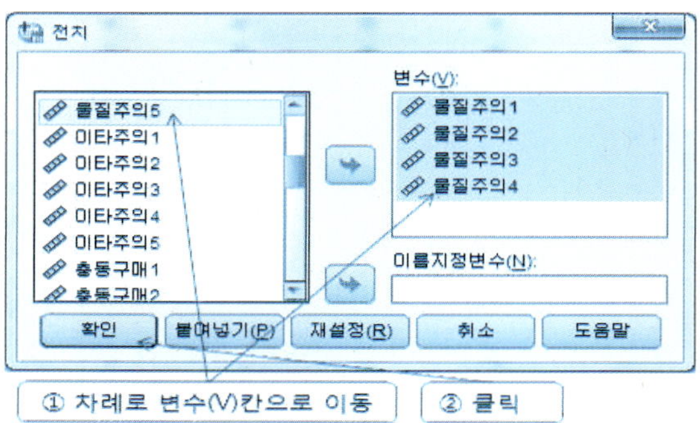

그림3.17 데이터 전치 완료 및 출력결과

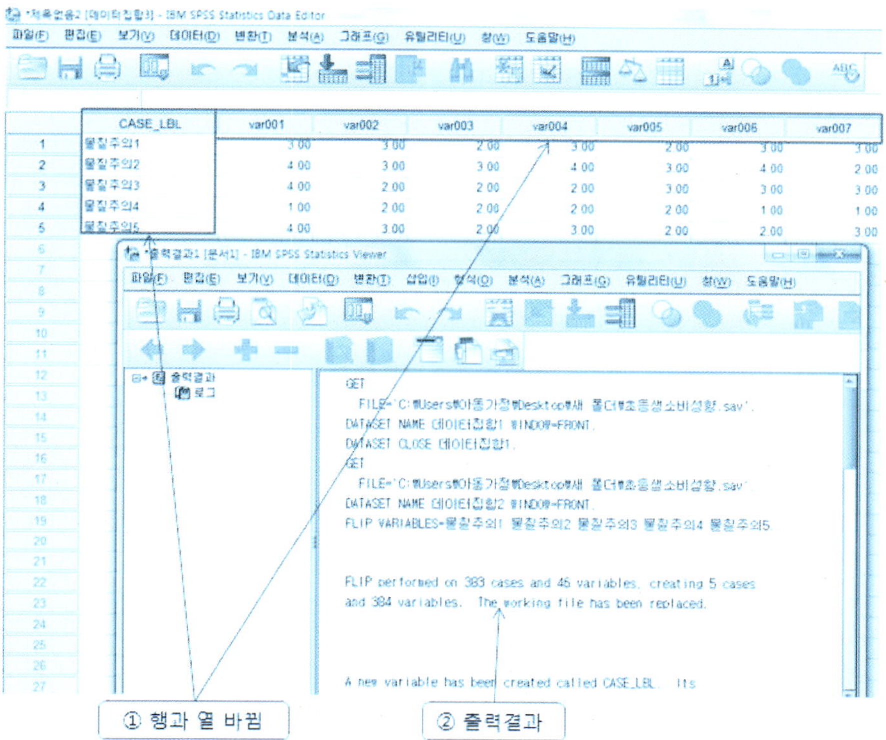

6) 파일 합치기

여러 사람이 나누어서 데이터를 입력한 후에 하나의 파일로 합치려고 할 때는 파일 합치기 기능을 사용한다. 물론 데이터를 흔글이나 Excel에서 입력한 경우에는 합치기도 함께 하는 것이 더 쉽다. 파일 합치기는 케이스를 추가하는 경우와 변수를 추가하는 경우로 구분할 수 있는데 이 장에서는 케이스를 추가하는 방법을 설명하고자 한다.

케이스 추가는 여러 사람이 입력한 데이터를 합치는 방법이다. '초등생소비성향'과 '초등생충동소비' 두 개의 데이터를 합치기 위해서는 먼저 다음과 같이 실행해서 데이터를 불러온다. 그러면 <그림3.18>과 같은 파일 열기 대화상자가 나타난다. 이때 첫 번째 데이터 파일(data01)을 클릭한 후에 【열기(O)】를 클릭한다.

파일(F) → 열기(O) → 데이터(D)

그림3.18 파일 열기

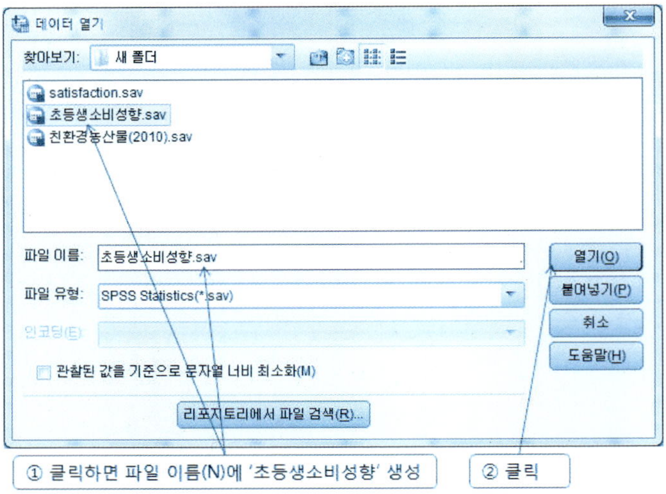

데이터(D) → 파일 합치기(G) → 케이스 추가(C)

위와 같은 절차를 통하여 데이터 파일을 합친다. <그림3.19>는 이 과정을 설명한 것이다. 이 과정을 실행하면 <그림3.20>과 같은 케이스 추가 대화상자가 나타나고 외부 SPSS Statistics 데이터 파일을 선택하고 【찾아보기(B)】를 선택하면 케이스 추가 : 파일읽기 대화상자가 나타난다. 이 상자에서 두 번째 파일을 클릭한 후 【열기(O)】를 클릭하면 <그림3.21>과 같이 케이스 추가 대화상자의 외부 SPSS 데이터 파일 아래 빈칸에 파일의 위치와 파일명이 나타난다. 【계속】을 클릭하면 <그림3.22>와 같이 데이터 파일로부터 케이스 추가 대화상자가 나타난다.

그림3.19 파일 합치기 : 케이스 추가

그림3.20 케이스 추가 대화상자

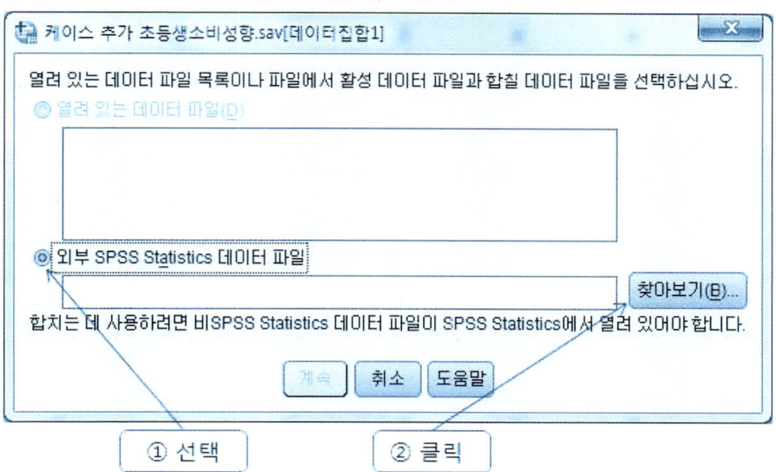

그림3.21 케이스 추가 대화상자의 외부 SPSS 데이터 파일

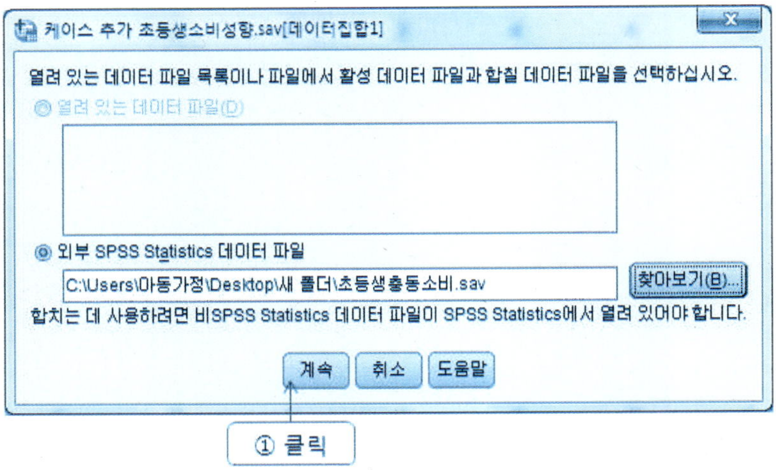

그림3.22 데이터 파일로부터 케이스 추가(1)

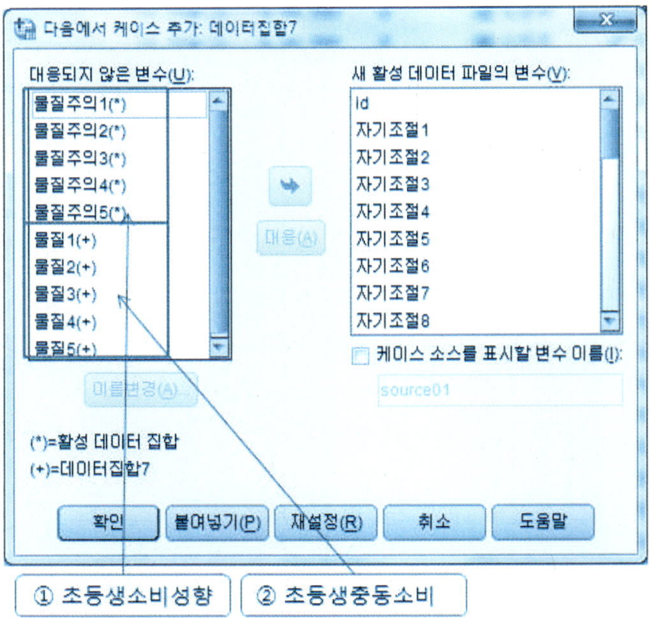

<그림3.22>에서 왼쪽 칸의 대응되지 않은 변수(U)에는 초등생소비성향의 변수와 초등생충동소비의 변수가 있다. 초등생소비성향 파일에는 *, 초등생충동소비

파일에는 +가 붙어 있다. 합쳐지는 데이터 파일의 변수명이 동일한 경우 대응되지 않은 변수(U)에는 변수가 없고, 처음에 실행되었던 변수와 추가할 변수가 새 활성 데이터 파일의 변수(V) 칸에 나타난다.

<그림3.23>에는 변수명이 다르게 지정되어 있는 파일을 대응시키는 방법이 제시되어 있다. 초등생소비성향의 '물질주의1'를 클릭하여 블록으로 지정한 후  키를 누른 상태에서 초등생충동소비의 '물질1'을 클릭한다. 그러면 물질주의1과 물질1이 블록으로 설정되면서【열기(A)】키가 활성화된다. 이 키를 클릭하면 물질주의1과 물질1이 새 활성 데이터 파일의 변수(V)로 이동된다. 이렇게 모든 변수들을 대응시킨 후【확인】을 클릭하면 <그림3.24>와 케이스 추가가 완료된다.

그림3.23 데이터 파일로부터 케이스 추가(2)

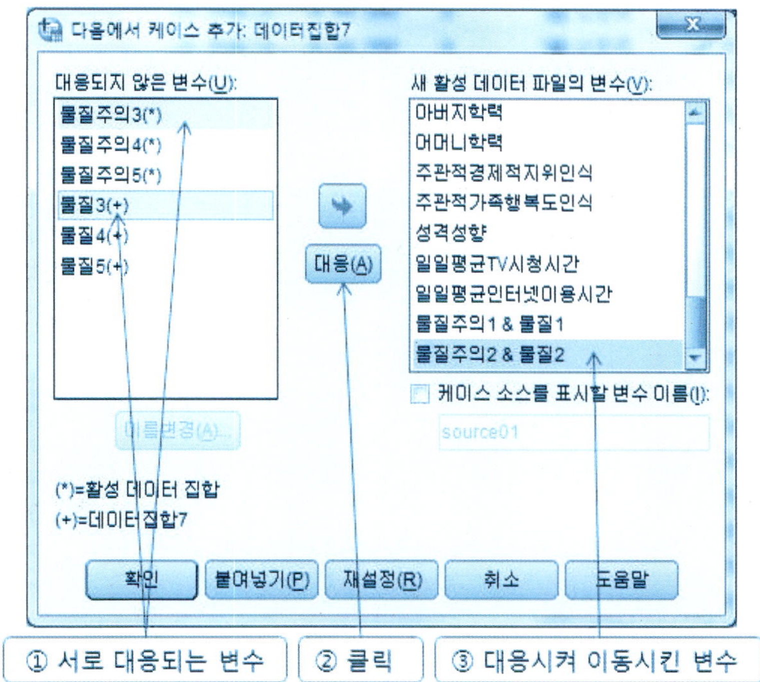

그림3.24 SPSS 케이스 추가 완료

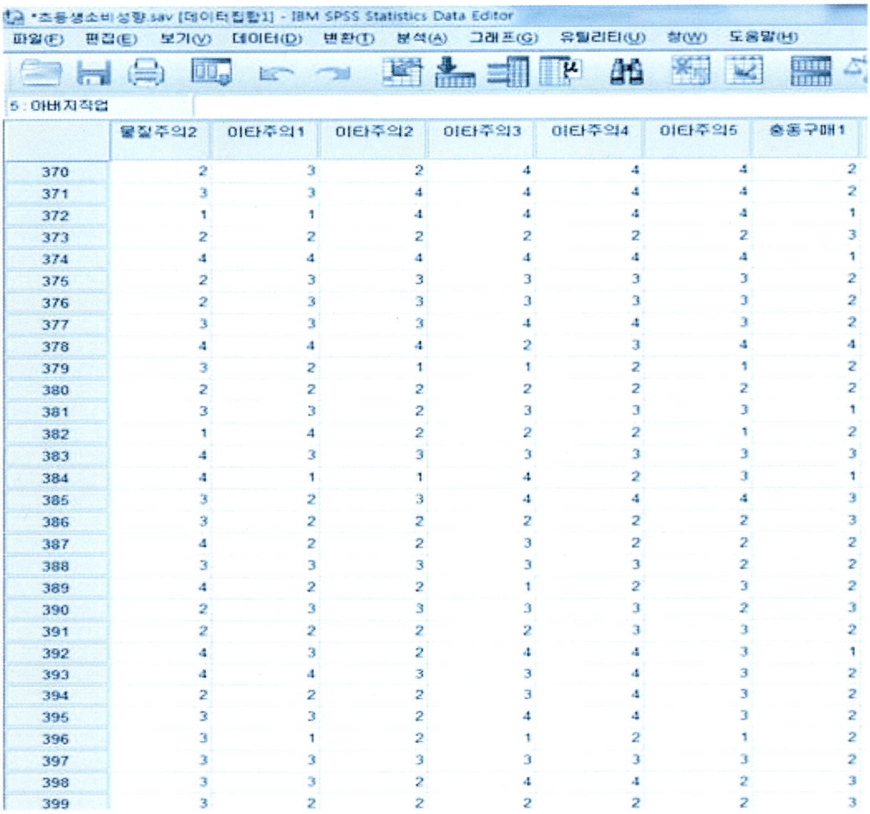

	물질주의2	이타주의1	이타주의2	이타주의3	이타주의4	이타주의5	충동구매1
370	2	3	2	4	4	4	2
371	3	3	4	4	4	4	2
372	1	1	4	4	4	4	1
373	2	2	2	2	2	2	3
374	4	4	4	4	4	4	1
375	2	3	3	3	3	3	2
376	2	3	3	3	3	3	2
377	3	3	3	4	4	3	2
378	4	4	4	2	3	4	4
379	3	2	1	1	2	1	2
380	2	2	2	2	2	2	2
381	3	3	2	3	3	3	1
382	1	4	2	2	2	1	2
383	4	3	3	3	3	3	3
384	4	1	1	4	2	3	1
385	3	2	3	4	4	4	3
386	3	2	2	2	2	2	3
387	4	2	2	3	2	2	2
388	3	3	3	3	3	2	2
389	4	2	2	1	2	3	2
390	2	3	3	3	3	2	3
391	2	2	2	2	3	3	2
392	4	3	2	4	4	3	1
393	4	4	3	3	4	3	2
394	2	2	2	3	4	3	2
395	3	3	2	4	4	3	2
396	3	1	2	1	2	1	2
397	3	3	3	3	3	3	2
398	3	3	2	4	4	2	3
399	3	2	2	2	2	2	3

7) 파일 분할

파일 분할은 특정 변수를 기준으로 몇 개의 집단으로 파일을 나누어서 분석할 때 사용한다. 예를 들면 남성과 여성이 모두 포함되어 있는 파일에서 남성 파일과 여성 파일로 구분하여 분석하는 것이다. 파일 분할을 위한 절차는 다음과 같고, <그림3.25>는 상세하게 절차를 제시한 것이다.

데이터(D) → 파일 분할(F)

<그림3.25>를 실행하면 <그림3.26>과 같은 대화상자가 나타난다. 이 상자에서 '각 집단별로 출력결과를 나타냄(O)'을 선택한 후 【확인】을 클릭한다.

그림3.25 파일 분할

그림3.26 파일 분할 대화상자

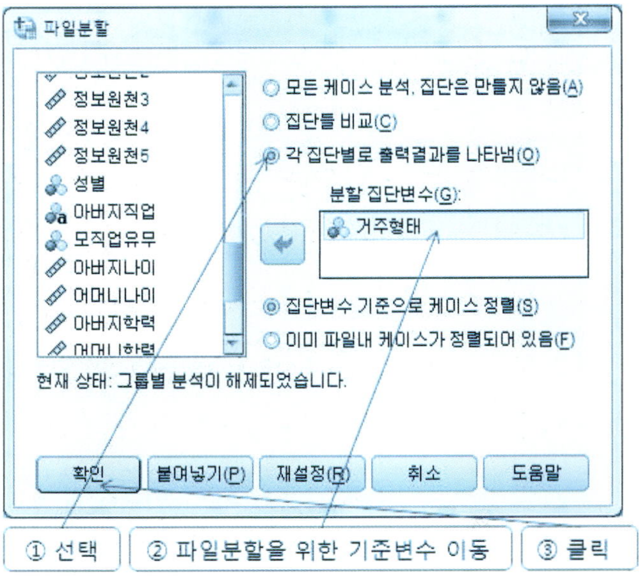

3 데이터 변환

1) 변수계산

통계분석을 할 때는 여러 문항을 더하거나 곱하거나 평균하는 계산과정이 필요한 경우가 많다. 생활만족도를 측정하기 위하여 30문항을 만든 경우 생활만족도의 값은 30개 문항의 점수를 모두 더하여 구한다. 변수계산은 다음과 같은 절차에 의하여 이루어진다.

변환(T) → 변수 계산(C)

<그림3.27>처럼 실행하면 <그림3.28>과 <그림3.29>와 같은 대화상자가 나타난다.

그림3.27 변수계산

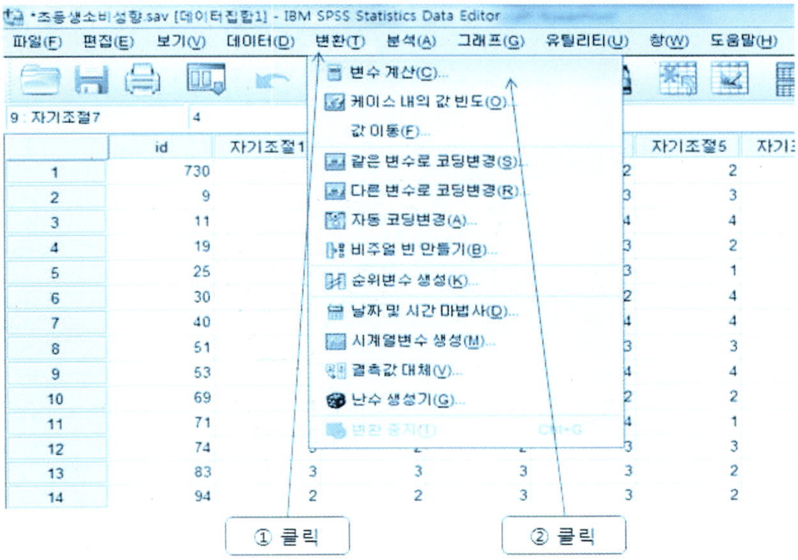

그림3.28 변수 계산 대화상자(1)

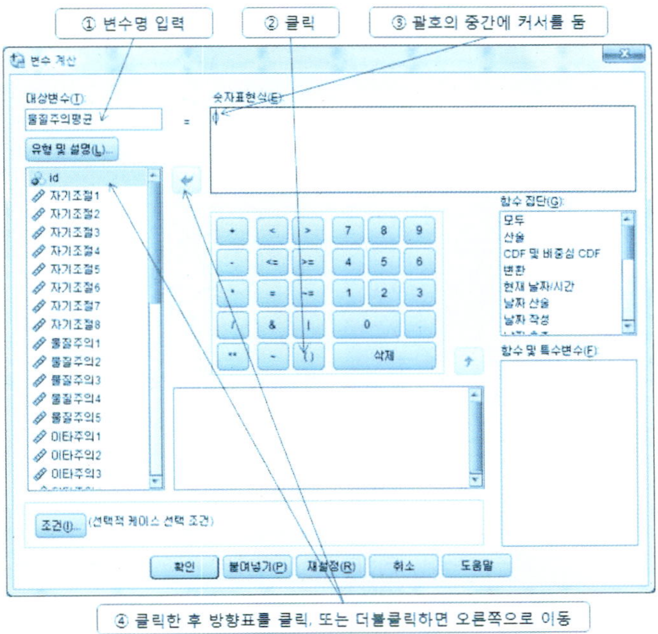

그림3.29 변수 계산 대화상자(2)

그림3.30 변수 계산 완료

2) 코딩변경

기존 변수의 변수 값을 변환시키거나 변수의 범주를 분류하고 결합할 때 코딩변경을 사용한다. 코딩 변경은 같은 변수로 변경하는 방법과 새로운 변수로 전환하는 방법이 있는데 새로운 변수로 전환하는 방법을 많이 사용한다. 같은 변수로 바꾸면 기존 변수 값이 지워져서 알 수 없기 때문이다. 다른 변수로 코딩을 변경하는 방법은 기존 변수를 그대로 두고 다른 변수를 하나 더 생성하는 것이므로 나중에 다른 방법으로 분석할 경우에 기존 데이터를 손상하지 않고 새로운 변수를 얼마든지 만들 수 있다. 다른 변수로 코딩을 변경하는 절차는 다음과 같고 <그림3.31>에 상세하게 제시되어 있다.

변환(T) → 변수 계산(C)

그림3.31 다른 변수로 코딩 변경

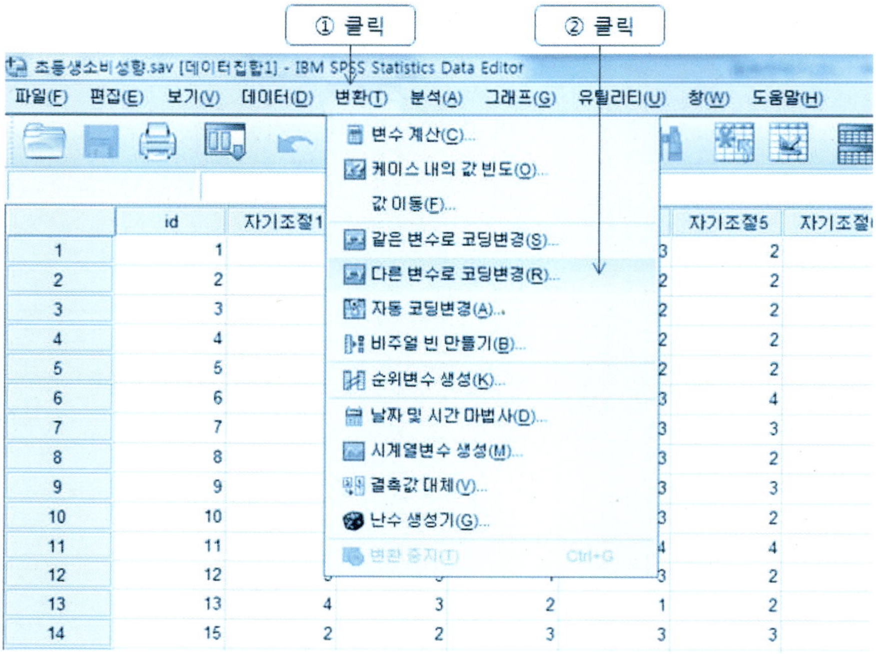

그림3.32 다른 변수로 코딩 변경 대화상자(1)

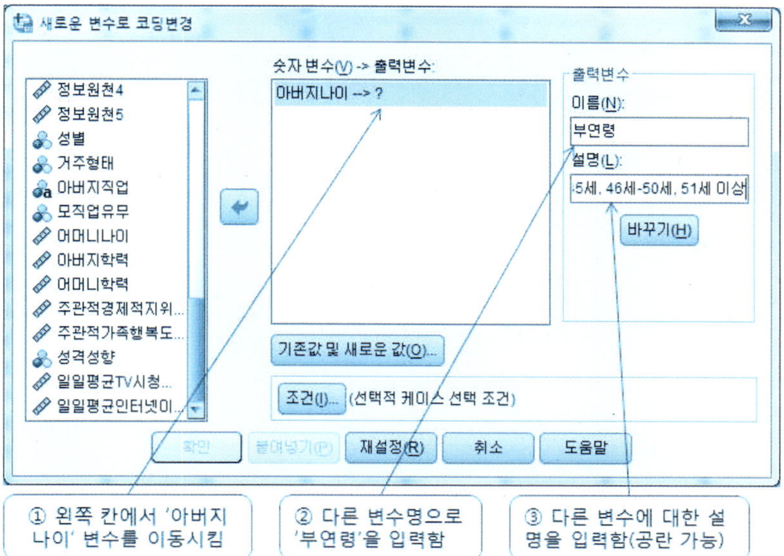

그림3.33 다른 변수로 코딩 변경 대화상자(2)

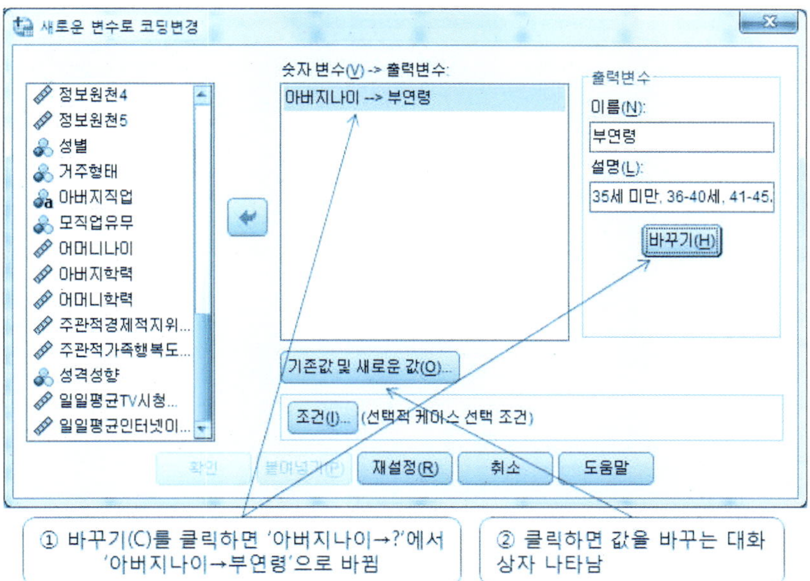

그림3.34 다른 변수로 코딩 변경 대화상자(3)

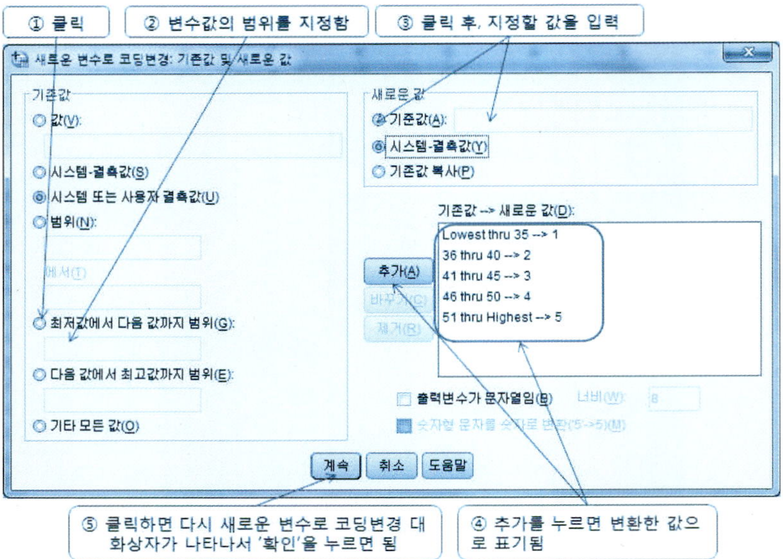

그림3.35 다른 변수로 코딩 변경 완성

	주관적가족...	성격성향	일일평균T...	일일평균인...	부연령	변수	변수
1	3	2	2.0	2.0	3.00		
2	1	1	3.0	1.0	2.00		
3	3	2	3.0	3.0	3.00		
4	1	1	1.0	1.0	3.00		
5	2	2	3.0	2.0	3.00		
6	1	2	1.0	1.0	2.00		
7	3	1	3.0	1.0	3.00		
8	3	1	3.0	1.0	4.00		
9	1	1	2.0	1.0	4.00		
10	2	1	1.0	1.0	4.00		
11	1	2	1.0	1.0	2.00		
12	3	1	1.0	1.0	3.00		
13	1	1	2.0	1.0	3.00		
14	1	1	1.0	1.0	2.00		
15	1	2	1.0	1.0	3.00		
16	2	2	2.0	1.0	3.00		
17	2	2	2.0	2.0	3.00		

그림3.36 다른 변수로 코딩 변경 후 변수 보기 화면

*조등생소비성향.sav [데이터집합1] - IBM SPSS Statistics Data Editor

파일(F) 편집(E) 보기(V) 데이터(D) 변환(T) 분석(A) 그래프(G) 유틸리티(U) 창(W) 도움말(H)

	이름	유형	너비	소수점이...	설명	값	결측값	열
31	아버지직업	문자	42	0		없음	없음	10
32	모직업유무	숫자	8	0		{1, 예}...	9, 99, 999	8
33	아버지나이	숫자	8	0		없음	9, 99, 999	8
34	어머니나이	숫자	8	0		없음	9, 99, 999	8
35	아버지학력	숫자	8	0		{1, 중졸이하...	9, 99, 999	8
36	어머니학력	숫자	8	0		{1, 중졸이하...	9, 99, 999	8
37	주관적경제...	숫자	8	0		{1, 상층}...	9, 99, 999	8
38	주관적가족...	숫자	8	0		{1, 매우 행...	9, 99, 999	8
39	성격성향	숫자	8	0		{1, 외향적}...	9, 99, 999	8
40	일일평균TV...	숫자	8	1		{1.0, 1시간...	9.0, 99.0, 9...	8
41	일일평균인...	숫자	8	1		{1.0, 1시간...	9.0, 99.0, 9...	8
42	부연령	숫자	8	2	35세 미만, 36-4...	없음	없음	11
43								
44								
45								
46								
47								

04

SPSS 데이터 입력과 전환

1/ SPSS 데이터의 입력

2/ 한글에서 데이터입력과 저장 및 SPSS데이터에서 한글불러오기

3/ Excel 데이터의 SPSS 데이터 전환 및 불러오기

1 SPSS 데이터의 입력

1) 이름, 유형 및 자릿수

[표4.1] 변수유형의 설명

변수유형	설명
숫자(N)	변수값이 숫자인 경우
콤마(C)	3자리마다 콤마를 표기하는 경우
점(D)	3자리마다 점을 표기하는 경우
지수표기(S)	지수형식으로 표기하는 경우
날짜(A)	날짜·시간을 표기하는 경우, 날짜와 시간은 입력 유형에 따라 추가로 선택해야 함
달러(L)	앞쪽에 달러표시
사용자통화(U)	기타 화폐단위 표시
문자(R)	문자를 나타내는 경우
너비(W)	변수의 자리수
소수점 이하 자리수(P)	변수의 소수점 이하 자리수

이름에는 변수명을 입력하고, 유형의 오른쪽을 클릭하면 <그림4.1>과 같은 변수 유형의 대화상자가 나타난다. [표4.1]에는 변수유형의 설명이 제시되어 있다. 자리수는 제일 긴 자리수를 선택하되 다소 여유가 있게 하는 것이 좋다.

그림4.1 다변수유형의 대화상자

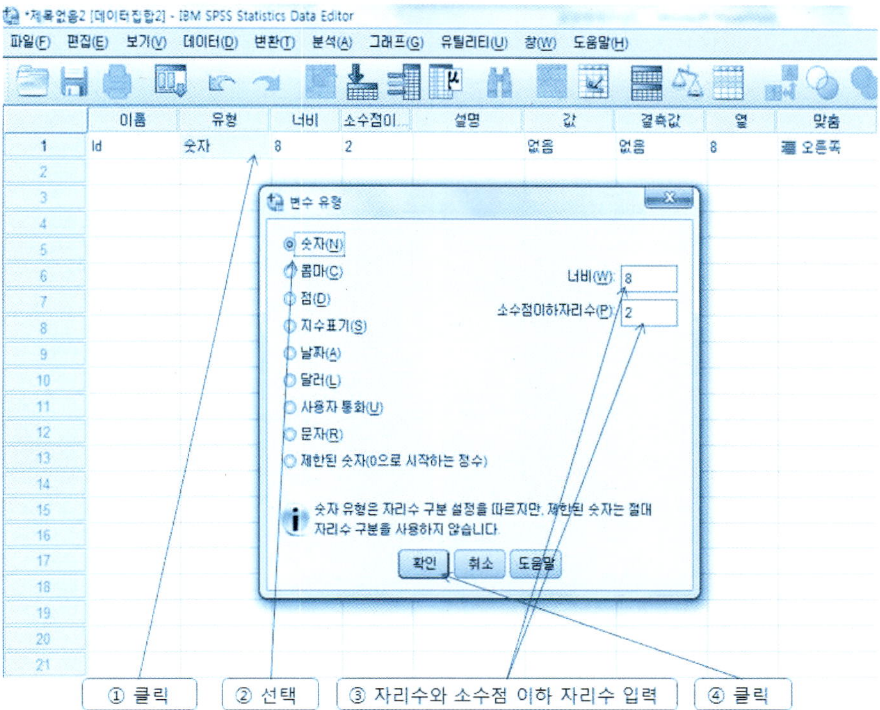

2) 설명과 결측값

'설명' 란에는 변수, 유형, 자리수 등에 대하여 부가적인 설명이 필요한 경우에 쓰면 된다. 설명은 생략해도 되나 변수명을 간단하게 기호로 표시한 경우 변수명에 대한 설명을 포함시키거나 변수값에 대한 설명을 포함시키면 분석결과를 쉽게 볼 수 있다.

결측값은 무응답을 의미하는데, 코딩을 할 때 특정 숫자를 입력해서 무효로 처리함으로써 분석대상에서 제외시킨다. 결측값을 분석에서 제외시키는 방법으로는 다음의 두 가지가 있다.

첫째, 코딩할 때 잘못된 응답을 비워둠으로써 시스템 결측값으로 처리하는 방법이 있다.

둘째, 특정 값으로 코딩을 하고, 분석할 때 이 값을 결측값으로 지정하는 방법이다. 흔히 특정 값으로는 9, 99, 999 등을 많이 사용한다.

그림4.2 spss | 변수값 설명 대화상자

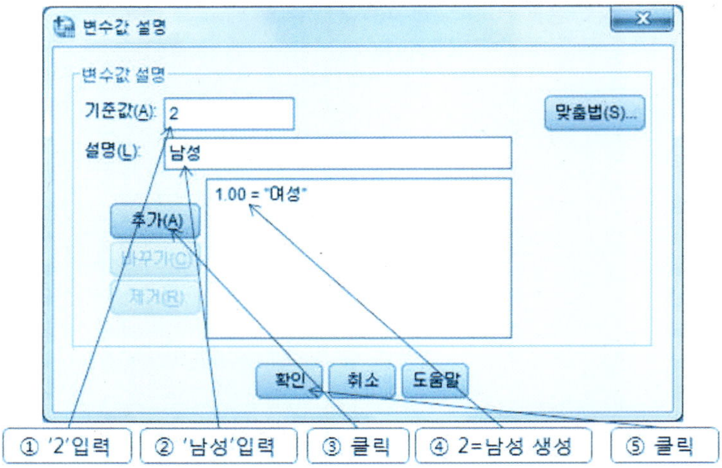

[표4.2] 결측값 형식 설명

결측값	설명
결측값 없음(N)	결측값이 없는 경우, 모든 변수값이 유효한 경우
이산형 결측값(D)	결측값을 3개까지 지정가능 (예: 9, 99, 999 등)
한 개의 선택적 이산형 결측값을 더한 범위(R)	하한값과 상한값의 범위와 한 개의 수치를 결측값으로 지정 (예: 10-19, 99)

2 ᄒᆞᆫ글에서 데이터 입력과 저장 및 SPSS 데이터에서 ᄒᆞᆫ글 불러오기

1) ᄒᆞᆫ글에서 데이터 입력과 저장

ᄒᆞᆫ글에서 데이터를 입력한 후, SPSS 데이터로 전환하기 위한 방법은 본서의 부록에 제시된 '초등학생 소비성향' 설문지를 이용한다. 여기서는 편의상 '초등학생 소비성향' 설문지 중 일부분을 가지고 ᄒᆞᆫ글에서의 데이터 입력을 설명한다. 우선 ᄒᆞᆫ글 프로그램을 실행시킨 후 설문지에 응답한 대로 입력한다. ᄒᆞᆫ글에서 데이터 입력은 다음 <그림4.3>과 같다.

먼저 <그림4.3>과 같이 설문지 일련번호를 입력한다. 일련번호는 100매 이상 1,000매 미만으로 가정하여 3단위로 하였다. 그리고 편의상 한 칸 띄우고 설문지 1번부터 9번까지 응답한대로 1,1,4,3,2,1,1,3,4를 차례로 입력한다. 중간은 생략하고 배경적 변수인 성별, 거주형태, 아버지 나이, 어머니 나이, 아버지 학력, 어머니 학력 등을 차례로 입력한다.

여기서 성별의 경우는 남성은 1, 여성은 2를 입력하게 되므로 한 자리로 입력하였다. 거주형태는 1은 아파트, 2는 단독주택, 3은 빌라/다세대 주택, 4는 기타로 한 자리로 입력하였으며, 아버지와 어머니의 나이는 두 자리로 하였다. 학력의 경우 1은 중졸 이하, 2는 고졸, 3은 대졸 이상으로 입력하였다.

그림4.3 혼글에서의 데이터 입력

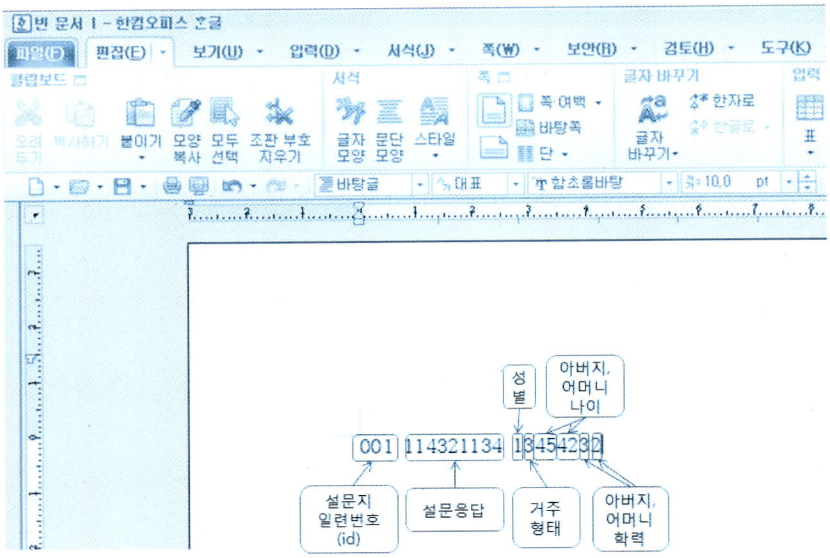

그림4.4 다른 이름으로 저장(1)

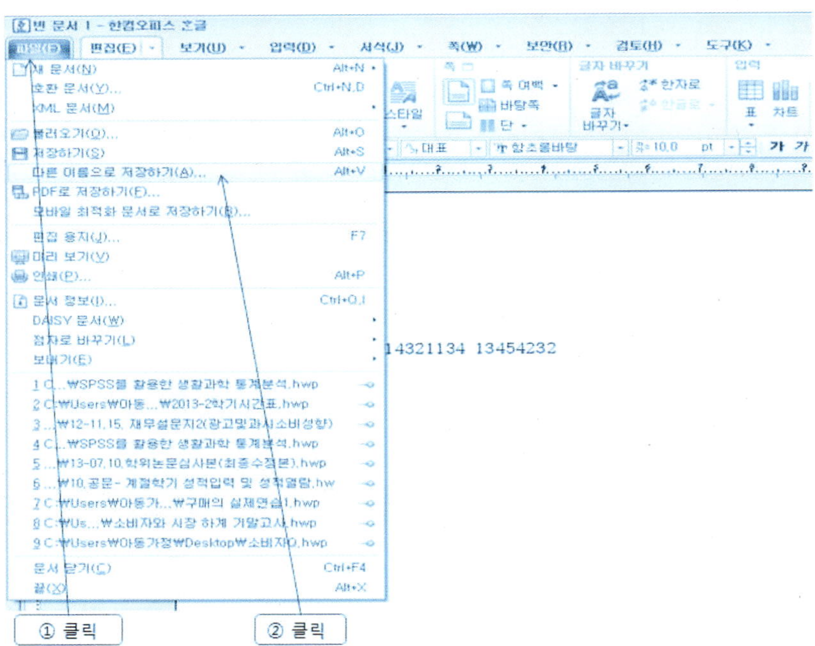

그림4.5 다른 이름으로 저장하기(2)

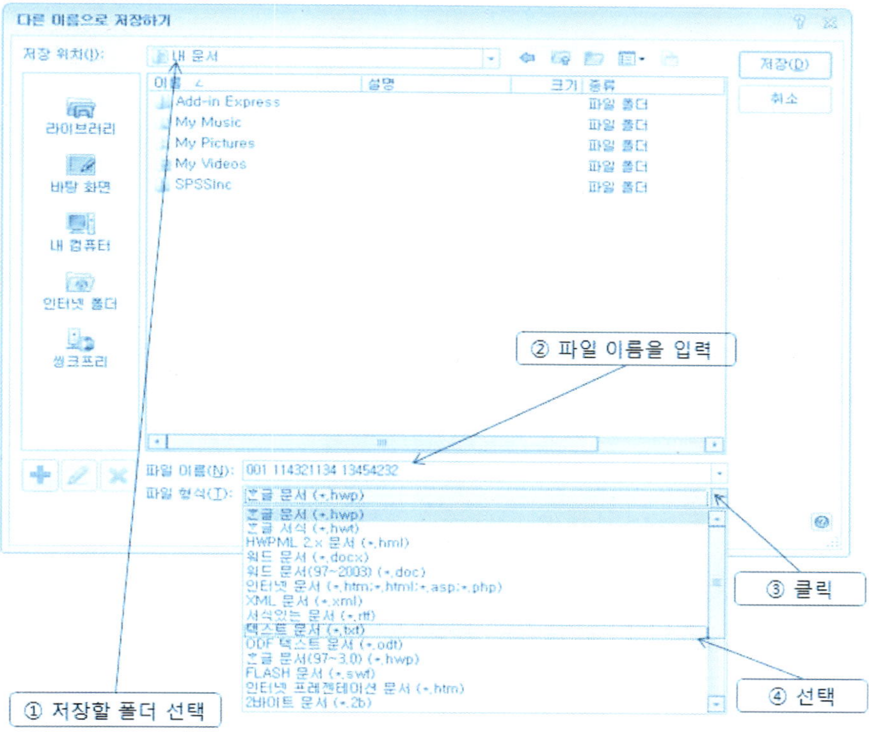

혼글에서 입력한 데이터를 텍스트 파일로 보관해야 SPSS데이터로 변환할 수 있다. <그림4.4>는 <그림4.3>과 같이 입력한 데이터를 텍스트 파일로 보관하기 위한 '다른 이름으로 저장하기' 화면이다. 여기서 '파일'을 클릭한 후, '다른 이름으로 저장하기(A)'를 클릭하면 <그림4.5>가 나타난다.

그림4.6 텍스트 문서의 종류

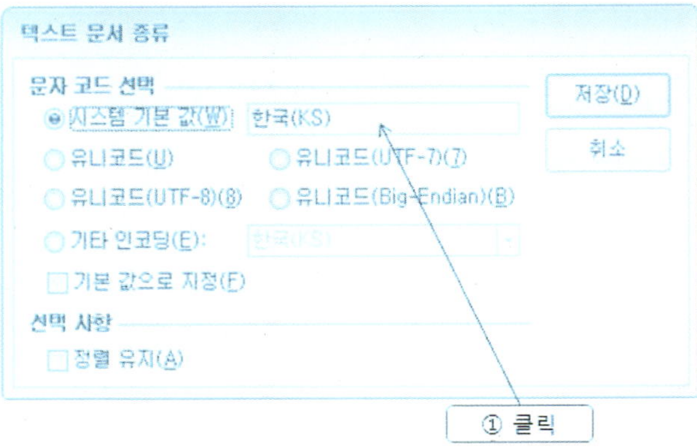

<그림4.5>에서 저장할 폴더를 선택하고 'SPSS 21.0' 폴더에 새 파일을 저장하도록 한다. 통계 데이터를 선택한 후, 파일 이름을 입력한다. 그리고 파일형식(I)을 클릭하면 파일형식이 나타난다. 여기서 (텍스트문서(*.txt))를 클릭한다. 그리고 <그림4.6>에서 문자 코드 선택에서 '한국(KS)'을 선택한 후 【저장(D)】을 누르면 흔글에서의 데이터 입력과 저장을 모두 마치게 된다. <그림4.7>은 SPSS 21.0 폴더 안에 저장된 텍스트 파일이다.

그림4.7 다른 이름으로 저장하기(4)

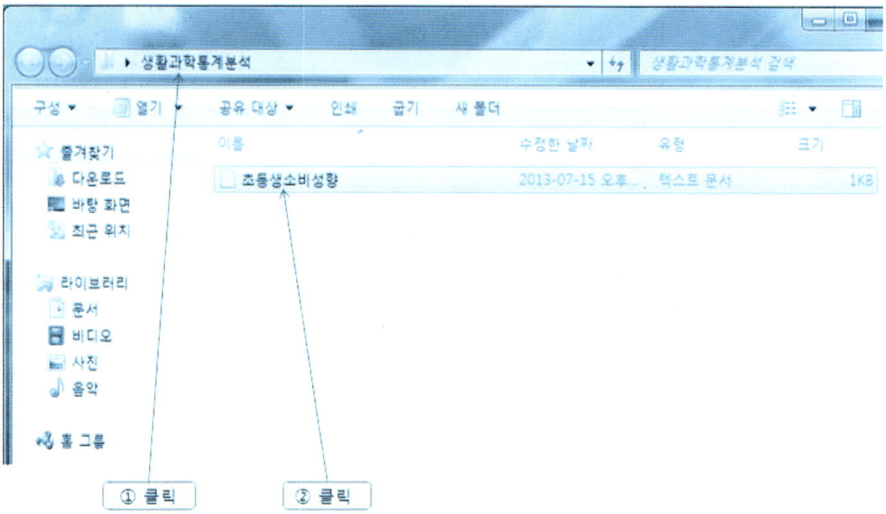

2) SPSS 데이터 편집기에서 ᄒᆞᆫ글 데이터 불러오기

ᄒᆞᆫ글에서 텍스트 완성형으로 저장된 데이터를 SPSS 데이터로 전환하기 위해서는 SPSS 프로그램을 실행시킨 후, SPSS 데이터 편집기에서 ᄒᆞᆫ글 데이터를 불러와야 한다. <그림4.8>에서 파일(F)와 텍스트 데이터 읽기(D)를 차례로 클릭하면 <그림4.9>의 데이터열기 대화상자가 나타난다. 여기서 불러올 데이터가 있는 폴더를 선택한 후, 그 폴더 안에 있는 데이터 파일을 선택하면 파일이름(N)에 데이터 파일이 입력된다. 그리고 파일형식(T)에서 텍스트(*.txt)를 선택한 후, 【열기(O)】를 클릭하면, <그림4.10>이 나타나고, SPSS 데이터 편집기에서 ᄒᆞᆫ글 데이터(텍스트 파일) 불러오기가 완료된다.

그림4.8 SPSS 데이터 편집기에서 흔글 데이터를 불러오기(1)

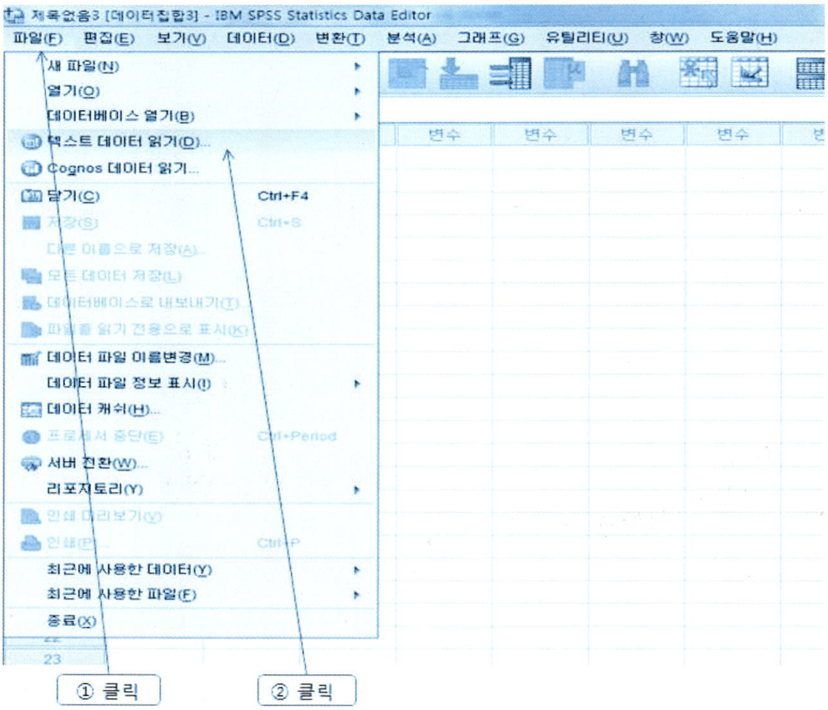

그림4.9 SPSS 데이터 편집기에서 흔글 데이터를 불러오기(2)

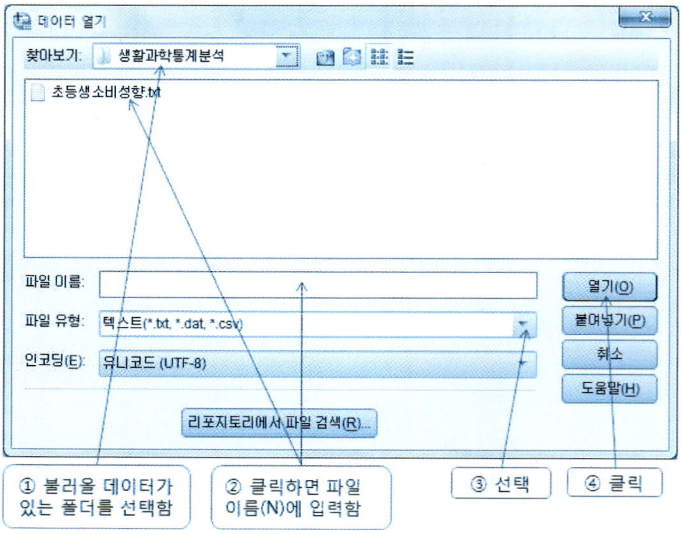

그림4.10 SPSS 데이터 편집기에서 ᄒᆞᆫ글 데이터를 불러오기(3)

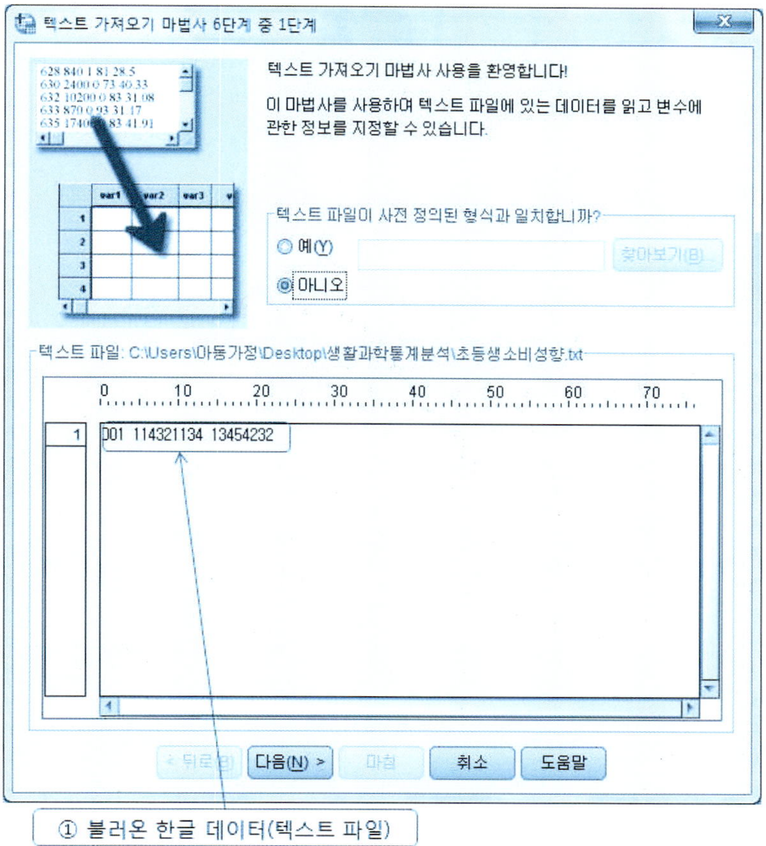

3) ᄒᆞᆫ글 데이터의 SPSS 데이터 전환

(1) ᄒᆞᆫ글 데이터를 SPSS 데이터로 전환

① ᄒᆞᆫ글 데이터 부르기

ᄒᆞᆫ글 window에서 데이터(예; 기초통계.hwp)를 불러들인다.

② 텍스트 문서로 전환

'메뉴'의 '파일'에서 '다른 이름으로 저장하기(A)'를 선택하여, '파일 이름(N)'에

‘기초통계’를 입력하고, ‘파일 형식(T)’에서 ‘텍스트 문서(*.txt)’를 선택한 후, 【저장(D)】을 클릭한다.

③ 흔글에서 빠져나옴

④ SPSS에서 자료 읽기

SPSS에서 ‘파일(F)’→‘텍스트 데이터 읽기(D)’를 선택한다. 그러면 ‘데이터열기’ 대화상자가 나타나는데, 이때 ②에서 저장한 ‘텍스트(*.txt)’ 파일(기초통계.txt)을 불러들이고, 【열기(O)】를 클릭한다.

⑤ 텍스트 가져오기 6단계

그림4.11 텍스트 가져오기 마법사 6단계 중 1단계

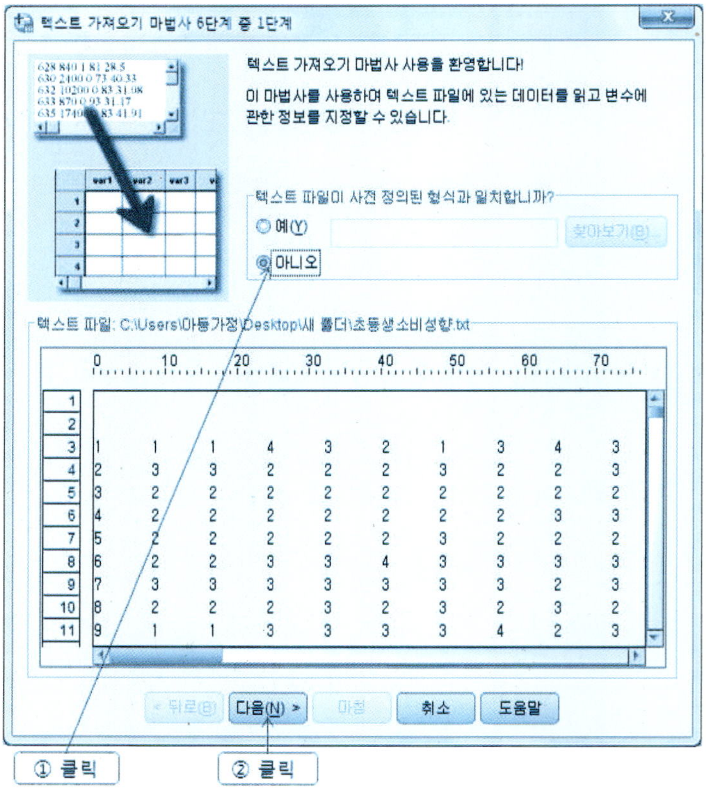

【1단계】 텍스트 파일을 불러들이면 <그림4.11>과 같이 '텍스트 가져오기 마법사 6단계 중 1단계'가 나타난다. 대화상자에서 '텍스트 파일이 사전 정의된 형식과 일치합니까?'라는 항목에는 나중에 변수를 정의하므로 '◉아니오(O)'를 선택하고, 【다음(N)】을 클릭하면 6단계 중 2단계가 나타난다.

그림4.12 텍스트 가져오기 마법사 6단계 중 2단계

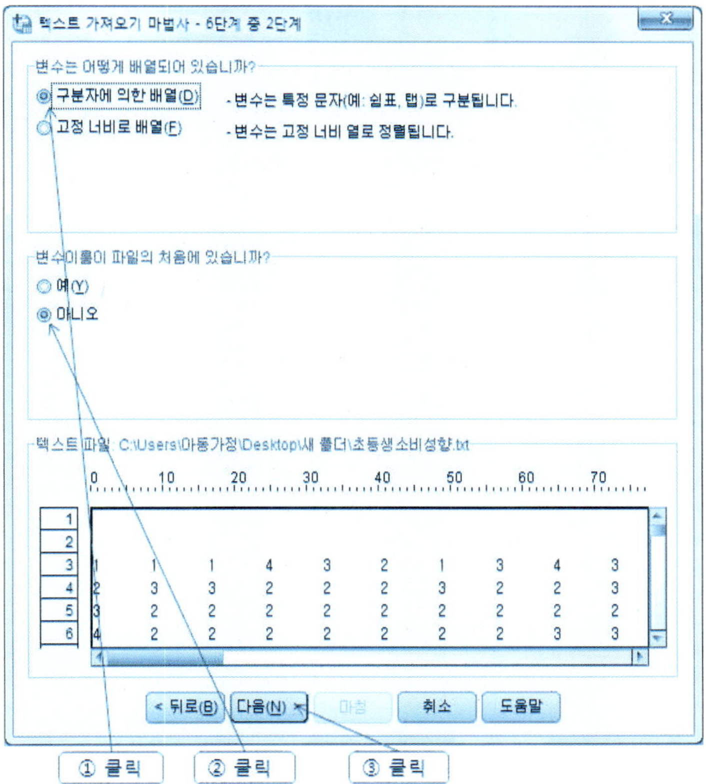

【2단계】 <그림4.12>는 2단계 화면이다. 여기서 '변수는 어떻게 배열되어 있습니까?'라는 항목에는 이전의 SPSS 버전에서는 '기초통계.txt'가 특수문자(콤마 또는 탭)에 의해 구분되지 않고, 칼럼에 맞게 고정너비로 배열

되었으므로 '◉고정 너비로 배열(F)'을 선택한다. '변수 이름이 파일의 처음에 있습니까?'에는 '◉아니오(O)'를 선택했으나 SPSS 21.0 버전에서는 구분자에 의한 배열(D)을 선택한다(코딩시 콤마를 사용). 이는 파일에 데이터만 입력되어 있고 아직까지 변수 이름을 부여하지 않았기 때문이다. 【다음(N)】을 클릭하면 3단계로 이동한다.

그림4.13 텍스트 가져오기 마법사 6단계 중 3단계

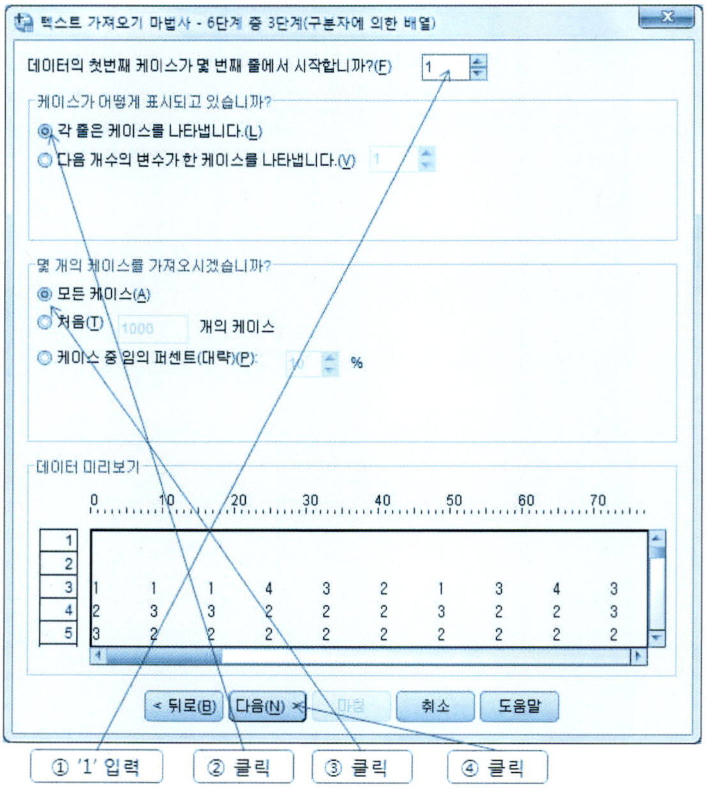

【3단계】 <그림4.13>은 3단계 화면이다. 이 화면에서 '데이터의 첫 번째 케이스가 몇 번째 줄에서 시작합니까?'라는 항목에는 첫 번째 줄부터 데이터가 있으므로 '1'을 선택하고, '케이스가 어떻게 표시되고 있습니

까?'에는 '◉각 줄은 케이스를 나타냅니다.(L)'를 선택한다. '몇 개의 케이스를 가져오시겠습니까?'에는 '◉모든 케이스(A)'를 선택한다. 이 경우 일부분의 케이스만을 이용하려면 아래 칸을 선택하여 필요한 만큼 지정한다. 【다음(N)】을 클릭하면 '4단계' 화면이 나타난다.

그림4.14 텍스트 가져오기 마법사 6단계 중 4단계

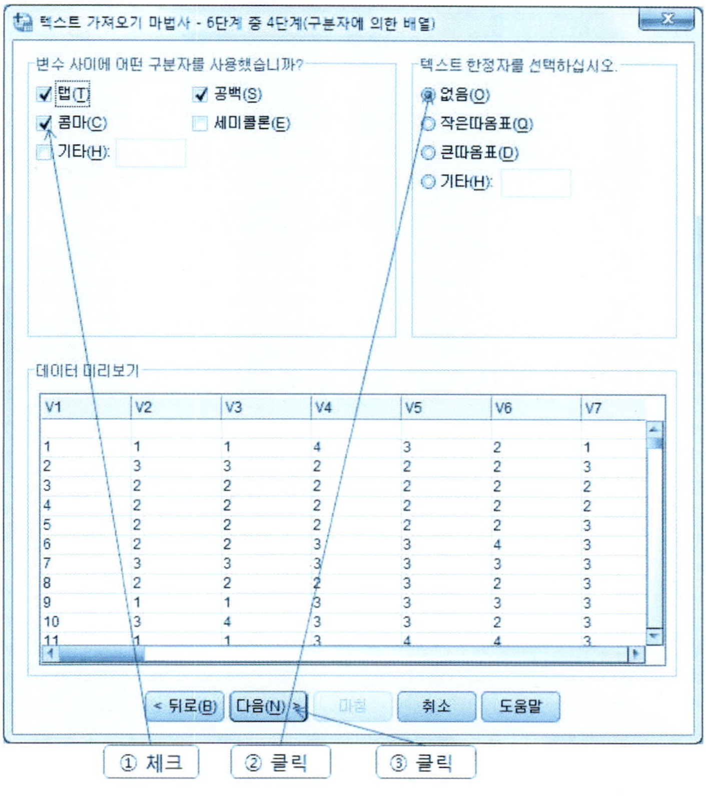

【4단계】 <그림4.14>는 4단계 화면이다. 여기서는 '변수사이에 어떤 구분자를 사용했습니까?'에는 '콤마(C)'를 선택하고, '텍스트 한정자를 선택 하십시오'에는 '◉없음(O)'을 선택한다. 그리고 【다음(N)】을 클릭하면 '5단계' 화면이 나타난다.

그림4.15 텍스트 가져오기 마법사 6단계 중 5단계

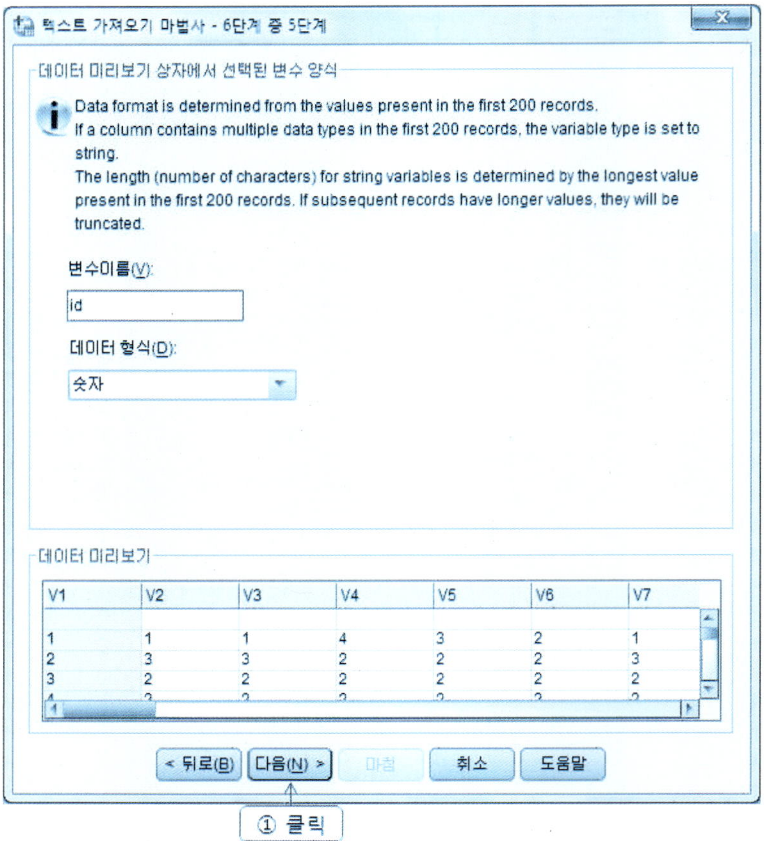

【5단계】 <그림4.15>는 5단계의 화면이다. 이 화면의 '데이터 미리보기'에는 각 변수들에 V1, V2, V3,…… 라는 명칭이 임시로 부여되어 있다. 이 상태에서 【다음(N)】을 클릭하면 6단계로 넘어간다.

그림4.16 텍스트 가져오기 마법사 6단계 중 6단계

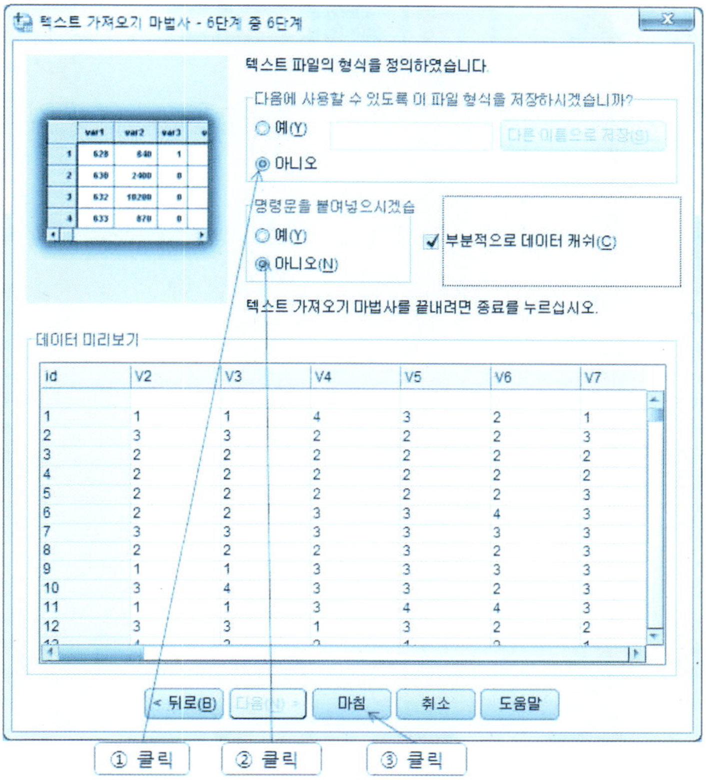

【6단계】 마지막 단계인 6단계의 화면은 <그림4.16>이다. 이 화면의 '다음에 사용할 수 있도록 이 파일형식을 저장하시겠습니까?'라는 물음에는 '◉아니오(O)'를 선택하는 것이 좋다. 만일 이 물음에 '◉예(Y)'라고 응답하면 오른쪽에 있는 【다른 이름으로 저장(S)..】 화면이 생성되는데, 여기에 저장된 파일은 '*tpf'이므로 SPSS를 작동시켜 분석하지 못한다. SPSS에서 분석 가능한 확장자는 '.sav'이다. 그러나 지금까지 텍스트 파일을 불러오기 위한 단계까지 만을 저장하려면 '*tpf'파일로 저장해도 무방하다. '명령문을 붙여 넣으시겠습니까?'라는 물음에도 '◉아니오(O)'를 선택하는 것이 무난하다. 진행된 6가지 단계를

되풀이할 예정이면 명령문을 저장하는 것이 편리하지만 그렇지 않다면 명령문을 붙일 필요가 없다. 그리고 【마침】을 클릭하면 <그림4.17>과 같이 전환된 SPSS 데이터 화면이 나타난다.

그림4.17 전환된 SPSS 데이터

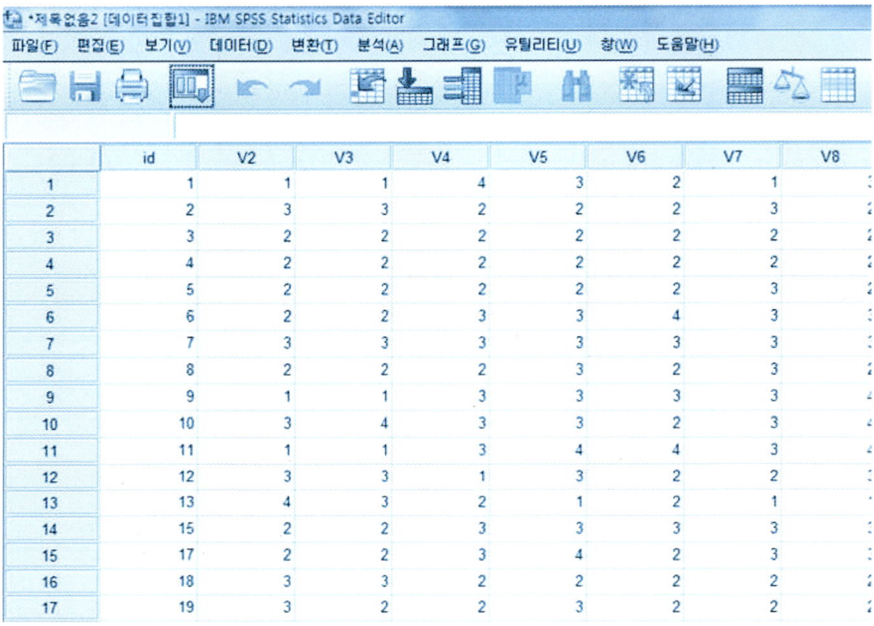

	id	V2	V3	V4	V5	V6	V7	V8
1	1	1	1	4	3	2	1	
2	2	3	3	2	2	2	3	
3	3	2	2	2	2	2	2	
4	4	2	2	2	2	2	2	
5	5	2	2	2	2	2	3	
6	6	2	2	3	3	4	3	
7	7	3	3	3	3	3	3	
8	8	2	2	2	3	2	3	
9	9	1	1	3	3	3	3	
10	10	3	4	3	3	2	3	
11	11	1	1	3	4	4	3	
12	12	3	3	1	3	2	2	
13	13	4	3	2	1	2	1	
14	15	2	2	3	3	3	3	
15	17	2	2	3	4	2	3	
16	18	3	3	2	2	2	2	
17	19	3	2	2	3	2	2	

(2) 변수명 입력과 SPSS 데이터 완성

<그림4.17>의 데이터는 두 가지를 보완하여야 완전한 것이 된다. 첫째, 각 변수들의 명칭이 임시로 V2~V6로 되어 있는데 변수명을 정확한 것으로 바꾸어 주어야 하고, 둘째는 모든 변수값들이 소수점으로 표시되어 있는데 소수점이 필요 없는 자료는 소수점을 없애야 한다. 위 두 가지 사항을 보완하기 위해서 <그림4.17>을 <그림4.18>로 전환시켜야 한다. 이를 위해서 <그림4.17>의 왼쪽 하단에 있는 '변수 보기'를 클릭하면 된다. 첫째, <그림4.18>에서 먼저 정확한 변수명을 기입한다. 즉, V2는 자기조절1, V2는 자기조절2, V4는 자기조절3... V8은 자기조절

7이라고 입력한다. 우선 V2을 자기조절1로 바꾸기 위해서는 '이름' 아래 V2 칸에 커서를 두고 두 번 클릭한 다음 '자기조절1'이라고 입력한다. 같은 방법으로 나머지 변수들에 대해서도 새로운 이름을 부여한다. '설명' 란은 해당 변수들을 설명하는 것으로 필요한 경우에만 입력한다.

둘째, <그림4.17>에서 6가지 변수가 모두 소수점으로 표시되어 있는 것을 원자료(기초통계.txt)와 동일하게 하기 위해, 'id'에는 소수점을 없애고 나머지 4가지 변수들에는 소수점 이하 2자리까지 나타나도록 일부 수정해야 한다. 이를 위해 <그림4.18>의 '소수점 이하 자리' 아래에 있는 'id'의 '1'을 그 칸의 오른쪽 끝부분을 클릭하여 '0'으로 바꾸어야 한다.

이런 과정을 거쳐 데이터 수정이 완료되면 <그림4.18>의 왼쪽 하단에 있는 '데이터 보기'를 클릭함으로써 <그림4.19>와 같은 SPSS 데이터를 완성시킬 수 있다. 이 데이터를 이용하면 SPSS를 이용한 자료 분석이 가능하다.

그림4.18 SPSS 변수 정의 대화상자

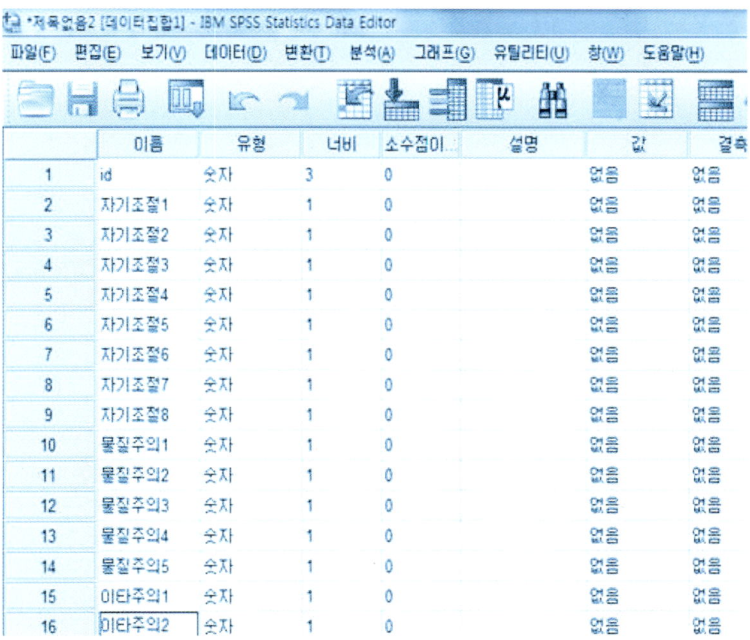

	이름	유형	너비	소수점이...	설명	값	결측
1	id	숫자	3	0		없음	없음
2	자기조절1	숫자	1	0		없음	없음
3	자기조절2	숫자	1	0		없음	없음
4	자기조절3	숫자	1	0		없음	없음
5	자기조절4	숫자	1	0		없음	없음
6	자기조절5	숫자	1	0		없음	없음
7	자기조절6	숫자	1	0		없음	없음
8	자기조절7	숫자	1	0		없음	없음
9	자기조절8	숫자	1	0		없음	없음
10	물질주의1	숫자	1	0		없음	없음
11	물질주의2	숫자	1	0		없음	없음
12	물질주의3	숫자	1	0		없음	없음
13	물질주의4	숫자	1	0		없음	없음
14	물질주의5	숫자	1	0		없음	없음
15	이타주의1	숫자	1	0		없음	없음
16	이타주의2	숫자	1	0		없음	없음

그림4.19 SPSS 데이터

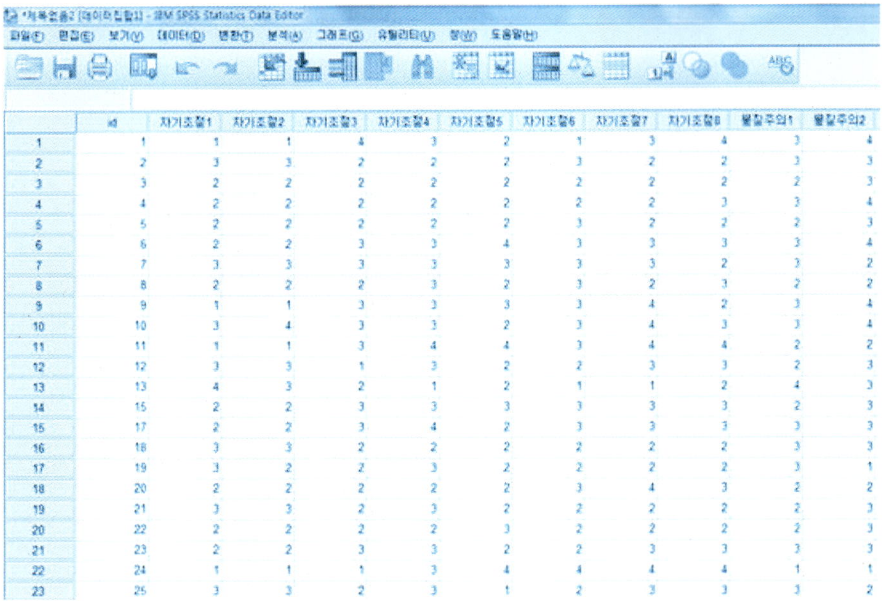

	id	자기조절1	자기조절2	자기조절3	자기조절4	자기조절5	자기조절6	자기조절7	자기조절8	불참주의1	불참주의2
1	1	1	1	4	3	2	1	3	4	3	4
2	2	3	3	2	2	2	3	2	2	3	3
3	3	2	2	2	2	2	2	2	2	2	3
4	4	2	2	2	2	2	2	2	3	3	4
5	5	2	2	2	2	2	3	2	2	2	3
6	6	2	2	3	3	4	3	3	3	3	4
7	7	3	3	3	3	3	3	3	2	3	2
8	8	2	2	2	3	2	3	2	3	2	2
9	9	1	1	3	3	3	3	4	2	3	4
10	10	3	4	3	3	2	3	4	3	3	4
11	11	1	1	3	4	4	3	4	4	2	2
12	12	3	3	1	3	2	2	3	3	2	3
13	13	4	3	2	1	2	1	1	2	4	3
14	15	2	2	3	3	3	3	3	3	2	3
15	17	2	2	3	4	2	3	3	3	3	3
16	18	3	3	2	2	2	2	2	2	3	3
17	19	3	2	2	3	2	2	2	2	3	1
18	20	2	2	2	2	2	3	4	3	2	2
19	21	3	3	2	3	2	2	2	2	2	3
20	22	2	2	2	2	3	2	2	2	2	3
21	23	2	2	3	3	2	2	3	3	3	3
22	24	1	1	1	3	4	4	4	4	1	1
23	25	3	3	2	3	1	2	3	3	3	2

(3) SPSS 데이터의 저장과 불러오기

<그림4.19>와 같은 SPSS 데이터를 저장하기 위한 절차는 SPSS데이터 편집기 화면에서 다음과 같이 실행한다.

파일(F) → 다른 이름으로 저장(A)...

위와 같은 순서로 실행하면 <그림4.20>과 같이 '데이터를 다른 이름으로 저장' 대화상자가 나타난다. 여기서 '찾아보기(I)'를 선택한 다음 '파일이름(N)' 란에 파일이름(예컨대 '기초통계')을 입력하고 저장 유형에서 'SPSS statistics (*.sav)'를 선택한 후 【저장(D)】을 클릭한다. 이렇게 저장된 파일은 확장자가 '.sav'가 되고 SPSS에서 언제나 불러서 통계분석에 바로 사용할 수 있는 파일이 된다.

그림4.20 SPSS 데이터 저장

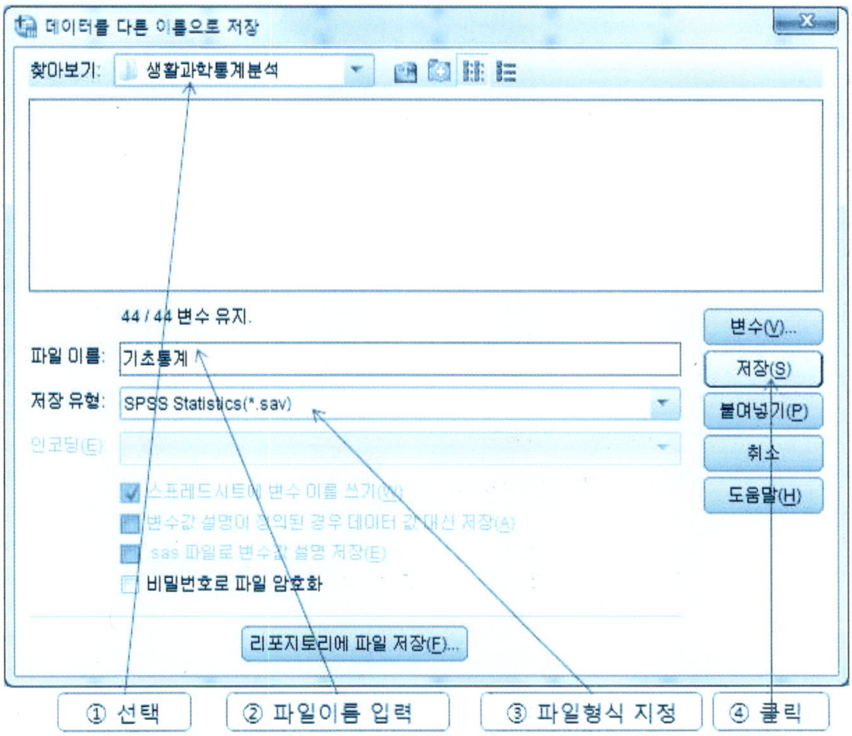

SPSS 분석을 위해 '.sav'로 저장된 SPSS 파일(예컨대 '기초통계.sav')을 불러오는 절차는 SPSS 데이터 편집기에서 다음의 순서대로 실행한다.

파일(F) → 열기(O) → 데이터(A)...

위 순서대로 실행하면 <그림4.21>과 같은 '데이터 열기' 대화상자가 나타난다. 여기서 저장할 당시 '저장 위치'와 동일한 폴더를 '찾는 위치'에 놓고, 불러올 데이터 파일(예컨대 '기초통계.sav')을 '파일 이름'에 갖다 놓은 다음, 【열기(O)】를 클릭하면, 전에 저장되었던 파일('기초통계.sav')을 불러들일 수 있다.

그림4.21 파일 열기 대화상자

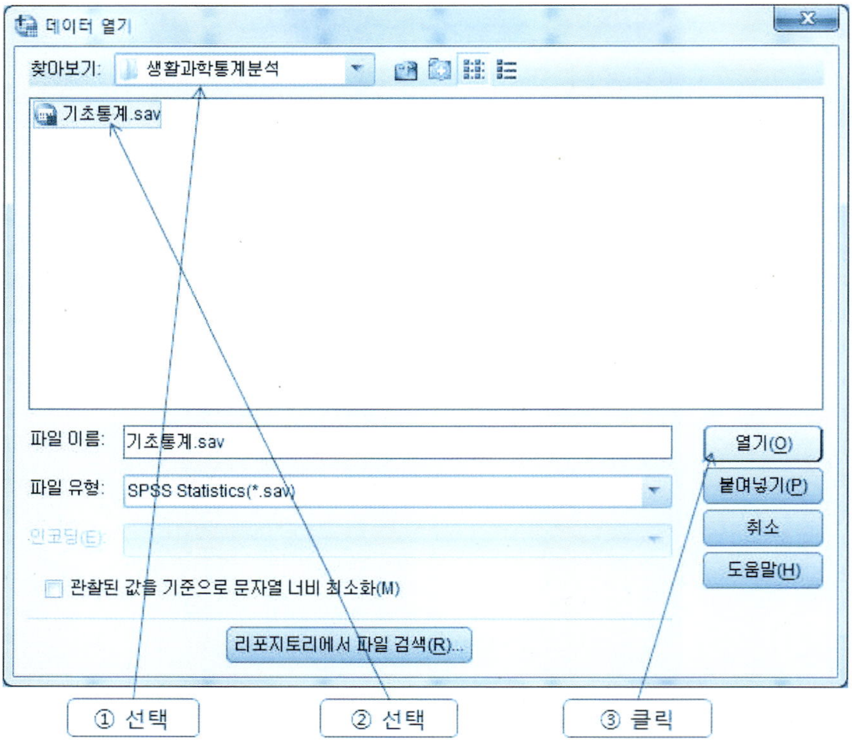

3 Excel 데이터의 SPSS 데이터 전환 및 불러오기

1) Excel 데이터의 SPSS 데이터 저장

Microsoft Excel 데이터를 SPSS 데이터로 저장하는 방법은 <그림4.22>와 같이 Excel 입력 화면에서 office 단추를 클릭한 후 다른 이름으로 저장(A)을 클릭하면 <그림4.23>이 나타난다. <그림4.23>에서 저장위치(I)와 파일 이름(N), 파일 형식

(T)에서 Excel 파일 {Microsoft 통합문서 또는 Excel(*.xls)}을 지정한 후 저장(S)을 클릭한다.

그림4.22 Excel 데이터

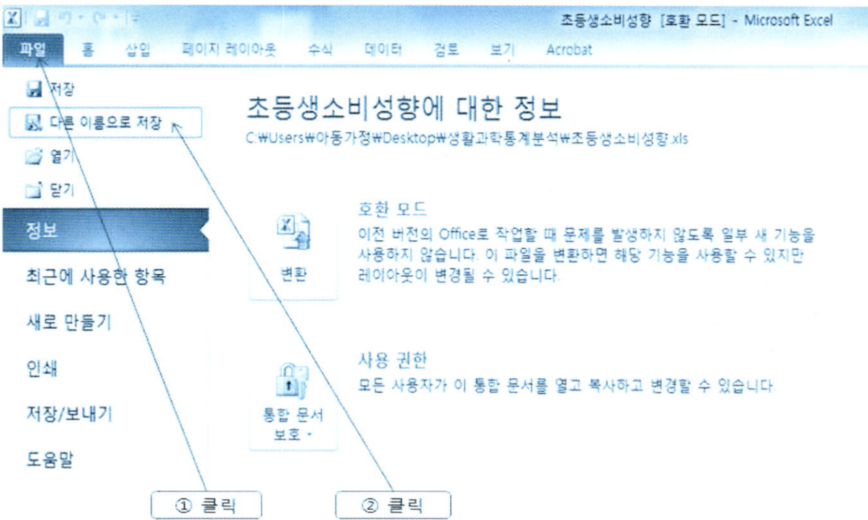

그림4.23 Excel 데이터의 저장

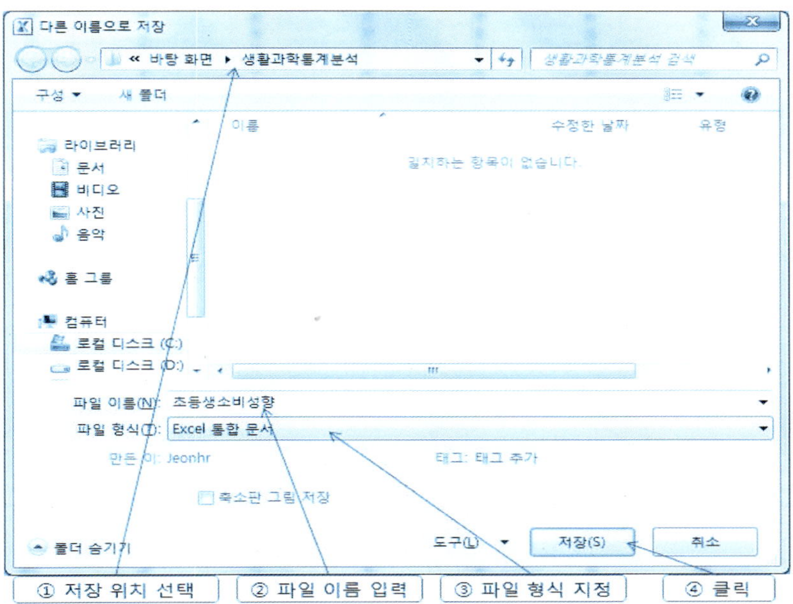

2) Excel 데이터를 SPSS로 불러오기

Excel 데이터를 SPSS로 불러오기 위해서는 <그림4.24>와 같이 SPSS 편집기 화면을 띄운 후 다음과 같은 절차로 실행한다.

파일(F) → 열기(O) → 데이터(A)...

위와 같이 실행하면 <그림4.25>의 데이터 열기 대화상자가 나타난다. 저장 위치(I)에서 불러오고자 하는 Excel 파일이 있는 폴더를 선택한다. 그리고 파일 유형에서 Excel(*.xls, *.xlsx, *.xlsm)을 지정하면 '기초통계' Excel 데이터를 찾을 수 있다. 이 데이터를 클릭한 후 【열기(O)】를 클릭하면, <그림4.26>과 같이 Excel 데이터 소스 열기 대화상자가 나타난다. 대화상자에서 "□데이터 첫 행에서 변수 이름 읽어오기" 에는 체크하지 않고 【확인】을 클릭한다. 체크하면 첫 행의 데이터는 변수명으로 인식되어 사라지게 되므로, 첫 행에 변수 이름을 부여한 경우에만 체크한 후 【확인】을 누른다.

<그림4.27>은 Excel 데이터를 SPSS 데이터로 변환하기 위한 마지막 화면이다. 여기서 파일(F) → 저장(S)을 누르면 '데이터를 다른 이름으로 저장' 대화상자가 나타나고 여기서 파일이름(N)을 지정한 후 【저장(D)】을 클릭하면 SPSS 데이터(*.sav)로 저장된다.

그림4.24 SPSS 데이터 편집기

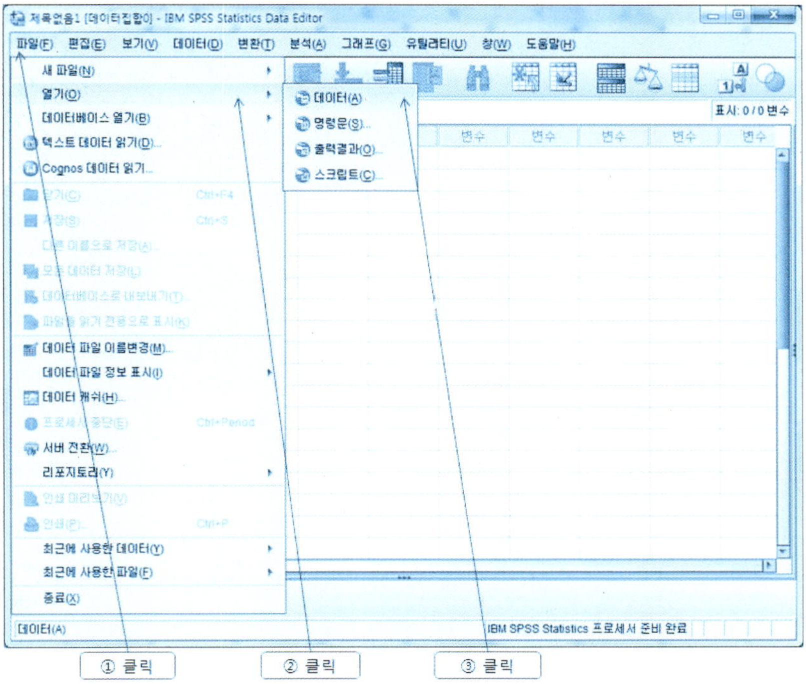

그림4.25 Excel 파일 열기

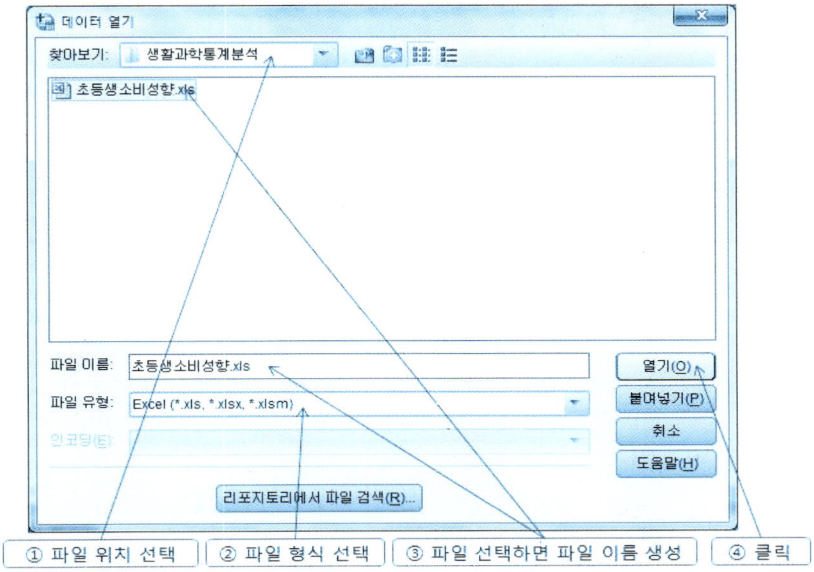

그림4.26 Excel 데이터 소스 열기

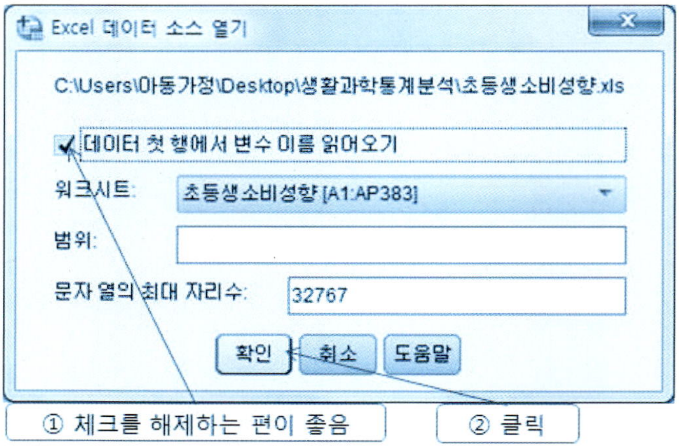

그림4.27 Excel 데이터의 SPSS 데이터로 저장

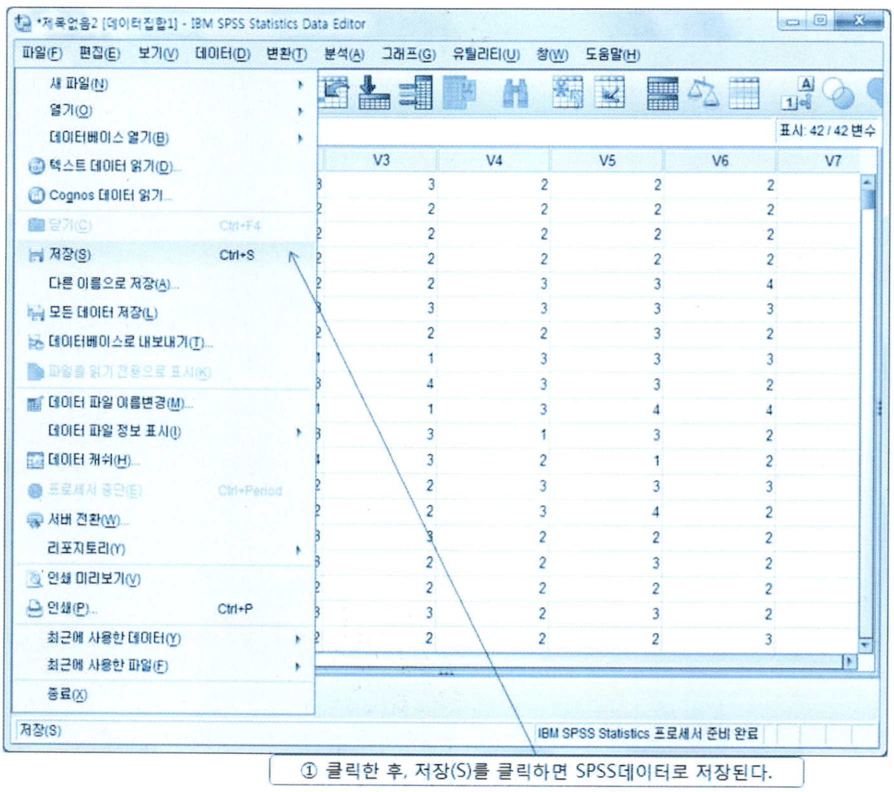

05

가설검증

1/ 변수

2/ 가설

3/ 가설검증절차

4/ 가설검증의 오류

1 변 수

1) 변수의 정의

변수는 사람, 사물, 조직에 따라 달라지는 특성을 의미한다. 예를 들면 성별은 남자와 여자라는 두 가지 특성을 가지고 있고, 남자에 1점, 여자에 2점을 줄 수 있다는 점에서 변수가 된다. 의복쇼핑성향, 라이프스타일, 식행동, 주거만족도 등도 사람에 따라 다른 값을 가질 수 있다는 점에서 변수가 된다. 상수는 변수와는 다르게 사람이나 사물에 따라 변하지 않고 일정한 값을 가진다.

2) 변수의 종류

변수의 종류는 여러 가지 속성을 가지고 분류할 수 있으나, 이 장에서는 인과관계에 따라 변수를 분류하고자 한다.

(1) 독립변수

독립변수(independent variable)는 종속변수에 영향을 미치는 변수로 원인변수라고도 한다. 일반적으로 독립변수는 연구자가 의도적으로 조작한 변수라는 점에서 실험연구에서는 실험처치라고 한다. 일반적인 조사연구에서는 성별, 사회계층과 같이 임의적으로 조작할 수 없는 변수도 독립변수에 포함시킨다.

(2) 종속변수

종속변수(dependent variable)는 독립변수에 의하여 영향을 받는 변수를 의미한다. 독립변수의 변화에 의하여 영향을 받는다는 점에서 결과변수라고도 하며, 조사연구나 실험연구에서 연구문제가 되고 연구제목이 된다. 중년기 및 노년기 사회자본의 경제적 복지 효과 비교 연구에서(서지원, 2013) 중년기와 노년기는 연구대상이고, 사회자본의 경제적 복지효과가 종속변수이다.

(3) 조절변수

조절변수(moderator variable)는 독립변수와 종속변수에 영향을 미치는 제 2의 독립변수이다. 예를 들어 사회계층이 식행동에 미치는 영향이 식생활태도에 의하여 영향을 미친다면 사회계층은 독립변수, 식생활태도는 조절변수, 식행동은 종속변수가 된다.

(4) 외생변수

외생변수(extraneous variable)는 종속변수에 영향을 미치는 통제되지 않는 변수를 의미한다. 독립변수가 종속변수에 미치는 영향을 정확하게 밝히기 위해서는 외생변수가 작용하지 않도록 연구설계를 해야 한다.

2 가 설

1) 가설의 정의와 조건

가설은 둘 또는 둘 이상의 변수의 관계를 검증가능한 형태로 진술한 것이다. 일반적으로 가설은 독립변수와 종속변수의 관계로 진술된다. 예를 들면 "소득수준이 높을수록 식생활만족도는 높아질 것이다." 라는 가설에서 소득수준은 독립변수가 되고, 식생활만족도는 종속변수가 된다. 가설은 연구문제를 해결할 수 있어야 한다. 가설이 채택되면 연구문제는 해결되고, 가설이 기각되면 대부분의 경우는 연구문제가 해결될 수 없다. 좋은 가설이 되기 위해서는 다음과 같은 조건을 갖추어야 한다.

첫째, 가설은 경험적으로 검증할 수 있어야 한다. 극단적인 예이기는 하나, 죽었을 때 느끼는 감정과 관련된 가설은 검증이 불가능하다는 점에서 가설이 될 수 없다. 인간은 죽으면 자신의 감정을 다른 사람에게 표현할 수 없기 때문이다.
둘째, 동일 연구 분야의 다른 가설이나 이론과 연관이 있어야 한다. 예를 들면 소비자행동 연구분야는 다른 연구분야와 다르거나 유사한 이론체계가 있다. 그러므로 좋은 가설은 선행연구의 이론체계를 보다 정교화 시킬 수 있고, 발전시킬 수 있으며, 입증한 가설을 활용해서 우리가 살고 있는 세계를 보다 발전시킬 수 있어야 한다.
셋째, 가설은 간단하고 명료하게 진술되어야 한다.
넷째, 통계검증을 하는 과정은 가설이 채택될 것인가 아니면 기각될 것인가를 판정하는 과정이기 때문에 가설은 연구문제를 해결할 수 있어야 한다.
다섯째, 가설은 논리적이어야 한다. 한 연구에서 2개 이상의 가설이 있을 때 이 가설들은 서로 논리적으로 모순이 없어야 한다. 예들 들면 "교육수준이 높을수록 환경친화적인 소비행동을 많이 할 것이다."라는 가설과 "교육수준이 높을수록 윤리적 소비행동을 적게 할 것이다." 라는 가설을 서로 논리적으로 모순되어 있다. 환경친화적인 소비행동은 윤리적 소비행동의 중요한 구성요소가 되기 때문이다.

마지막으로 너무 당연한 관계나 동일한 언어를 반복한 것은 가설이 될 수 없다. 가설을 설정해서 검증하는 과정에는 여러 가지 비용이 수반되기 때문이다.

2) 가설의 진술문

일반적으로 가설을 진술하는 형태는 다음과 같이 세 가지가 있다(허경옥 외, 2012).

(1) 선언적 형태

선언적인 형태로 진술된 가설을 기술적 가설이라고 한다. 독립변수와 종속변수 간의 관계를 선언적으로 서술한다. "아동의 사회적 지위가 높을수록 친구관계가 좋아질 것이다."를 예로 들 수 있다.

(2) 가정법 형태

가정법 형태는 일반적으로 "독립변수가 000하다면 종속변수가 000할 것이다."라는 형태로 기술된다. 예를 들어 "여름철 마섬유 소재에 대한 감각이미지가 좋다면 구매 선호도가 증가할 것이다."처럼 진술하는 것이다.

(3) 방향성 가설과 무 방향성 가설

독립변수와 종속변수 사이의 관계의 방향을 알고 있으면 그 방향을 나타내도록 진술하는 것을 방향성 가설이라고 한다. 관계의 방향을 나타내는 가설은 더 많이, 더 적게, 긍정적 또는 부정적인 관계로 진술된다. "충동구매를 많이 할수록 후회를 더 많이 할 것이다(긍정적 관계)." "자아존중감이 클수록 과시소비성향이 감소할 것이다(부정적 관계)." 무방향성 가설은 선행연구가 없는 경우, 또는 선행연구가 있어도 상반된 연구결과가 존재할 때 무방향성 가설을 사용한다. "한국과 미국의 소비자는 디지털문화콘텐츠의 저작권 인식에 차이가 있을 것이다."를 예로 들 수 있다.

3) 가설의 종류

가설은 영가설이라고도 부르는 귀무가설(null hypothesis)과 연구가설이라고도 부르는 대립가설(alternative)로 분류될 수 있다. 귀무가설은 연구를 하면서 심각하게 판단을 잘못해서 진리라고 믿어 검증을 하게 되는 가설이다. 대립가설은 연구자가 연구에서 주장하려고 하는 가설이다. 일반적으로 통계적 가설검증론에서는 지금까지 옳다고 믿어왔던 사실을 귀무가설로 설정하고 기존의 믿음에 배치되는 주장을 대립가설로 설정한다.

예를 들어, A 고등학교에서 학생들을 대상으로 하여 나트륨 줄이기에 관한 영양교육 효과를 검증하려고 한다. 나트륨 줄이기 교육을 실시하기 전 A 고등학교 학생들의 1일 나트륨 섭취량은 평균이 2500mg으로 조사되었다. 영양교육의 효과를 측정하기 위하여 25명의 학생들을 선발하여 나트륨 줄이기 교육을 실시하고 그 이후 1일 나트륨 섭취량을 조사한 결과 표본의 평균이 2300mg으로 조사되었다. 모집단이 정규분포를 이루고, 모집단의 표준편차가 500mg 이라고 가정한다면, 나트륨 줄이기 영양교육은 효과가 있다는 주장에 대해 검증하는 문제를 생각해보자. 이 경우 귀무가설과 연구가설의 형태는 다음과 같다.

- 귀무가설 : 나트륨 줄이기 영양교육은 효과가 없다.
- 대립가설 : 나트륨 줄이기 영양교육은 효과가 있다.

〈참고〉

귀무가설과 대립가설

귀무가설이란 현재의 상태 또는 현재의 생각을 말하며, 대립가설은 연구가설(research hypothesis)로서 새로운 주장을 의미한다. 따라서 검증의 대상이 되는 것은 대립가설이며, 표본정보를 통해 대립가설을 받아들일 만한 충분한 증거가 있으면, 대립가설을 채택하게 되며(Accept H1), 그렇지 않으면 대립가설을 기각하고(Reject H1) 귀무가설을 받아들이게 (Accept H0) 된다.

그러나 여기서 주의해야 할 점은 귀무가설을 받아들인다는 것을 귀무가설이 사실이어서 받아들이는 것으로 이해해서는 안된다는 것이다. 귀무가설을 받아들인다는 표현은 귀무가설을 기각할 만한 충분한 증거가 없다는 의미이며, 따라서 "귀무가설을 기각할 수 없다(can't reject H0)"라고 표현하는 것이 보다 적절하다.

예를 들어, 재판정에서 모든 피의자는 유죄선고가 내려지기 전까지는 무죄이기 때문에, 이 경우 귀무가설은 "피의자는 무죄이다"이며, 대립가설은 "피의자는 유죄이다"이다. 따라서 피의자의 유죄를 입증할 만한 충분한 물적 증거가 있으면 피의자는 유죄판결을 받겠지만, 그렇지 않을 경우 피의자는 무죄판결을 받게 되는 것이다. 그렇다면 피의자가 무죄판결을 받았다고 피의자가 과연 죄가 없는 것일까? 이것은 신과 피의자 자신만이 알 수 있는 사실이다. 피의자의 무죄판결은 그가 죄가 없다기 보다는 죄가 있다는 것을 입증할 만한 충분한 물적 증거가 없다는 것이다.

출처: 노부호, 민재형, 이군희(2009). 통계학의 이해, p259.

3 가설검증절차

1) 귀무가설과 대립가설의 설정

가설검정의 첫 번째 단계는 표본을 추출하기 전에 모수의 값에 대한 가정을 하는 것이다. 이렇게 처음에 세운 가정을 귀무가설이라고 한다. 나트륨 줄이기 영양교육의 효과를 검증하기 위한 연구에서 A고등학교 학생들의 1일 나트륨 섭취량은 평균 2500mg이라고 가정하면 귀무가설은 다음과 같이 나타낸다.

$$H_0 : \mu = 2500$$

귀무가설 $H_0 : \mu = 2500$에 대한 대립가설은 다음의 세 가지 형태가 있을 수 있다.

제 1형: $H_1 : \mu \neq 2500$

제 2형: $H_1 : \mu > 2500$

제 3형: $H_1 : \mu < 2500$

이러한 세 가지 형태의 대립가설 중에서 어떠한 형태의 대립가설을 사용할 것인가 하는 문제는 고려하고 있는 문제의 성격에 달려 있다. 제 1형은 표본평균의 값이 너무 작거나 크면 귀무가설을 기각해야 할 때 사용되는 형태로 양측검증(two-sided test)이라 하고, 제 2형은 표본평균이 너무 클 때, 제 3형은 표본평균이 너무 작을 때 귀무가설을 기각하는 경우 사용되는 형태로 단측검증(one-sided test)이라 한다. 특히 제2형을 우측검증이라 하고 제 3형을 좌측검증이라 말한다.

2) 표본자료의 수집과 검정통계량의 선정

두 번째 단계는 가설검증에 사용할 표본자료를 수집하고 검정통계량(test statistic)을 선정하는 단계이다. 수집된 자료의 분석을 통해 어느 가설을 채택할 것인지를 결정하는데, 귀무가설의 옳고 그름을 판단하는 기준이 되는 값을 검정통계량이라고 한다. 만일 모집단의 평균(μ)이나 모집단의 비율(p)에 대한 검증이라면 사용되는 검정통계량의 확률분포는 정규분포 또는 t분포가 된다. 따라서 이 때 사용되는 검정통계량은 Z값 또는 t값이 될 것이다. 가설검증이 모집단의 분산(σ^2)에 대한 것이라면 X^2분포를 사용하고, 두 모집단의 분산을 비교하는 가설검증에서는 F분포를 사용한다.

나트륨 줄이기 영양교육에 대한 예를 사용하면,

$$\text{검정통계량 } Z = \frac{\bar{x} - m}{\partial / \sqrt{n}} = \frac{2300 - 2500}{500 / \sqrt{25}} = -2$$

3) 유의수준의 선정

유의수준(level of significance)이란 일어날 가능성이 희박하다고 생각되는 확률수준으로 귀무가설을 기각하는 기준이 된다. 유의수준은 귀무가설이 참인데도 이를 잘못 기각하는 오류를 저지를 확률의 최대값으로서 그리스문자 α로 표시하며, 의사결정자가 사전에 설정한다. α는 보통 0.10, 0.05, 0.01 중에서 선정하는 것이 관례이다.

4) 임계값과 기각역의 설정

유의수준이 결정되면 검정통계량의 확률분포를 이용하여 귀무가설을 기각하는 영역인 기각역(rejection region)과 기각하지 못하는 영역인 채택역(acceptance region)으로 구분할 수 있다. 임계값은 검정통계량의 값에 대한 채택역과 기각역으로 나누는 경계값이다.

1일 평균 나트륨 섭취량에 대한 예에서 검정통계량 $Z=\frac{\bar{x}-m}{\partial/\sqrt{n}}$ 가 정규분포를 이루므로 α=0.05라 할 때 기각역은 대립가설 H_1의 형태에 따라 <그림 5-1>와 같이 다르게 나타날 것이다. 의사결정규칙은 표본에서 계산된 검정통계량의 값이 기각역에 속하면 귀무가설을 기각하고, 반면에 채택역에 속하면 귀무가설을 기각하지 않는 것이다. 즉 양측검정에서는 기각역이 양쪽으로 나누어져 검정통계량이 너무 크거나 작은 경우 귀무가설을 기각하게 될 것이다. α=0.05이므로 한쪽 기각역의 확률은 0.025가 되고 따라서 검정통계량을 Z로 하였을 경우의 임계값은 $\pm Z_{0.05}$ = ±1.96이 된다. 따라서 제 1형의 경우 귀무가설은 기각역에 속한다.

한편, 단측검증에서는 기각역이 한쪽에만 있는데, 우측검증의 경우(제 2형의 가설) 임계값은 $Z_{0.05}$ =1.645이고, 좌측검증의 경우(제 3형의 가설) 임계값은 $-Z_{0.05}$ = -1.645가 된다. 제 2형의 경우 귀무가설은 채택역에 속하고, 제 3형의 경우 귀무가설은 기각역에 속한다. 대립가설의 형태가 어떻든지 간에 귀무가설이 참이라고 가정하였을 경우 검정통계량이 기각역에 속할 확률은 α=0.05가 되어야 하며 이

확률은 귀무가설이 사실인데도 잘못 기각할 위험을 나타낸다.

그림5.1 세 가지 형태의 대립가설에 대한 채택역과 기각역(α=0.05의 경우)

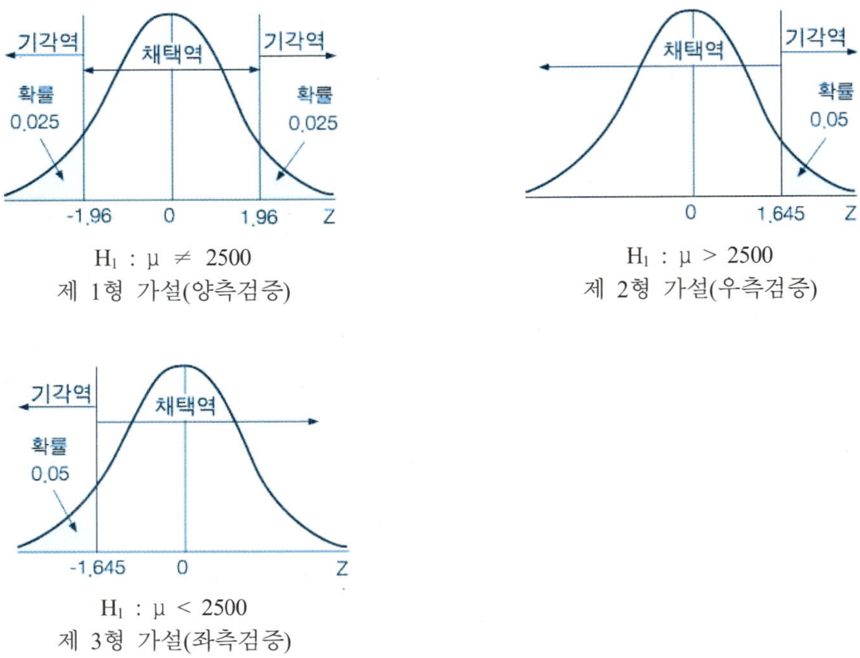

5) 통계적 결정과 시행

이 단계는 가설검증의 마지막 단계로서 표본을 통하여 검정통계량의 값을 계산하고 그 값이 기각역에 속하면 귀무가설을 기각하고 채택역에 속하면 귀무가설을 기각하지 못하는 통계적 의사결정을 내리고 이 의사결정에 근거하여 구체적인 조치를 취하는 단계이다. 이때 한 가지 주의할 점은 귀무가설을 기각하지 못하는 경우 귀무가설이 사실이라는 것을 증명하는 것은 아니다. 단지 귀무가설을 기각할 만한 충분한 이유가 없다는 것으로 봐야한다. 따라서 "귀무가설을 채택한다"라는 표현 대신에 "귀무가설을 기각할 수 없다"로 표현한다.

〈참고〉

p-값을 이용한 가설검증

일반적으로 통계적 가설검증에서는 기각역을 설정하기 위하여 유의수준 α를 미리 설정한다. 그리고 검정통계량의 값과 임계값을 비교하여 검정통계량의 값이 기각역에 속하는 지의 여부를 판단한 후 귀무가설을 기각하거나 기각하지 못하는 통계적 결정을 하게 된다. 하지만 사전에 유의수준을 설정하지 않고 표본으로부터 계산된 검정통계량의 값이 귀무가설의 가정으로부터 얼마만큼 벗어나는지를 파악하여 의사결정자에게 귀무가설을 기각할 것인지의 여부를 판단하게 하는 다른 형태의 가설검증 방법도 있다.

이러한 가설검증은 p-값(p-value)을 이용하는데, p-값이란 표본으로부터 계산된 검정통계량의 값이 귀무가설의 가정으로부터 얼마만큼 벗어나 있는지 그 정도를 표현한 수치로 자료로부터 관측된 유의수준(observed level of significance)을 의미한다. p-값은 귀무가설이 참이라는 가정 하에 검정통계량의 값이 표본으로부터 계산된 검정통계량의 값보다 귀무가설을 기각하는 방향으로 더 심하게 관측될 확률을 의미한다. 예를 들어, 검정통계량 Z는 0의 값에 가까울수록 귀무가설이 참이라는 주장을 지지하며 0으로부터 멀리 떨어져 있을수록 귀무가설을 기각하는 방향으로 기울어질 것이다.

나트륨 줄이기 영양교육의 예에서 만일 25명의 1일 섭취 나트륨 평균(표본평균)이 2300mg으로 나타났다면, 귀무가설 $H_0 : \mu = 2500$과 대립가설 $H_1 : \mu < 2500$을 사용한 단측검증의 경우 평균이 2500mg보다 적으면 귀무가설을 기각하는 방향이 될 것이다. 따라서 표본평균이 표본으로부터 계산된 2300mg보다 적은 방향으로 값을 취할 확률은 $P(X < 2300) = 0.023$이 되며, 이 경우 p-값은 0.023 또는 2.3%가 된다. 만일 표본평균 대신 검정통계량 Z를 사용한다면 표본으로부터 계산된 Z값은 -2이므로 $P(Z < -2) = 0.023$으로 동일한 p-값을 얻을 수 있다. 이 경우 의사결정자가 유의수준을 5%로 미리 설정하였다면 기각역은 $Z < -1.645$가 되며, 검정통계량의 값 -2는 기각역에 속하므로 귀무가설을 기각하는 결정을 유의수준 5%에서 내릴 수 있다.

한편 귀무가설 $H_0 : \mu = 2500$과 대립가설 $H_1 : \mu \neq 2500$을 사용한 양측검증의 경우는 귀무가설을 기각하는 방향이 2500mg보다 매우 크거나 적은 두 가지 경우이므로 평균이 2300mg보다 작은 경우도 해당되지만 2300mg보다 큰 경우도 귀무가설을 기각하는 방향이 된다. 따라서 양측검증의 경우에는 귀무가설을 기각하는 방향이 두 가지이므로 p-값은 $0.023 \times 2 = 0.046$이 된다.

p-값을 이용한 가설검증 절차를 요약하면 다음과 같다.

① 표본자료를 이용하여 검정통계량의 값을 계산한다.

② 가설형태에 따라 p-값을 계산한다. 대립가설이 제 1형(양측검증)일 경우 p-값은 꼬리부분의 확률 곱하기 2의 값이고, 대립가설이 2형과 3형의 경우(단측검증) p-값은 꼬리부분의 확률이 된다.

③ 유의수준 α가 사전에 정해진 경우 이 유의수준과 p-값을 비교하여, p-값이 유의수준보다 작으면 귀무가설을 기각하는 통계적 결정을 내리고, 반대로 p-값이 유의수준보다 크거나 같으면 귀무가설을 기각하지 못하는 통계적 결정을 내린다.

출처: 노부호, 민재형, 이군희(2009). 통계학의 이해, p264-266.

4 가설검증의 오류

1) 1종 오류와 2종 오류

가설을 검증하는 과정에서 연구자는 귀무가설을 기각하거나 기각하지 않는 결론을 내리게 된다. 이렇게 도출한 결론은 추정을 한 결과이기 때문에 틀릴 가능성이 있다. <표5.1>에는 하나의 결론을 도출하는 과정에서 나타날 수 있는 4개의 경우와 관련된 확률이 제시되어 있다. 가설검증결과 발생할 수 있는 오류에는 1종 오류(type Ⅰ error)와 2종 오류(type Ⅱ error)가 있다. 제1종 오류는 귀무가설이 참인데 기각하는 오류이다. 예를 들면 재판에서 무죄인데 유죄로 결정하는 것이다. 2종 오류는 귀무가설이 거짓인데 기각하지 않는 오류이다. 재판에서 유죄인데 무죄로 결정하는 것이다.

〈표5.1〉 하나의 결과과정에 대한 4개의 가능한 결과 및 관련된 확률

연구자의 결정	실제상태	
	H_0 는 참임	H_0 는 거짓임
H_0를 기각함	1종 오류 $P = \alpha$	바른 결정 $P = 1 - \beta$ (검증력)
H_0를 기각하지 않음	바른 결정 $P = 1 - \alpha$	2종 오류 $p = \beta$

1종 오류는 귀무가설이 참인데 거짓이라고 결론을 내리는 오류이고, 유의수준도 귀무가설이 참인데 거짓이라고 결론을 내릴 확률이라고 하면 유의수준은 1종 오류의 확률이 된다. 그러므로 1종 오류를 줄이기 위해서는 α 값의 크기를 작게 하면 된다고 생각할 수 있다. α 값의 크기가 작으면 귀무가설을 쉽게 기각하지 않게 되고 1종 오류도 작아질 수 있다. 그러나 귀무가설을 기각할 확률을 낮추면

귀무가설이 틀렸는데도 이를 기각하지 않을 확률인 2종 오류를 범할 확률도 증가하게 된다.

2) 검증력과 β

귀무가설이 거짓일 때 기각하는 확률, 즉 연구가설을 받아들이는 확률을 검증력이라고 한다. 검증력이 크면 2종 오류를 범할 확률은 작아진다. 2종 오류의 확률을 β로 표시하기 때문에 검증력은 1-β가 된다. <그림5.2>에는 1종 오류, 2종 오류 및 검증력 사이의 관계가 제시되어 있다. H_0로 표시된 분포는 처치를 하지 않은 피험자들에 대한 평균치의 표집분포를 나타낸다.

그림5.2 SPSS 제1종 오류(a), 제2종 오류(b) 및 검증력(1−β) 사이의 관계

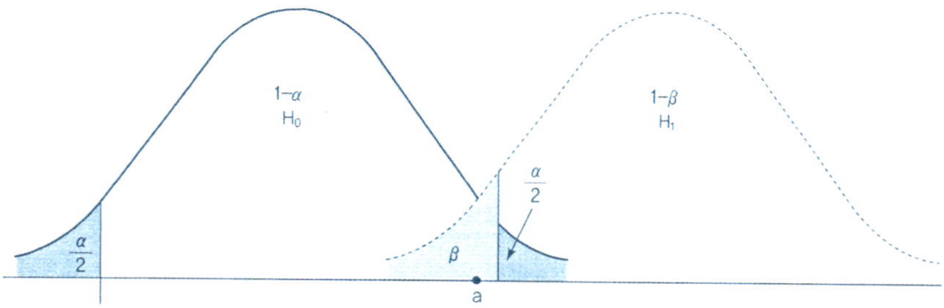

06

기술통계

1/ 빈도분석

2/ 대푯값과 분산도

3/ 단일응답 빈도분석의 실행

4/ 다중응답 빈도 분석의 실행

기술통계학은 수집한 양적 자료의 특성을 수치로 요약하거나 수치가 여러 개일 경우 표나 그림으로 일목요연하게 표현하는 것이다.

1 빈도분석

우리가 수집해서 나열한 자료를 기초자료(raw data)라고 하고, 기초자료를 특정 기준에 따라 몇 개의 급간(class)으로 나누어 각 급간에 속하는 빈도(frequency)를 기입하고 체계적으로 요약해서 정리하는 것을 빈도분석이라고 한다. 빈도분석을 하는 목적은 다음과 같다(권대훈, 2011).

첫째, 자료를 이해하기 쉽도록 의미있게 조직한다.
둘째, 분포의 형태가 정규분포인지 아니면 편포인지를 확인한다.
셋째, 대푯값이나 분산도 같은 통계량을 계산하기 쉽게 한다.
넷째, 그래프를 작성하는 토대를 제공한다.
다섯째, 서로 다른 자료를 쉽게 비교할 수 있게 해준다.

빈도분석은 질적 자료를 분석하는 범주형 빈도분포, 양적 자료를 분석하는 단순빈도분포와 묶음빈도분포로 구분될 수 있다.

1) 범주형 빈도분포

범주형 빈도분포(categorical frequency distribution)는 혈액형, 종교, 주거형태, 대학의 전공 등과 같이 범주형 자료의 빈도를 분석하는 과정이다. 범주형 빈도분포를 작성하는 요령은 다음과 같다.

① 변수의 범주를 열거한다.

② 각 범주의 빈도를 기입한다.

③ 각 범주의 백분율을 기입한다.

④ 빈도와 백분율의 합계를 기입한다.

2) 단순빈도분포

[표6.1] 단순빈도분포

아버지 나이	N	%
28	1	.3
30	1	.3
32	1	.3
34	2	.6
35	5	1.4
36	4	1.1
37	3	.9
38	6	1.7
39	10	2.8
40	35	9.9
41	23	6.5
42	44	12.5
43	50	14.2
44	18	5.1
45	45	12.8
46	18	5.1
47	28	8.0
48	22	6.3
49	12	3.4
50	10	2.8
51	8	2.3
52	2	.6
53	1	.3
54	2	.6
57	1	.3
전체	352	100.0

단순빈도분석(simple frequency distribution)은 원점수를 크기 순서대로 나열한 다음 원점수 각각에 대응되는 빈도를 나타낸 표이다. 단순빈도표를 만드는 절차는 다음과 같다.

① 자료에서 점수의 범위(최고점수 - 최하점수)를 구한 다음 내림차순(높은 점수를 위에 배열하고, 낮은 점수를 밑에 배열하는 방식)으로 배열한다.

② 각 점수에 해당하는 빈도를 기입한다.

③ 백분율, 누적빈도 등을 기입한다.

3) 묶음빈도분포

묶음빈도분포(grouped frequency distribution)는 연속변수 자료를 급간으로 묶은 다음 빈도분포를 만든 것이다. 묶음빈도분포는 단순빈도분포를 간결하게 표현한 것이므로 자료의 범위가 클 경우에 사용한다. 단순빈도분포를 사용해서 묶음빈도분포를 작성하는 과정은 다음과 같다.

① 최고점수와 최하점수를 찾는다.

② 범위를 구한다.

③ 적당한 급간을 정한다.

④ 가장 낮은 급간을 결정한다.

⑤ 최고점수를 포함한 급간이 분포의 상단에 오도록 급간을 순서대로 배열한다.

⑥ 각 급간에 해당하는 빈도를 기입한다.

⑦ 백분율을 기입한다. 누적빈도, 상대빈도, 누적백분율 등도 필요하면 기입한다.

묶음빈도분포에서 급간을 만드는 요령은 다음과 같다.

① 급간크기는 자료를 효과적으로 요약할 수 있을 정도로 적당해야 한다.

② 모든 급간의 크기는 같아야 한다. 급간의 크기가 같아야 자료의 전체적인 양상을 쉽게 파악할 수 있기 때문이다. 낮은 점수와 높은 점수가 여러 급간에 흩어져 있는 경우 개방형 급간을 만든다. 예를 들면 월평균소득의 경우 50만원 미만, 1000만원 이상 등으로 할 수 있다.

③ 급간크기는 홀수로 해야 한다. 홀수로 해야 급간의 중간점을 쉽게 구할 수 있다.

④ 급간의 수는 10-20개 정도가 적당하다. 수가 너무 많으면 복잡해지고, 적으면 정보를 상실하게 된다. 그러나 소득계층의 경우 상, 중, 하의 3급간으로 할 수도 있고, 상상, 상중, 상하, 중상, 중중, 중하, 하상, 하중, 하하의 9개로 할 수도 있다.

⑤ 특정 급간에 해당되는 사례가 없다고 하더라도 그 급간을 포함시켜야 한다.

⑥ 가장 낮은 급간의 하한계는 급간크기의 배수가 되도록 해야 해석과 작성이 쉽다. 예를 들면 급간크기가 5일 때 가장 낮은 급간의 하한계는 50이 적당하다.

⑦ 모든 급간은 상호배타적이어야 한다. 급간이 서로 중첩되지 않아야 하고, 모든 자료가 하나의 급간에만 포함되어야 한다. 예를 들어 소득을 '50만원 이상 60만원 이하', '60만원 이상 70만원 이하'라고 나누면, 60만원은 두급간 모두에 포함될 수 있다. 그러므로 '50만원 이상 60만원 미만', '60만원 이상 70만원 미만' 이라고 표현해야 정확하다.

[표6.2]는 [표6.1]을 묶음빈도분포로 다시 작성한 것이다.

[표6.2] 묶음빈도분포

아버지 나이	N	%
35세이하	10	2.8
36-40세이하	58	16.5
41-45세이하	180	51.1
46-50세이하	90	25.6
51세이상	14	4.0
전체	352	100.0

2 대푯값과 분산도

1) 대푯값

대푯값은 자료를 대표하는 점수를 의미하며, 집중경향이라고도 한다. 방대한 자료를 하나의 수치로 요약하면 직관적으로 자료의 특성을 한눈에 파악할 수 있어서 많이 사용되고 있다. 대푯값으로는 평균(mean), 중앙값(median), 최빈값(mode)이 있다.

(1) 평균

평균은 각 점수를 합해서 사례수로 나눈 값이다. 통계학에서는 모집단의 평균을 μ(mu), 표본평균을 x 혹은 M으로 표기한다. 평균은 자료에 포함된 모든 점수의 영향을 받고, 분포의 균형을 유지하는 점수기 때문에 평균을 중심으로 한 편차의 합은 항상 0이다. 평균을 기준으로 구한 편차제곱의 합은 다른 어떤 점수를 기준으로 해서 구한 편차제곱의 합보다 작은데, 이를 최소자승법의 원리(principle of least squares)라고 한다.

평균은 다음과 같은 장점을 가지고 있다.

첫째, 동일한 집단에 동일한 검사를 여러 번 했을 때 평균값의 차이는 중앙값이나 최빈값의 차이보다 작다.

둘째, 모집단을 추론할 때 평균이 중앙값보다 더 적합하다.

셋째, 평균은 중앙값이나 최빈값에 비하여 표집오차가 적고, 수리조작이 쉬워 고급통계에서 많이 사용된다.

넷째, 평균은 대칭분포를 띤 양적 변수에 적합한 대푯값이다.

평균은 다음과 같은 단점을 가지고 있다.

첫째, 실제 자료에서 존재하지 않은 값이 평균이 될 수 있다. 극단적인 예를 들면 키가 150cm인 사람과 180cm인 사람이 있을 때 평균키는 165cm가 된다.

둘째, 평균은 등간척도 이상이어야 하므로 질적 자료에서는 평균을 구할 수 없고 의미도 없다.

셋째, 평균은 극단치의 영향을 받는다. 극단치가 존재하는 자료의 평균은 대푯값의 역할을 할 수 없다. 예를 들어 소득의 양극화가 매우 심한 나라의 평균 GNP는 아주 잘 사는 사람들 뿐 아니라 못 사는 사람들의 실제 소득과는 큰 차이가 있다는 점에서 대푯값이 될 수 없다. 그러므로 실제로 자료를 분석할 때 극단치가 있는 사례는 분석에서 제외시키는 것이 바람직하다.

(2) 중앙값

중앙값은 상위 50%와 하위 50%를 구분하는 점수로 백분위 50에 해당되는 점수를 의미한다.

중앙값은 다음과 같은 장점을 가지고 있다.

첫째, 중앙값은 쉽게 계산할 수 있다.

둘째, 중앙값은 점수의 크기가 아니라 사례수의 영향을 받기 때문에 편포된 자료에서 대푯값으로 적합하다.

셋째, 중앙값은 극단치의 영향을 받지 않으므로 극단치가 있을 경우 평균보다 더 적합하다. 분포 [4 8 9 14 16]과 분포 [1 2 9 100 999]에서 평균은 큰 차이가 있지만, 중앙값은 모두 9가 되므로 극단치의 영향을 받지 않는다는 것을 알 수 있다.

넷째, 중앙값은 자료의 등간성을 가정할 필요가 없다. 자료[6 9 12]에서 중앙값은 9인데, 이 경우 6과 9의 간격이 9와 12의 간격과 동일하다는 가정을 하지 않아도 무방하다. 이 자료에서 평균을 구하자면 6과 9의 간격은 9와 12의 간격과 동일하다는 묵시적인 가정을 해야 한다.

다섯째, 중앙값은 표본에서 모집단을 추정하고자 할 때 평균보다는 유용하지 않지만, 최빈값보다는 더 유용하다.

여섯째, 중앙값은 개방분포에서 집중경향으로 적합하다.

그러나 중앙값은 다음과 같은 단점을 가지고 있다.

첫째, 중앙값은 평균보다 수리적인 조작이 제한된다.

둘째, 중앙값은 평균에 비해 표본에 따른 변동성이 크다. 모집단에서 표본을 반복해서 추출하여 구한 중앙값 차이는 평균 차이보다 더 크다.

(3) 최빈값

최빈값은 자료에서 사례가 가장 많은 점수, 즉 가장 빈도가 많은 전형적인 점수를 가리킨다. 자료 [3 5 6 8 9 9 10 11]에서 최빈값은 9다. 최빈값은 가장 빈도가 높은 점수이지, 그 점수의 빈도가 아니라는 점에 유의해야 한다. 평균과 중앙값 자료에서 실제로 관찰되지 않는 점수가 될 수도 있으나, 최빈값은 자료에서 실제로 나타난다. 묶음 빈도분포에서 최빈값은 빈도가 가장 많은 급간의 중간 값이다. 인접한 두 점수의 빈도가 가장 많고 빈도가 같을 경우 최빈값은 두 점수를 평균한 값이다. 반면 인접하지 않은 두 점수의 빈도가 가장 많은 경우 최빈값은 2개가 된다.

정규분포에는 최빈값이 1개뿐이지만, 분포에 따라 최빈값이 여러 개 있을 수도 있다. 최빈값이 1개인 분포를 단봉분포(uni - modal distribution), 2개인 분포를 양봉분포(bi - modal distribution) 혹은 쌍봉분포라고 한다. 양봉분포에서는 두 최빈값의 빈도가 일치할 수도 있고, 일치하지 않을 수도 있다. 두 최빈값의 빈도가 다를 때 빈도가 많은 최빈값을 주최빈값(major mode), 빈도가 적은 최빈값을 부최빈값(minor mode)이라고 한다. 또 분포에 따라 최빈값이 존재하지 않을 수도 있다. 모든 점수의 빈도가 같을 때는 최빈값이 존재하지 않는다.

최빈값은 다음과 같은 장점을 가지고 있다.

첫째, 최빈값은 종교나 인종과 같이 명명척도 수준의 질적 자료에서 적합하다.
둘째, 최빈값은 계산이 쉽기 때문에 대푯값을 쉽게 구해야 할 경우 적합하다.
셋째, 최빈값은 극단치의 영향을 받지 않는다.
넷째, 자료가 편포를 이룰 경우 최빈값은 평균보다 더 적합하다.
다섯째, 최빈값은 개방분포에서 대푯값으로 적절하다.

최빈값은 다음과 같은 단점을 가진다.

첫째, 분포에 최빈값이 여러 개 존재할 수 있다.
둘째, 묶음빈도분포에서 최빈값은 급간의 크기나 수에 영향을 받는다. 그 결과 최빈값은 단순빈도분포와 묶음빈도분포에서 달라질 수 있다.

셋째, 최빈값이 자료를 대표하지 못할 수도 있다. 특히 최빈값이 0이 되는 경우 분포를 대표하지 못한다. 소비자교육의 유무를 조사할 때 소비자교육을 받지 않은 사람이 받은 사람보다 더 많다고 가정해 보자. 소비자교육을 안 받은 사람을 0, 받은 사람을 1로 코딩을 하면, 최빈값은 0이 되고, 이 경우 소비자교육을 받은 사람에 대한 정보를 제공하지 못하게 된다.

넷째, 최빈값은 평균이나 중앙값에 비해 표집의 안정성이 더 낮다. 특히 최빈값은 사례수가 적을수록 안정성이 낮아진다.

2) 분산도

분산도는 점수가 대푯값을 중심으로 흩어져 있는 정도, 즉 점수 간에 다른 정도를 나타낸다. 그러므로 분산도가 클수록 점수가 흩어져 있고 이질적이다. 분산도를 나타내는 지수로는 범위, 사분범위, 준사분범위, 표준편차, 분산 등이 있다.

(1) 범위

범위(range; R)는 최고점수와 최하점수 간의 차이이다. 1점에서 10점으로 측정한 생활만족도의 최고점수가 10점이고 최하점수가 1점이면 범위가 9가 된다. 범위는 쉽게 계산할 수 있으나, 양극단에 존재하는 두 점수만 보기 때문에 전체 점수를 고려하지는 못하므로 분산도를 제대로 나타내지 못하고, 극단치의 영향을 받기 때문에 안정성이 낮다. 범위는 집단크기에 비례하기 때문에 집단크기가 다를 경우 범위를 의미 있게 비교하기가 어렵다는 단점도 있다.

(2) 사분범위

사분범위(interquartile range; Q)는 백분위 75에 대응되는 점수에서 백분위 25에 대응되는 점수를 뺀 값, 즉 제3사분위수를 뺀 값이다. 사분위수(quartiles)는 자료를 4등분하는 점수인데, 제1사분위수(the first quartile; Q_1)는 자료를 하위 25%와 상위 75%로 구분하는 점수인 백분위 25(PR_{75})에 대응되는 점수다. 제2사분위수(the second quartile; Q_2)는 자료를 하위 50%와 상위 50%로 구분하는 점수인 백분위 50(PR_{50})에 대응되는 점수다. 제3사분위수(the third quartile; Q_3)는 자료를 하위 75%와 상위 25%로 구분하는 점수인 백분위 75(PR_{75})에 대응되는 점수다. 그러므로 사분범위는 자료에서 상위 25%에 속하는 사례와 하위 25%에 속하는 사례를 제외한 나머지 50%의 자료에서 구한 범위를 의미한다.

사분범위가 같으면 범위가 같을 때보다 분포형태가 더 비슷하기 때문에 사분범위는 범위보다 자료의 특징을 더 정확하게 나타낸다. 사분범위는 백분위 75보다 큰 점수와 백분위 25보다 작은 점수의 영향을 받지 않으므로 범위보다 안정성이 더 높다. 또한 특정 점수를 알 수 없는 개방분포(open-ended distribution)에서는 표준편차를 구할 수 없기 때문에 사분범위가 분산도를 가장 잘 나타낸다.

(3) 표준편차

표준편차(standard deviation)는 각 점수가 평균과 다른 정도를 평균한 값이다. 표준편차가 클수록 자료가 이질적이고, 표준편차가 작을수록 자료가 동질적이다. 표준편차는 정규분포를 이루는 연속변수에서 분산도를 적절하게 나타낸다. 표준편차는 모든 점수를 고려하고, 표집의 안정성이 높으며, 수리적 조작이 쉽다는 장점 때문에 가장 많이 사용되고 있다. 그러나 표준편차는 극단치에 민감하므로 편포가 심한 경우 적합하지 않고, 질적 변수의 자료에서는 분산도를 나타내는 지수로 사용할 수 없다.

(4) 분산

분산(variance)은 표준편차를 제곱한 값이다. 분산이 클수록 점수들이 평균과 다르고, 분산이 작을수록 점수들이 평균과 비슷하다. 표준편차와 마찬가지로 분산은 일관성을 나타내는 지표가 된다. <그림6.1>은 평균과 분산에 따른 분포형태를 제시하고 있다. (a)는 평균은 같지만 분산이 다른 두 분포를 나타내고 있다. 가운데 있는 분포가 더 동질적이다. (b)는 분산은 같지만 평균이 다른 두 분포를 나타내고 있다. 왼쪽 분포보다 오른쪽 분포의 평균이 더 크다. (c)는 평균 및 분산이 같지만 형태가 다른 두 분포를 나타낸다.

그림6.1 평균, 분산, 분포형태의 관계

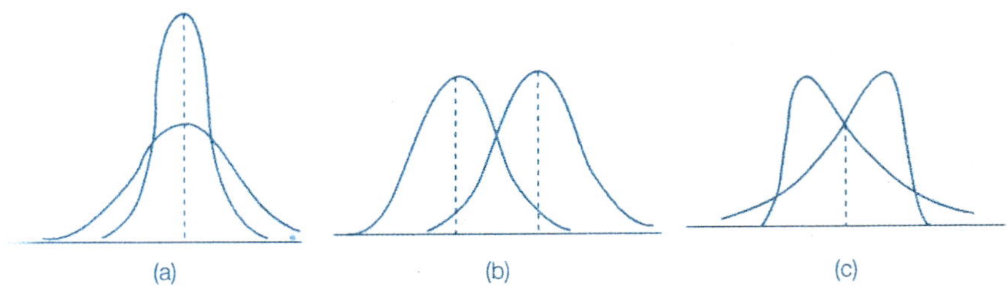

(5) 분산도계수(변이계수)

자료의 상대적인 분산도를 의미하는 분산도계수는 클수록 점수가 이질적이고, 작을수록 점수가 동질적이다. 분산도 계수를 이용하면 측정단위가 다른 여러 변수의 표준편차를 의미 있게 비교할 수 있다. 분산도 계수는 대칭분포를 이루는 양적 변수에 적합하나, 극단치에 민감하므로 편포가 심할 경우 부적합하고, 질적 변수에 적합하지 않으며, 고급통계에서 사용되지 않는다.

3) 편포도와 첨도

편포도와 첨도는 분포형태를 나타내는 가장 대표적인 기술통계치이다.

(1) 편포도(왜도)

좌우대칭을 이루는 정규분포와 달리, 편포도(skewness)는 분포가 오른쪽이나 왼쪽으로 치우쳐 있는 비대칭(asymmetry)의 정도를 의미한다. 편포도는 평균, 중앙값, 최빈값의 차이가 커질수록 증가한다. 편포는 치우친 방향에 따라 정적 편포(positive skewness)와 부적 편포(negative skewness)로 구분된다. 편포의 형태는 분포의 긴 꼬리가 향하는 방향의 부호와 일치한다. 정적 편포는 분포의 긴 꼬리가 + 방향에 있고, 부적 편포는 분포의 긴 꼬리가 - 방향에 있다. 정적 편포는 낮은 점수가 많고 높은 점수가 적은 분포이고, 부적 편포는 낮은 점수가 적고 높은 점수가 많은 분포이다.

그림6.2 SPSS 대푯값과 분포형태의 관계

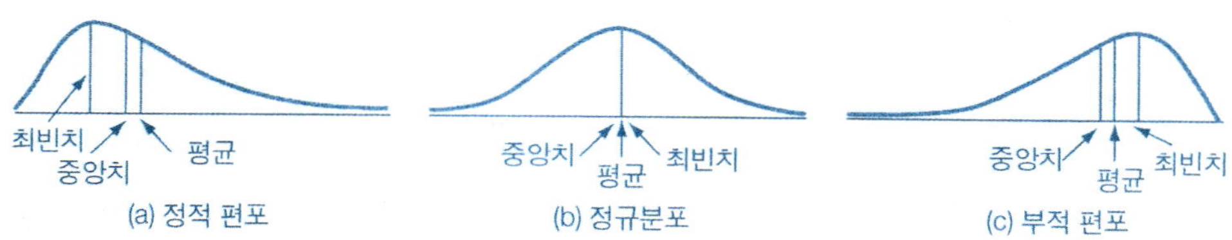

<그림6.2>에 의하면 대칭분포인 정규분포에서는 평균, 중앙값, 최빈값이 일치한다. 편포에서 평균은 꼬리 방향에 위치하고 중앙값은 평균과 최빈값 사이에 위치한다. 그러므로 세 가지 대푯값의 관계는 정적 편포에서는 최빈값 < 중앙값 < 평균이고, 부적 편포에서는 평균 < 중앙값 < 최빈값이다. 분포형태가 정적 편포나 부적

편포를 이룰 경우 왜 그러한 분포가 나타났는지를 면밀하게 검토해야 한다.

(2) 첨도(용도)

첨도(kurtosis)는 분포의 모양이 뾰족한 정도를 의미하기 때문에 첨도는 점수가 좁은 범위에 몰려 있거나 넓은 범위에 걸쳐 펴져 있는 정도를 나타낸다. <그림 6.3>에 의하면 첨도는 고첨도, 중첨도, 저첨도로 구분된다.

그림6.3 첨도가 다른 분포

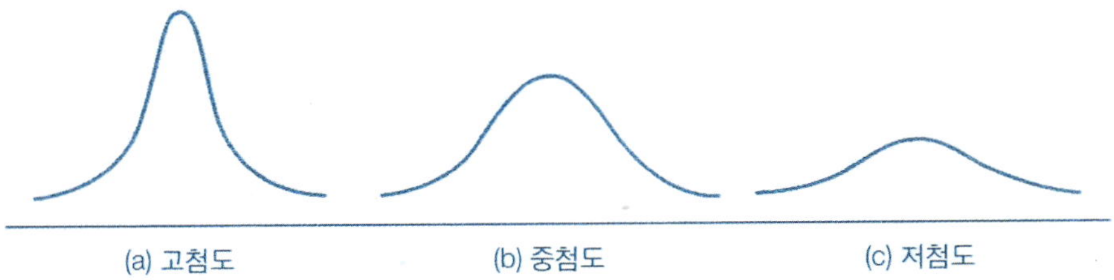

3 단일응답 빈도분석의 실행

1) 빈도분석 들어가기

(1) 자료 불러오기

SPSS을 실행시킨 후, SPSS 데이터 편집기에서 자료를 불러오기 위해서는 다음 절차와 같이 실행한다.

파일(F) → 열기(O) → 데이터(A)...

자료를 불러온 후, <그림6.4>과 같은 순서에 따라 클릭하면 <그림6.5>의 데이터 열기 대화상자가 나타난다. 여기서 분석하고자 하는 파일(여기서는 울산대학교 출판부 홈페이지의 자료실에 있는 '친환경농산물(빈도예제) .sav' 파일을 불러오기 한다)을 불러온 것이 <그림6.6>의 친환경농산물-SPSS 데이터 편집기 화면이다.

그림6.4 SPSS 데이터 편집기

그림6.5 데이터 열기 대화상자

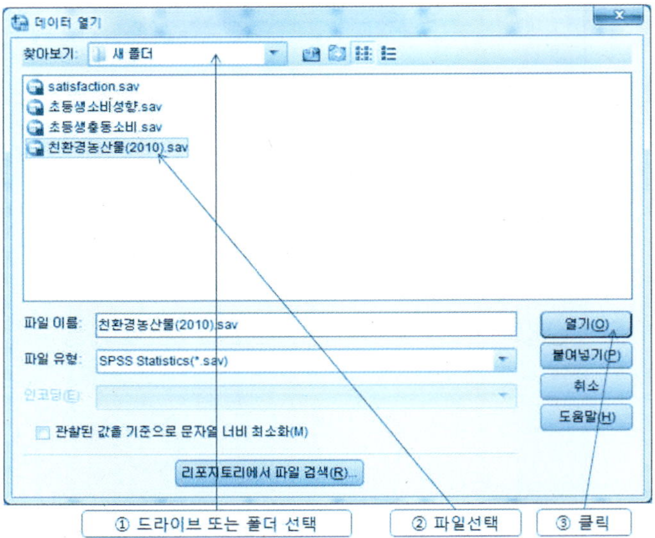

그림6.6 친환경농산물 SPSS 데이터 편집기

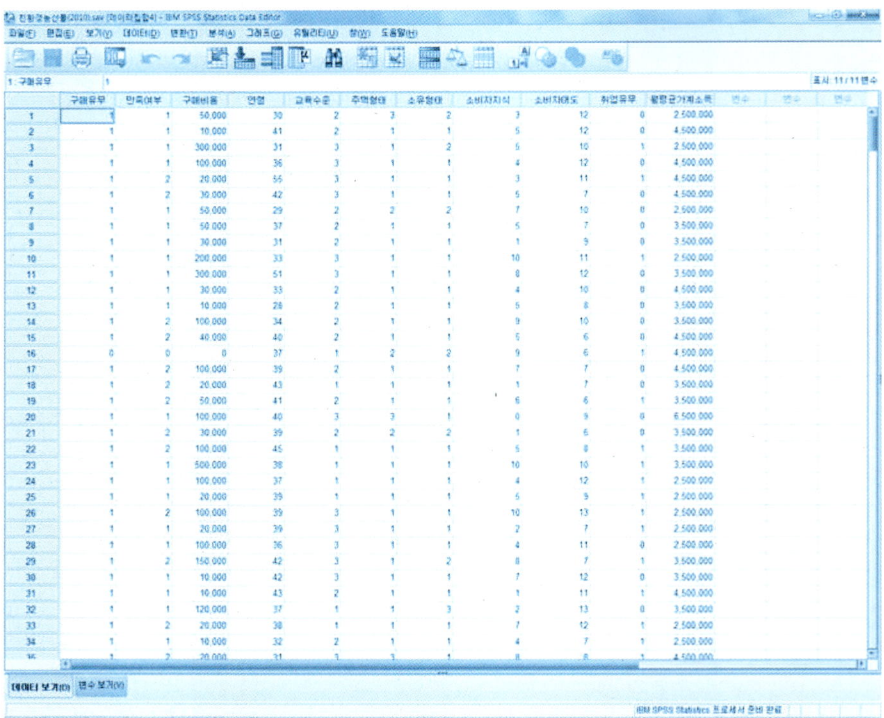

(2) 빈도분석 실행과정

빈도분석은 분석할 자료를 불러와서 다음과 같은 순서에 의해서 실행한다.

분석(A) → 기술통계량(E) → 빈도분석(F)...

먼저 SPSS의 주 메뉴에서 분석(A)을 클릭한 후 기술통계량(E)을 클릭하면 빈도분석(F), 기술통계(D), 데이터 탐색(E), 교차분석(C) 등이 나타나는데 여기서 빈도분석(F)을 클릭한다. <그림6.7>는 빈도분석의 실행과정을 나타낸 화면이다.

그림6.7 SPSS 빈도분석의 실행과정

빈도분석을 선택하면 <그림6.8>과 같이 빈도분석 대화상자가 나타나는데, 여기서 빈도분석을 할 변수를 선택한다. 여기서는 배경변수인 연령, 교육수준, 주택형태, 소유형태, 취업유무, 월평균가계소득에 대해서만 빈도분석을 하기로 한다.

변수를 선택한 후 **【통계량(S)..】**을 클릭하면 <그림6.9>와 같이 '빈도분석: 통계량' 대화상자가 나타난다. 구하고자 하는 항목들을 선택하고 **【계속】**을 클릭하면, 이전 화면인 <그림6.8>로 돌아간다.

그림6.8 빈도분석 대화상자

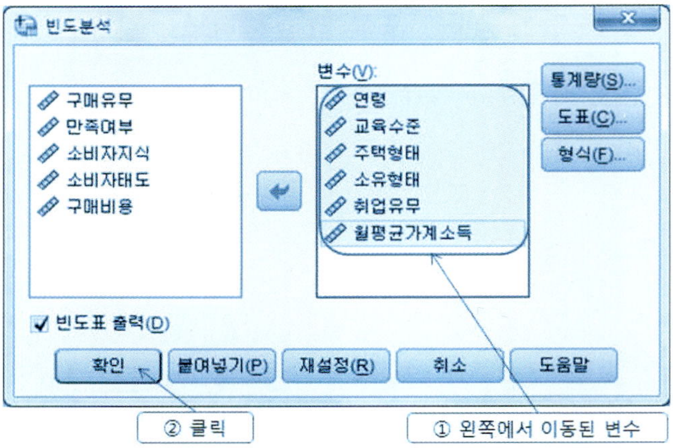

그림6.9 빈도분석 통계량 대화상자

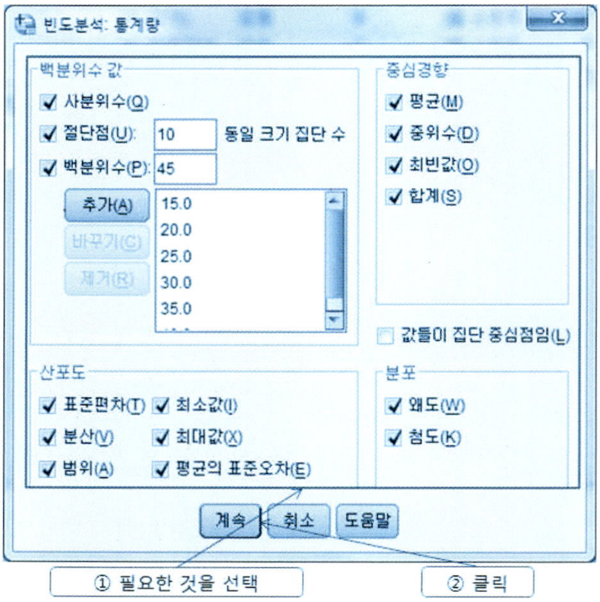

여기서 이번에는 **【도표(C)..】**를 클릭하면 <그림6.10> '빈도분석: 도표' 대화상

자가 나타난다. 이 대화상자에서 도표유형 중 필요한 것을 선택한 후, 【**계속**】을 클릭하면 다시 <그림6.6>으로 돌아간다.

그리고 도수분포표의 결과를 원하는 대로 출력하기 위해 【**형식(F)..**】을 클릭하면 <그림6.11> '빈도분석: 형식' 대화상자가 나타난다. 여기서 ◉변수값 오름차순(A)과 ◉변수들 비교(C)를 선택한 후 【**계속**】을 클릭하면 <그림6.8> 화면으로 돌아간다. 거기서 【**확인**】을 클릭하면 빈도분석 결과가 나타난다. <그림6.9>은 빈도분석의 통계량인 백분위수 값, 산포도, 분포를 나타내고 있고, [표6.1]은 빈도분석 통계량을 보다 상세하게 설명한 것이다.

그림6.10 spss 빈도분석 : 도표 대화상자

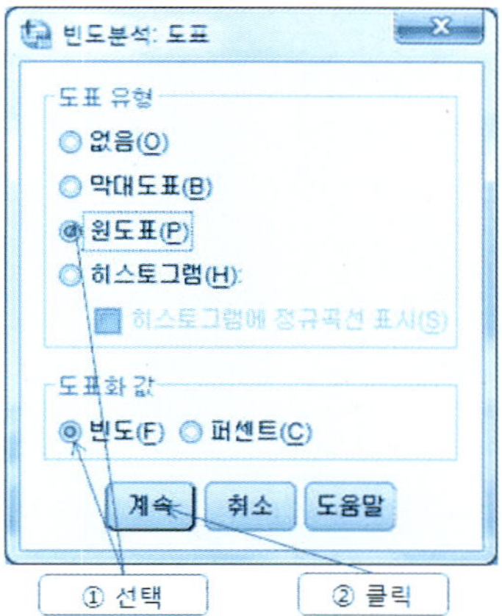

그림6.11 spss 빈도분석 : 형식 대화상자

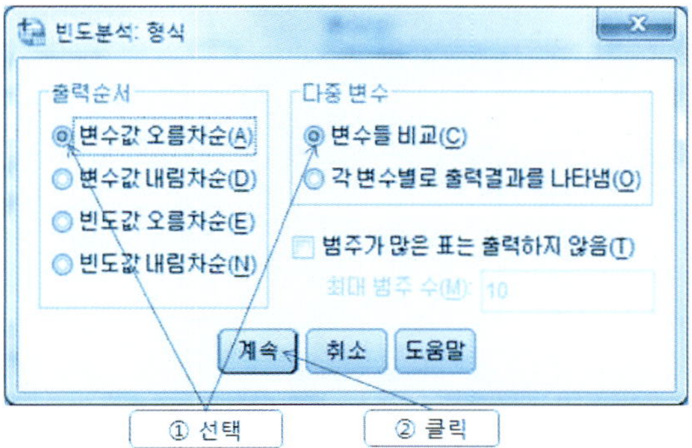

[표6.1] 빈도분석: 통계량 설명

통계량	설명
백분위수 값	얻어진 자료를 크기의 순서로 늘어놓아 100등분 한 값
사분위수(Q)	수집된 자료를 크기 순으로 배열하여 4등분 한 값
절단점(U) - 동일크기 집단수	사례들을 똑같은 크기의 집단으로 나누는 비율 값, 기본설정 값은 10
백분위수(P)	0과 100 사이의 값을 입력할 수 있으며, 입력후 추가를 클릭하면 사용자가 원하는 백분위수를 선택
중심경향	자료에서 얻어진 모든 값들이 어떤 값을 중심으로 몰리는 경향
평균(M)	전체 사례 수의 값을 더한 다음에 총 사례수로 나눈 값
중위수(D)	가장 작은 수부터 가장 큰 수까지 크기에 의하여 배열하였을 때 중앙에 위치하는 값
최빈값(O)	가장 도수가 많은 자료의 값
합계(S)	변수들의 값을 모두 합한 값
값들이 집단중심점임(L)	변수집단의 중앙값
산포도	두 변수 간의 관계를 알아보기 위하여 두 변수값을 나타내는 점을 도표에 나타낸 것
표준편차(T)	산술평균에서 각 자료들의 값에 이르는 거리의 제곱을 평균하여 다시 제곱근 한 것
분산(V)	표준편차를 제곱한 것
범위(A)	수집된 자료들 가운데 최대값에서 최소값을 뺀 차이를 말하는 것
최소값(I)	수집된 자료에서 가장 작은 값
최대값(X)	수집된 자료에서 가장 큰 값
평균의 표준오차(E)	표본분포의 표준편차
분포	자료가 흩어지거나 모인 정도
왜도(W)	평균에 대한 분포의 비대칭 정도를 나타냄. 왜도가 (+)이면 비대칭 꼬리가 양의 값쪽으로, (-)이면 음의 값쪽으로 치우침
첨도(K)	분포의 뾰족한 정도를 정규분포와 비교하여 나타내는 것. 양의 첨도는 상대적으로 더 뾰족하고, 음의 첨도는 덜 뾰족하다.

2) 빈도분석의 결과

그림6.12 spss 빈도분석 결과표(1) : 통계량

➡ 빈도분석

[데이터집합4] C:₩Users₩아동가정₩Desktop₩새 폴더₩친환경농산물(2010).sav

통계량

		교육수준	주택형태	소유형태	취업유무	월평균가계소득
N	유효	484	486	486	486	486
	결측	2	0	0	0	0
평균		1.99	1.49	1.23	.45	3,781,893.00
표준편차		.941	.729	.466	.498	1193090.640
최소값		1	1	1	0	1,500,000
최대값		5	3	3	1	6,500,000

빈도표

교육수준

		빈도	퍼센트	유효 퍼센트	누적퍼센트
유효	고졸이하	214	44.0	44.2	44.2
	전문대졸	64	13.2	13.2	57.4
	대졸이상	205	42.2	42.4	99.8
	5	1	.2	.2	100.0
	합계	484	99.6	100.0	
결측	시스템 결측값	2	.4		
합계		486	100.0		

① 입력을 잘못한 값

② 설문지에 응답을 하지 않았거나, 입력하지 않은 경우

빈도표

교육수준

		빈도	퍼센트	유효 퍼센트	누적퍼센트
유효	고졸이하	214	44.0	44.2	44.2
	전문대졸	64	13.2	13.2	57.4
	대졸이상	205	42.2	42.4	99.8
	5	1	.2	.2	100.0
	합계	484	99.6	100.0	
결측	시스템 결측값	2	.4		
합계		486	100.0		

① 입력을 잘못한 값

② 설문지에 응답을 하지 않았거나, 입력하지 않은 경우

그림6.13 빈도분석 결과표(2) : 원도표

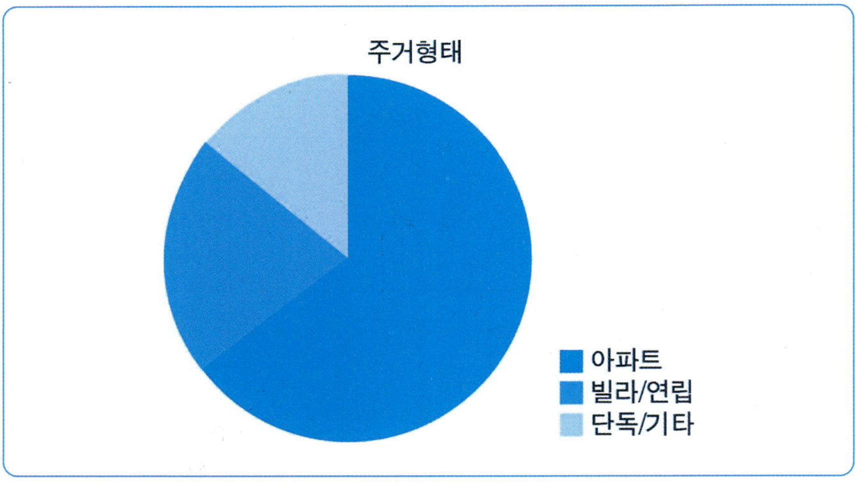

그림6.14 빈도분석 결과표(3) : 히스토그램과 정규곡선

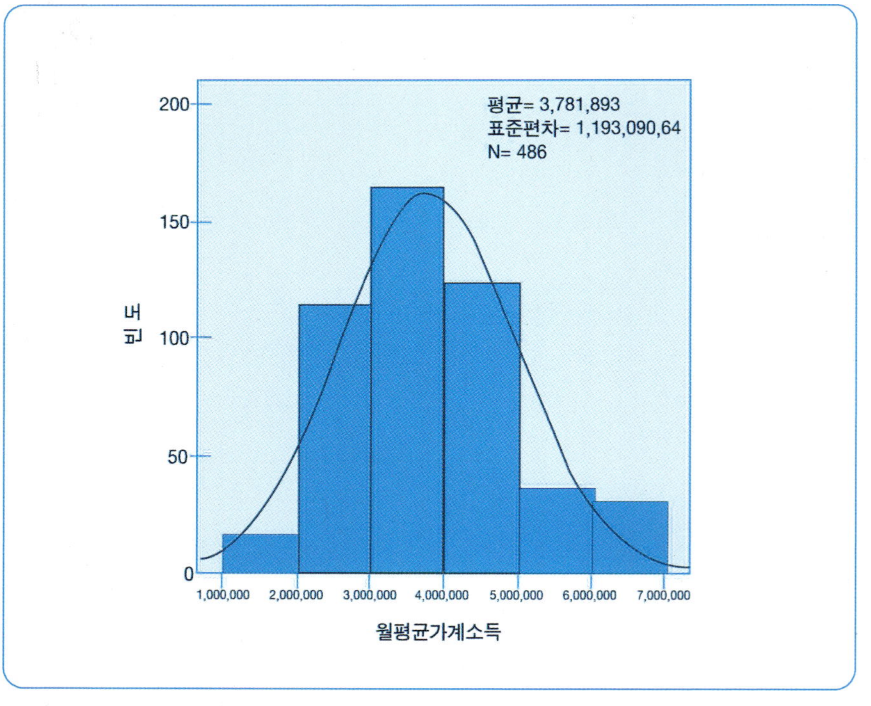

3) 빈도분석 결과표 편집

(1) SPSS 분석결과에서 표 편집

SPSS 출력결과에서 표를 편집하기 위해서는 결과표(교육수준)의 선위에 마우스를 대고 마우스의 왼쪽 버튼을 더블클릭하면 <그림6.15>와 같은 선이 나타나면서 창이 활성화된다.

그림6.15 SPSS 출력결과표 편집(1)

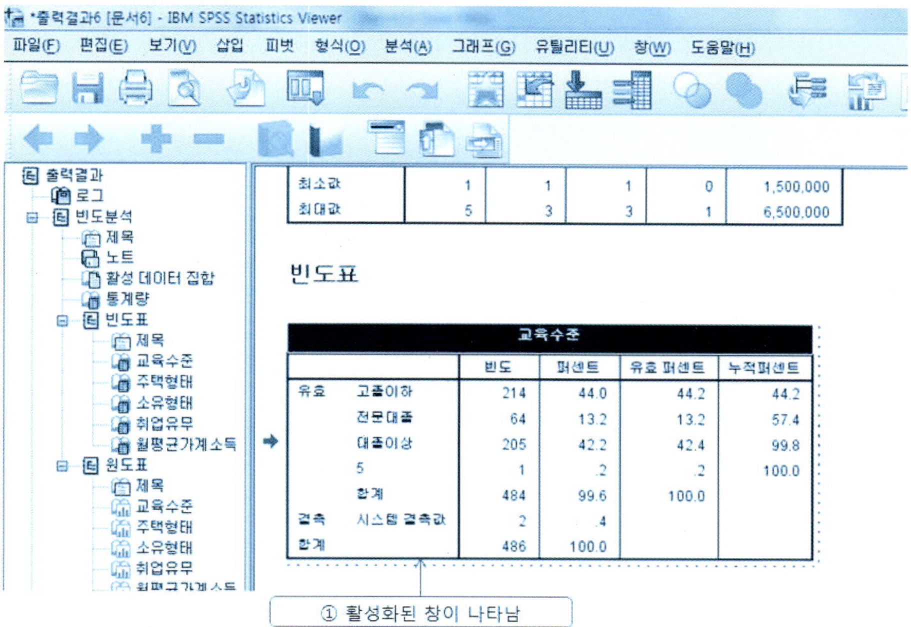

여기에서 '5'를 '결측'이라고 바꾸려고 한다면 '5'에 마우스를 대고 왼쪽 버튼으로 더블클릭한 다음 <그림6.16>과 같이 글자를 수정해서 교육수준 빈도표를 완성할 수 있다.

그림6.16 SPSS 출력결과표 편집(2)

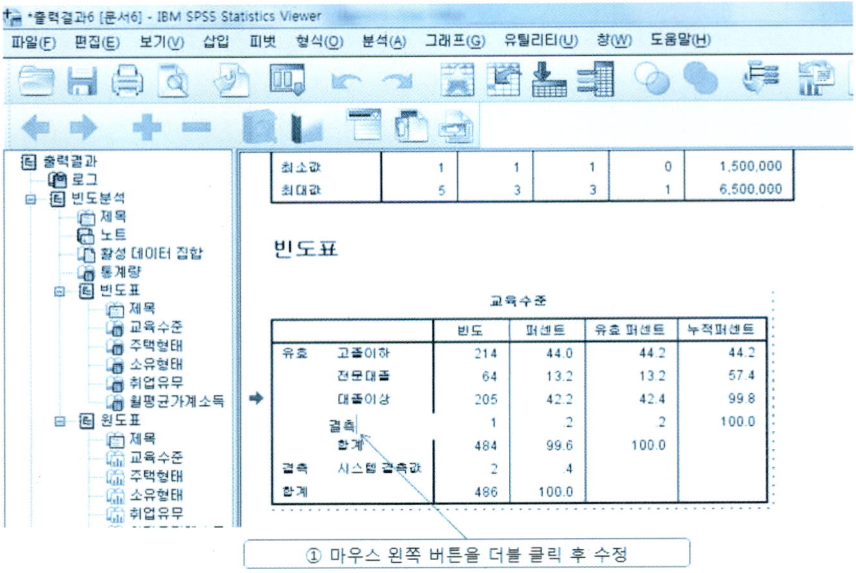

(2) SPSS 분석결과에서 도표 편집

그림6.17 Chart1-SPSS 도표 편집기

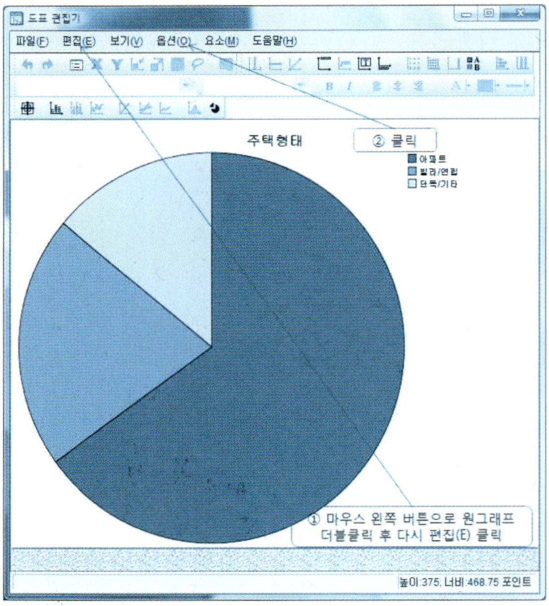

SPSS 뷰어에서 도표를 편집하기 위해서는 먼저 원그래프(주거형태)위에 마우스를 대고 마우스의 왼쪽 버튼을 더블클릭하면 <그림6.17>과 같은 도표편집기 화면이 나타난다.

그림6.18 제목 대화상자

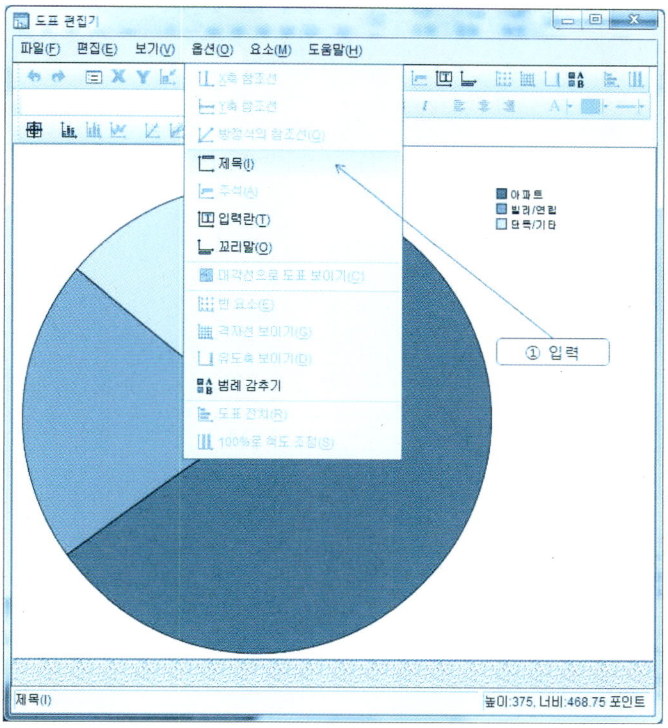

여기서 원하는 대로 메뉴의 편집(E)을 클릭하여 도표를 선택할 수 있고, 도표에 제목을 붙이거나 바꿀 경우, 옵션을 선택하면 <그림6.18>이 나타난다. 여기에서 제목을 선택하여 입력하면 도표에 제목이 생성된다.

또한 편집(E)→특성(O)을 클릭하면 특성대화상자가 나타난다. 이 상자에서 변수를 클릭한 후 요소유형(E)을 선택한 후 원그래프 대신에 막대를 선택한다. 그리고 주택형태를 X축에, 빈도주택형태를 Y축에 두고 적용(A)을 클릭하면 <그림6.19>와 같이 원도표가 막대도표로 바뀌게 된다.

그림6.19 파일 도표의 변환결과

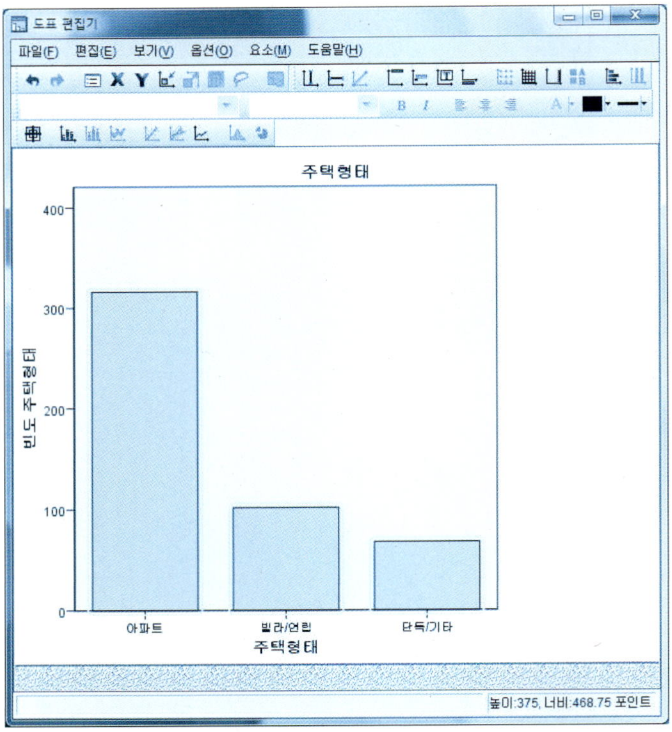

(3) 문서에서 표 편집 및 해석

문서에서 표를 편집하기 위해서는 먼저 SPSS 출력결과표에서 잘라내기를 해와야 한다. <그림6.20>과 같이 분석표 위에 마우스를 대고 마우스의 오른쪽 버튼을 누르면 잘라내기 항목이 나타난다. 이를 클릭하여 원하는 문서파일에 붙이기를 하면 된다. 붙이기는 훈글의 메뉴편집에서 붙이기를 클릭하거나 마우스의 오른쪽 버튼을 클릭하면 나온다. 그 결과는 <그림6.21>과 같다.

그림6.20 분석결과표의 개체복사

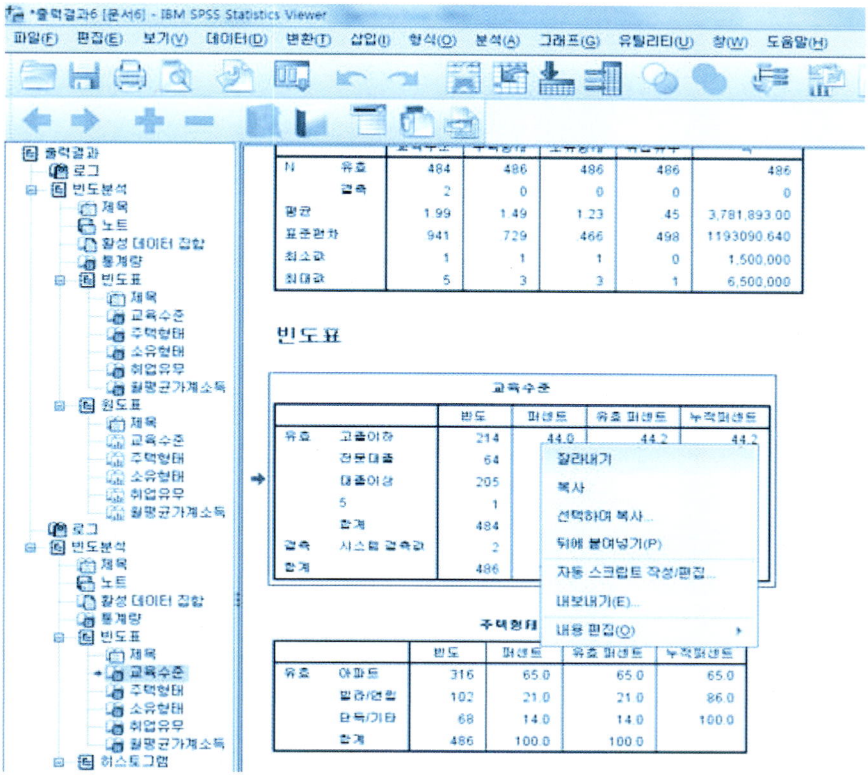

그림6.21 문서에서 표편집 결과

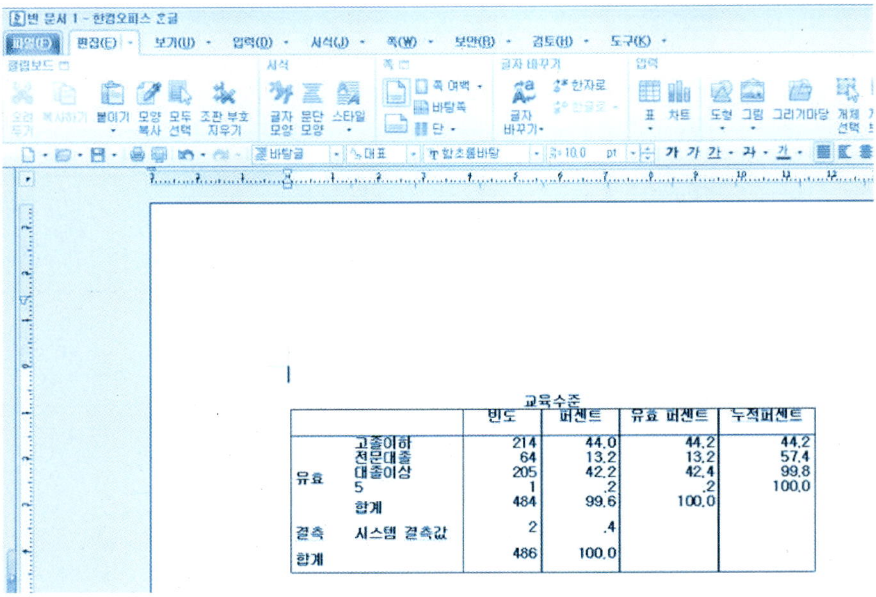

교육수준

		빈도	퍼센트	유효 퍼센트	누적퍼센트
유효	고졸이하	214	44.0	44.2	44.2
	전문대졸	64	13.2	13.2	57.4
	대졸이상	205	42.2	42.4	99.8
	5	1	.2	.2	100.0
	합계	484	99.6	100.0	
결측	시스템 결측값	2	.4		
합계		486	100.0		

(4) 문서에서 도표 편집

문서에서 도표를 편집하기 위해서는 표 편집과 마찬가지로 먼저 출력결과표에서 잘라내기를 해야 한다. 도표 위에 마우스를 대고 마우스의 오른쪽 버튼을 누르면 도표에 테두리선이 나타나고 잘라내기 항목이 나타난다. 이 때 잘라내기 항목을 클릭한 후 원하는 문서파일에서 붙이기를 한다(<그림6.22> 참고).

<그림6.23>은 도표편집을 한 결과이다.

그림6.22 출력결과 도표의 개체 복사

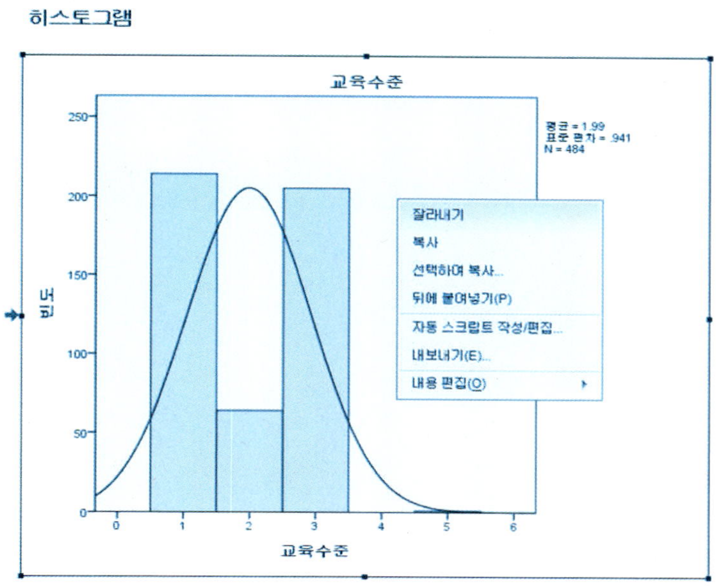

그림6.23 문서에서 도표편집 결과

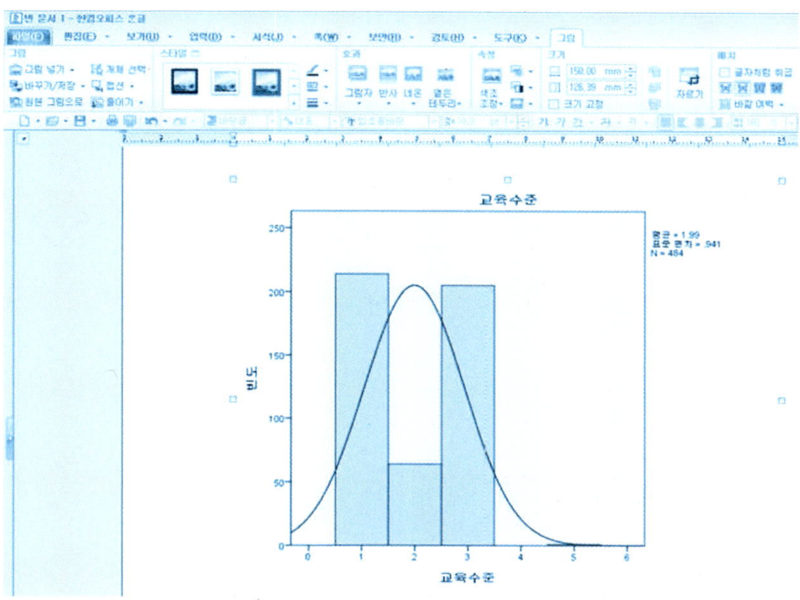

4) 코딩 변경후 빈도분석

(1) 코딩변경

코딩을 변경하기 위한 절차는 다음과 같다.

변환(T) → 다른 변수로 코딩 변경(R)...

<그림6.24>는 코딩변경절차 화면이다. 주 메뉴의 변환을 클릭한 후 변수로 코딩변경(R)을 선택하면 <그림6.25>와 같은 새로운 변수로 코딩변경 대화상자가 나타난다.

그림6.24 코딩변경 절차화면

그림6.25 새로운 변수로 코딩변경 대화상자

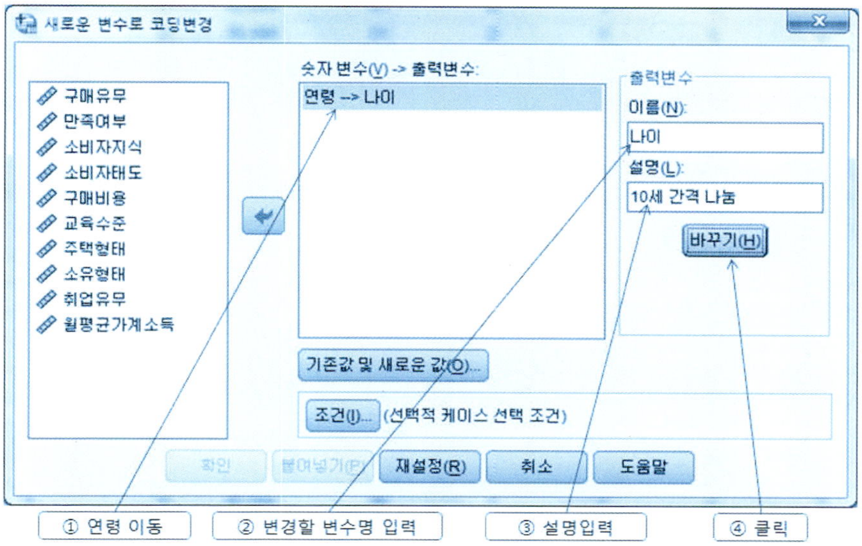

그림6.26 새로운 변수로 코딩변경: 기존값 및 새로운 값 대화상자

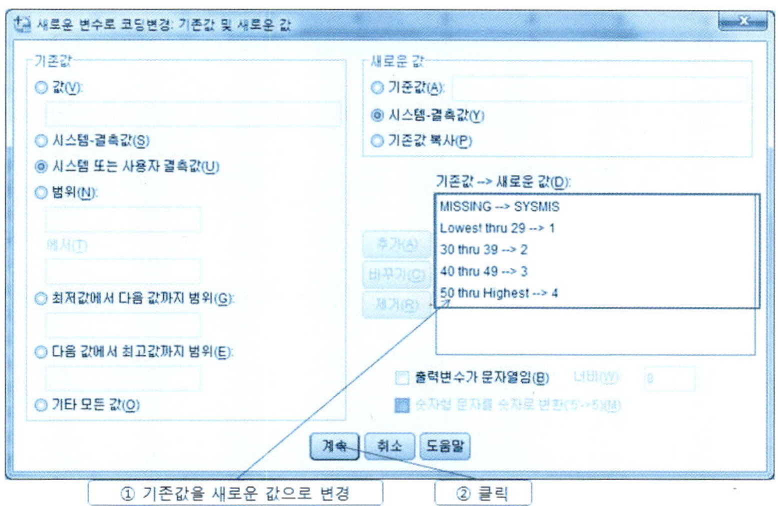

그림6.27 spss 새로운 변수(나이)의 생성

	연령	교육수준	주택형태	소유형태	취업유무	월평균가계소득	나이	변수
1	30		3	2	0	2,500,000	1.00	
2	41		1	1	0	4,500,000	3.00	
3	31	5	1	2	1	2,500,000	2.00	
4	36	3	1	1	0	4,500,000	2.00	
5	55	3	1	1	1	4,500,000	4.00	
6	42	3	1	1	0	4,500,000	3.00	
7	29	2	2	2	0	2,500,000	1.00	
8	37	2	1	1	0	3,500,000	2.00	
9	31	2	1	1	0	3,500,000	2.00	
10	33	3	1	1	1	2,500,000	2.00	
11	51	3	1	1	0	3,500,000	4.00	
12	33	2	1	1	0	4,500,000	2.00	
13	28	2	1	1	0	3,500,000	1.00	
14	34	2	1	1	0	3,500,000	2.00	
15	40	2	1	1	0	4,500,000	2.00	
16	37	1	2	2	1	4,500,000	2.00	
17	39	2	1	1	0	4,500,000	2.00	
18	43	1	1	1	0	3,500,000	3.00	
19	41	2	1	1	1	3,500,000	3.00	
20	40	3	3	1	0	6,500,000	2.00	

여기서 연령을 선택하고 변환할 변수명인 '나이'를 입력한 후 **【바꾸기(H)..】**를 클릭하면 '연령 → ?'가 '연령 → 나이' 상태로 변환된다. 설명란에는 '10살 간격 코딩 변경'를 입력한 후, **【기존 값 및 새로운 값(H)..】**을 클릭하면 <그림6.26>과 같은 대화상자가 나타난다. 여기에서 30미만을 입력하기 위해서는 '기존값'의 범위란의 '범위(N)'에서 최저값에서 다음 값까지의 범위(G)공란에 '29'를 입력하고, '새로운 값'란에서 '◉기준값(A)'을 선택한 후, 오른쪽 공란에 '1'을 입력하고 **【추가(A)】**를 클릭하면 '기존값→새로운 값(D):'아래의 공란에 'Lowest thru 29 → 1' 이 나타난다. **【계속】**을 클릭한 후 다시 기존값의 '범위(N)'에서 '□에서(T) □'의 공란에 '30'과 그 아래 공란에 '39'를 입력한 후, 오른쪽 '새로운 값'란의 '◉기준값(A)' 오른쪽 공란에 '2'를 입력하고 **【추가(A)】**버튼을 클릭하면 '기존값→새로운 값(D):'아래의 공란에 '30 thru

39 → 2' 가 나타난다. 그리고 【계속】을 누르고 같은 방법으로 40에서 49를 입력한 다음, 50세 이상부터 끝까지를 선택하기 위해서는 '범위(N)'의 '다음 값에서 최고값까지 범위(E)'의 공란에 '50'을 입력하고, '새로운 값'란의 '◉기준값(A)' 오른쪽 공란에 '4'를 입력하고 【추가(A)】버튼을 클릭하면 '기존값→새로운 값(D):'아래의 공란에 '50 thru highest → 4'가 나타난다.

마지막으로 결측값을 입력하기 위해 기존 값의 '◉시스템 또는 사용자 결측값(U)'을 선택한 후, '새로운 값'의 '◉시스템-결측값(Y)'을 선택하여 【추가(A)】를 클릭하면 '기존값→새로운 값(D):'아래의 공란에 'MISSING → SYSMIS' 가 나타난다. 그리고 【계속】을 누르면 <그림6.25>로 돌아간다. 여기서 【확인】을 클릭하면, <그림6.27>와 같이 자료의 마지막 칸에 '나이'라는 새로운 변수가 생성된다.

5) 빈도분석의 예

다음 페이지는 조사대상자의 일반적 특성을 나타내는 빈도분석의 표를 제시하고 있다. 남자는 51.7%, 여자는 48.3%였으며 연령은 평균 38.14세로 젊은 편이었으나 40대 이상이 45.5%로 연령별로 고른 분포를 보였다. 학력은 대졸이 전체의 50%를 차지하였으며, 지역별로는 서울 32.4%, 인천/경기가 27.6%로 서울 및 수도권에 거주하는 분포가 58%로 나타나 절반을 상회하였다. 종교는 없는 사람이 51.1%로 가장 많았고, 기독교 23.1%로 가장 많은 것으로 나타났다. 미혼인 사람도 41.5로 기혼자가 거의 2/3이었다. 직업으로는 사무직 종사자가 40%가 넘어 가장 높았으며, 주부 14.9%, 학생 11.9%의 순으로 나타났다. 월평균 가계소득은 평균 409.57만원으로 비교적 높은 편에 속하였고, 순수하게 용돈으로 사용하는 비용은 53.83만원으로 나타났다.

〈표6.2〉 빈도분석의 예: 조사대상자의 일반적 특성

(N=1,000)

구분		N(%)	구분		N(%)
성별	남자	517(51.7)	기혼여부	기혼	585(58.5)
	여자	483(48.3)		미혼	415(41.5)
연령대	20대	270(27.0)	직업	전업주부	149(14.9)
	30대	275(27.5)		전문가	90(9.0)
	40대	255(25.5)		사무종사자	409(40.9)
	50대이상	200(20.0)		서비스종사자	72(7.2)
	M(SD)	38.14(10.9)		판매종사자	58(5.8)
학력	고졸이하	262(26.2)		농/임/어업/노무	52(5.2)
	전문대졸	155(15.5)		단순노무	40(4.0)
	대졸	503(50.3)		학생	119(11.9)
	대학원이상	80(8.0)		무직	19(1.9)
지역	서울	324(32.4)	월평균 용돈	20만원미만	133(13.3)
	인천/경기	276(27.6)		20-30만원미만	148(14.8)
	부산/경남	125(12.5)		30-50만원미만	283(28.3)
	대구/경북	80(8.0)		50-100만원미만	305(30.5)
	광주/전남	61(6.1)		100만원이상	131(13.1)
	울산	19(1.9)		M(SD)	53.83(75.9)
	대전/충청	89(8.9)	월평균 가계 소득	200만원미만	134(13.4)
	강원/제주	26(2.6)		200-300만원미만	179(17.9)
지역 구분	서울/수도권	580(58.0)		300-400만원미만	218(21.8)
	기타 지역	420(42.2)		400-500만원미만	204(20.4)
종교	무교	511(51.1)		500-600만원미만	111(11.1)
	기독교	231(23.1)		600-700만원미만	154(15.4)
	불교	143(14.3)		M(SD)	409.57 (171.70)
	천주교/기타	115(11.5)			

출처: 전향란(2013)

4 다중응답 빈도 분석의 실행

1) 다중응답의 개념

다중응답이란 하나의 질문에 두 개 이상 응답을 할 수 있을 경우를 일컫는다. 다중응답을 분석하기 위해서는 자료를 입력할 때부터 다중응답의 유형에 맞춰 달리 입력을 하여야 한다.

2) 다중응답의 종류

① 이분형 다중응답: 제시된 항목 중에서 해당하는 것을 모두 선택하도록 하는 경우로, 입력 시 각 항목을 이분형(1,0)으로 입력해야 한다.

② 범주형 다중응답: 제시된 항목 중에서 정해진 수만큼(ex. 3개만 선택) 선택하도록 하는 경우로, 입력 시 범주형으로 입력해야 한다.

③ 순서형 다중응답: 제시된 항목 중에서 순서대로(ex. 1순위, 2순위) 선택하도록 한 경우로, 입력 시 범주형으로 입력한다. 일반적으로 순위에 따른 가중치를 부여하여 분석한다.

3) 다중응답의 실행

(1) 이분형 다중응답

이분형 다중응답은 선택 수에 제한이 없이 해당하는 모든 것을 선택하도록 하는 경우 사용한다. 이 경우 다음과 같은 설문지 문항을 활용할 수 있다.

질문 1 귀하가 취득한 조리자격증은 어느 것이 있습니까? 취득하신 조리자격증 종류를 모두 체크해주세요.

① 한식　② 양식　③ 중식　④ 일식　⑤ 제과제빵　⑥ 자격증 없음

① 자료입력

이분형 다중응답을 입력하기 위해서는 응답항목 각각을 하나의 문항처럼 각기 다른 칸에 다른 변수명으로 입력해야 한다. 위의 경우 응답항목이 6개므로 입력 변수도 6개가 되어야 한다. 각 변수에 대해서 선택이 된 경우 1, 선택되지 않은 경우 0으로 입력하여 이분형 다중응답을 완성한다.

따라서 <그림6.28>와 같이 질문 1에 대한 응답항목 ①은 AA1, ②는 AA2의 순으로 ⑥ AA6까지 변수명을 지정해서 입력하고, 각각에 대해 취득하고 있는 경우 1, 취득하지 않은 경우 0으로 입력하도록 한다. (완성화면은 본서에 첨부된 CD의 '다중응답(이분형).sav'에서 확인할 수 있다.)

그림6.28 SPSS 다중응답(이분형) SPSS 데이터 입력화면

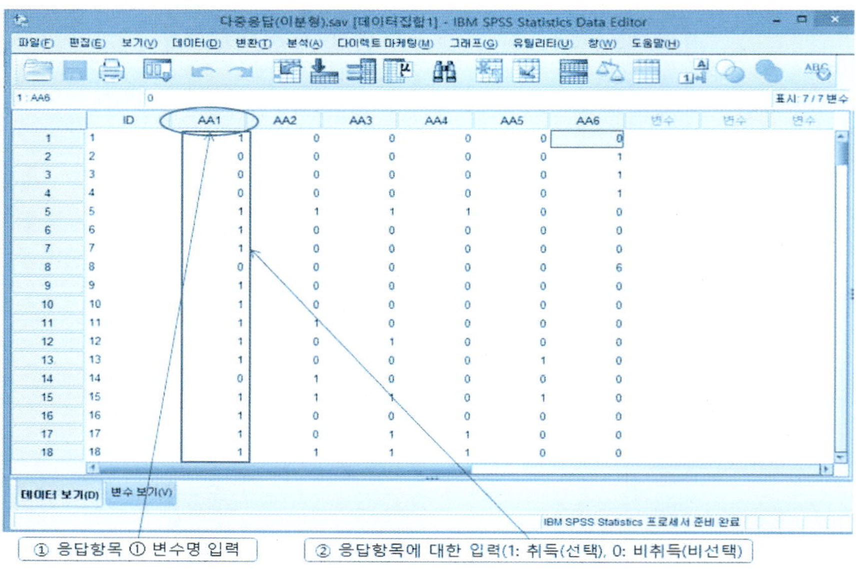

	ID	AA1	AA2	AA3	AA4	AA5	AA6
1	1	1	0	0	0	0	0
2	2	0	0	0	0	0	1
3	3	0	0	0	0	0	1
4	4	0	0	0	0	0	1
5	5	1	1	1	1	0	0
6	6	1	0	0	0	0	0
7	7	1	0	0	0	0	0
8	8	0	0	0	0	0	6
9	9	1	0	0	0	0	0
10	10	1	0	0	0	0	0
11	11	1	1	0	0	0	0
12	12	1	0	1	0	0	0
13	13	1	0	0	0	1	0
14	14	0	1	0	0	0	0
15	15	1	1	1	0	1	0
16	16	1	0	0	0	0	0
17	17	1	0	1	1	0	0
18	18	1	1	1	1	0	0

② 이분형 다중응답 분석의 실행

가. 변수군 정의

다중응답(이분형) 데이터를 열고 **【메뉴 → 분석 → 다중응답분석 → 변수군정의】**를 선택한다.

그림6.29 SPSS 데이터 편집기

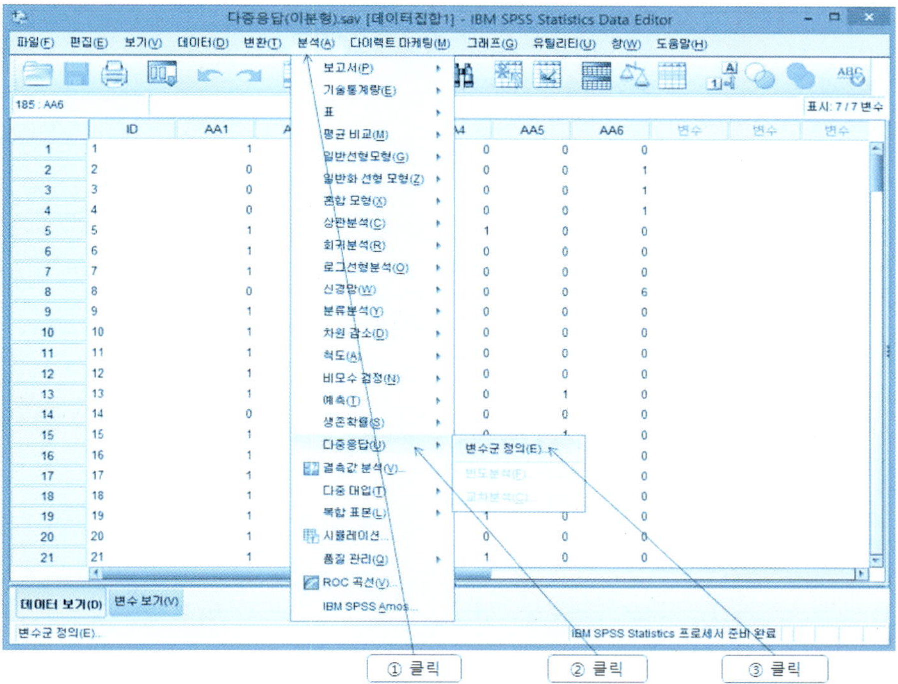

분석하고자 하는 변수 AA1에서 AA6를 지정하여 **【변수군에 포함된 변수(V)】**상자에 선택하여 넣는다. 변수 선택 후 '변수들의 코딩형식'의 **【이분형(D)】**을 클릭하고 **【빈도화 값】**에 취득(선택)을 의미하는 변수값 1을 기입한다. 다음 변수군에 포함되는 변수들을 모두 포괄할 수 있는 '취득조리자격증종류'를 **【이름(N)】**에 넣는다. 이때 필요하다면 변수에 관한 내용을 설명에 기입하도록 한다.

그림6.29 다중응답 변수군 정의

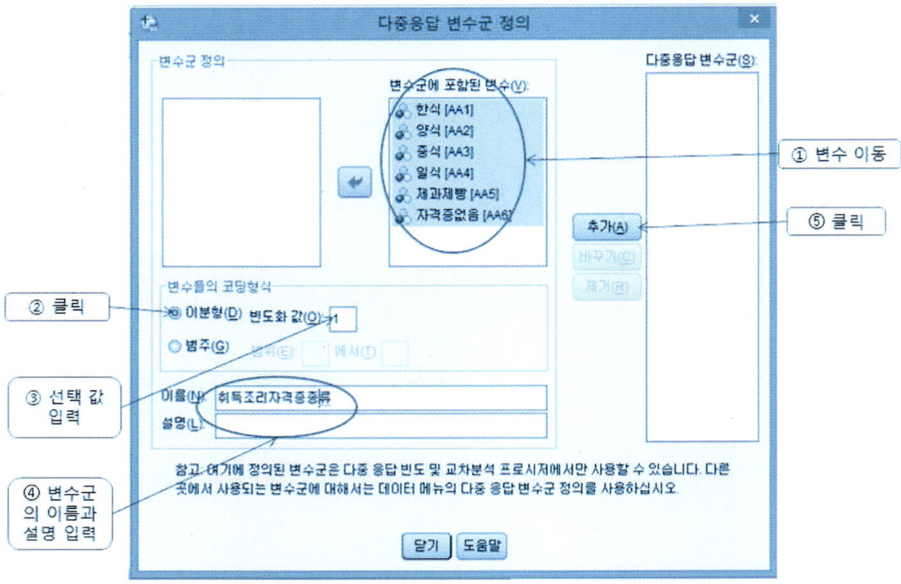

그림6.30 다중응답 변수군 생성완료

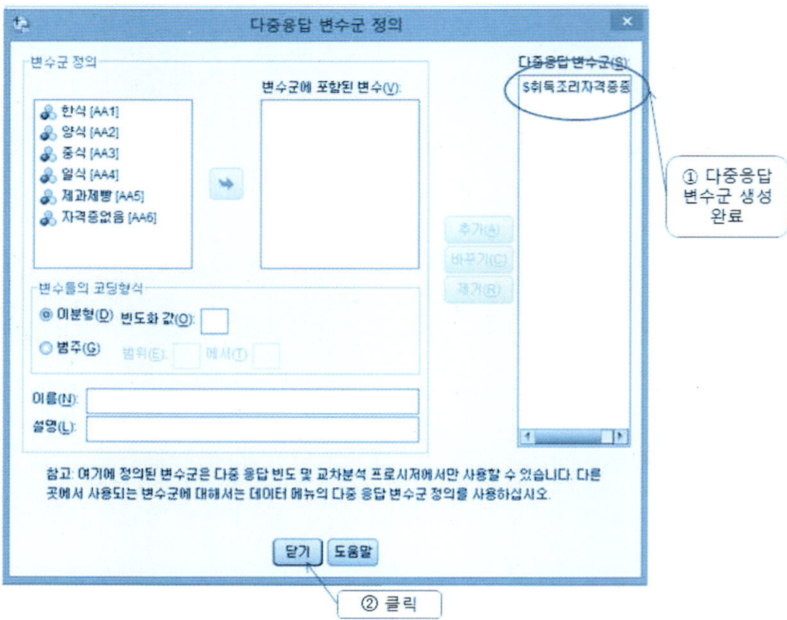

마지막으로 【추가(A)】를 클릭하면 【다중응답 변수군(S)】에 '취득조리자격증종류'가 옮겨지며, 모든 과정이 끝나면 닫기를 클릭한다.

나. 빈도분석

변수군 정의가 끝난 후 【메뉴 → 분석 → 다중응답분석 → 빈도분석】을 선택한다.

다중응답 빈도분석 창이 열리면 빈도분석 실시를 위한 변수명 '취득조리자격증종류'를 【표작성 응답군(T)】로 이동시킨 후 확인을 클릭한다.

그림6.31 이분형 중복응답 빈도분석 데이터 편집기

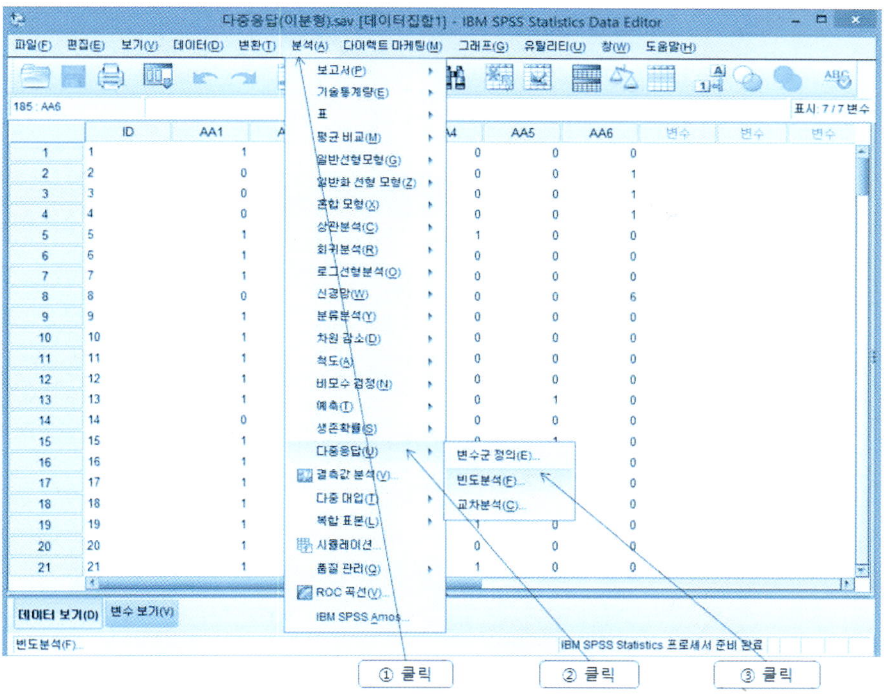

그림6.32 다중응답 빈도분석(1)

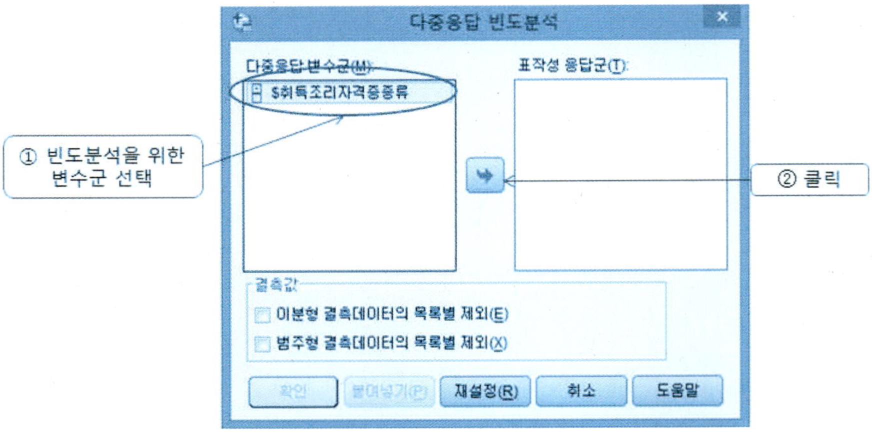

그림6.33 다중응답 빈도분석(2)

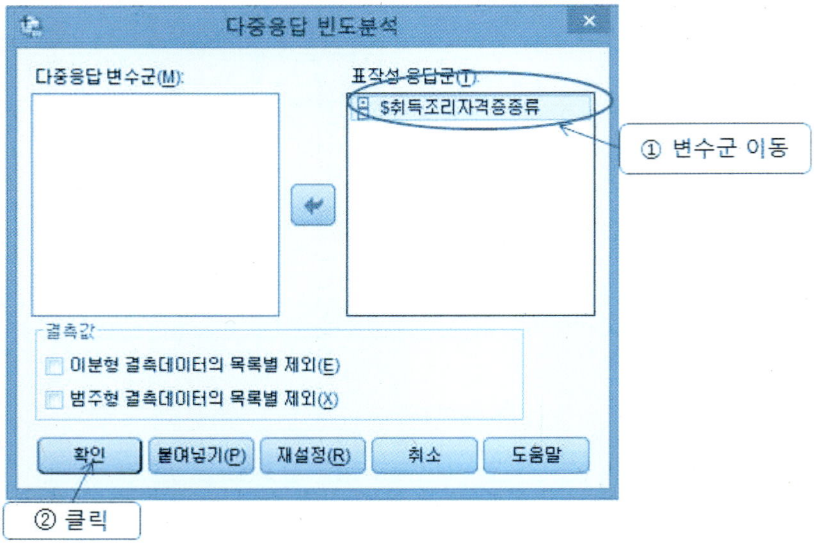

③ 결과표 해석

가. 케이스 요약

그림6.34 다중응답 빈도분석 결과표(1)

케이스 요약

	케이스					
	유효		결측		합계	
	N	퍼센트	N	퍼센트	N	퍼센트
$취득조리자격증종류[a]	175	94.6%	10	5.4%	185	100.0%

전체 응답자수를 나타낸다. 전체 응답자는 185명이며, 이중 결측값 10명이 존재함을 알 수 있다.

나. 다중응답 빈도분석 결과

그림6.35 다중응답 빈도분석 결과표(2)

$취득조리자격증종류 빈도

		응답		케이스 퍼센트
		N	퍼센트	
$취득조리자격증종류[a]	한식	117	50.4%	66.9%
	양식	30	12.9%	17.1%
	중식	13	5.6%	7.4%
	일식	10	4.3%	5.7%
	제과제빵	5	2.2%	2.9%
	자격증없음	57	24.6%	32.6%
합계		232	100.0%	132.6%

응답 퍼센트로 전체 응답 빈도 중에서 각 응답문항이 선택된 퍼센트를 알 수 있으며, 케이스 퍼센트에서 전체 응답자 중 각 응답문항을 선택한 사람의 비율을 알 수 있다. 한식 자격증을 취득한 사람이 응답한 경우, 응답 퍼센트는 응답 빈도의 합이 232, 이 중 한식이 선택된 빈도는 117개로 전체의 50.4%임을 알 수 있다. 전체 응답자 중 한식 자격증을 취득한 사람의 비율에 관한 케이스 퍼센트는 응답자 175명 중에서 한식을 117명이 선택((117÷175)*100)하였으므로 66.9%이다.

④ 보고서 제시양식

이분형 다중응답 보고서는 연구자의 필요에 따라서 응답 퍼센트와 케이스 퍼센트를 선택하여 제시하고 이에 맞는 해석을 하도록 한다.

[표6.3] 조리자격증 취득 현황(다중응답)

(N=175)

조리자격증 종류	빈도	퍼센트(%)
한식	117	66.9
양식	30	17.1
중식	13	7.4
일식	10	5.7
제과제빵	5	2.9
자격증 없음	57	32.6
합계	232	132.6

해석 현재 취득하고 있는 조리자격증을 모두 선택하도록 한 결과 응답자 175명 중 66.9%인 117명이 한식 조리자격증을 취득하고 있는 것으로 나타나, 한식 조리자증을 가장 많이 보유하고 있는 것을 알 수 있었다. 다음은 양식, 중식, 일식의 순으로 나타났으며, 조리자격증을 보유하지 않은 응답자도 57명으로 32.6%로 나타났다.

(2) 범주형 다중응답

범주형 다중응답은 응답 문항 중에서 제시하는 수만큼 선택하도록 하는 경우 사용한다. 이 경우 다음과 같은 설문지 문항을 활용할 수 있다.

질문 2 귀하가 일주일에 3일 이상, 취침 전에 섭취하는 간식을 2개만 선택해주세요.

① 과일 ② 과자 및 아이스크림 ③ 유제품(우유,요쿠르트) 및 음료
④ 빵, 주먹밥 등 곡류 ⑤ 치킨, 피자 등 패스트푸드

① 자료입력

범주형 다중응답을 입력하기 위해서는 선택하도록 한 응답 수에 맞춰서 변수를 따로 입력해야 한다. 위 질문2의 경우 간식 2개만 선택하도록 하였으므로 변수 2개를 생성해야 한다. 따라서 한 문항의 답을 두 칸에 변수로 입력을 해야 한다는 것이다.

따라서 <그림 6.36>와 같이 조사대상자가 질문 2에 대해 '① 과일'과 '② 과자 및 아이스크림'을 선택하였다면, '취침전간식1'과 '취침전간식2'라는 변수를 생성한 후 각각에 대해 ①, ②의 값을 코딩하면 된다. (완성화면은 본서에 첨부된 CD의 '다중응답(범주형순서형).sav'에서 확인할 수 있다.)

그림6.36 다중응답(범주형) SPSS 데이터 입력화면

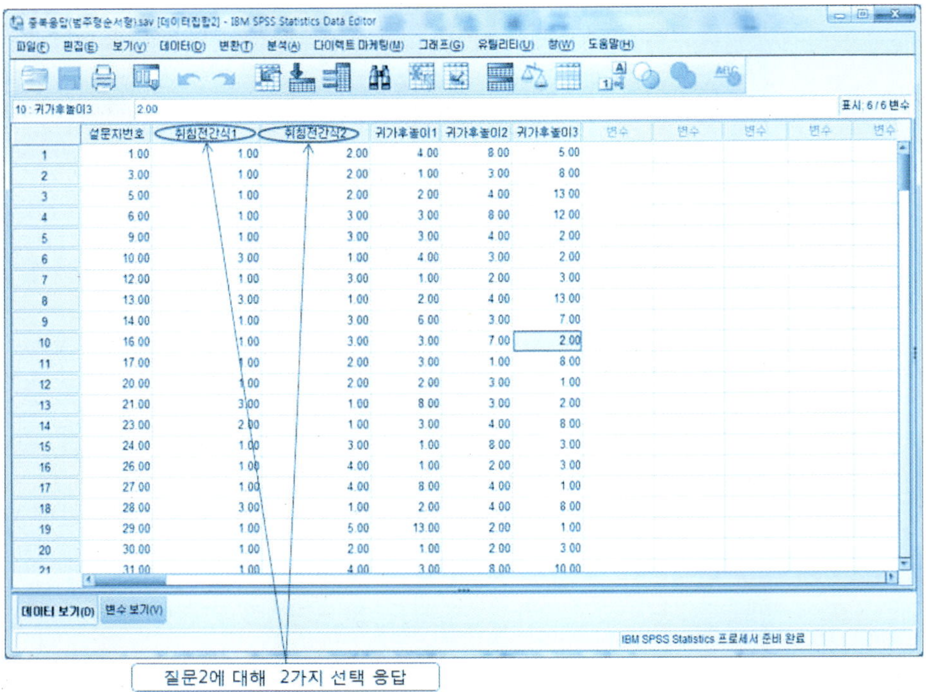

② 범주형 다중응답 분석의 실행

가. 변수군 정의

다중응답(범주형) 데이터를 열고 【메뉴 → 분석 → 다중응답분석 → 변수군정의】를 선택한다.

그림6.37 SPSS 데이터 편집기

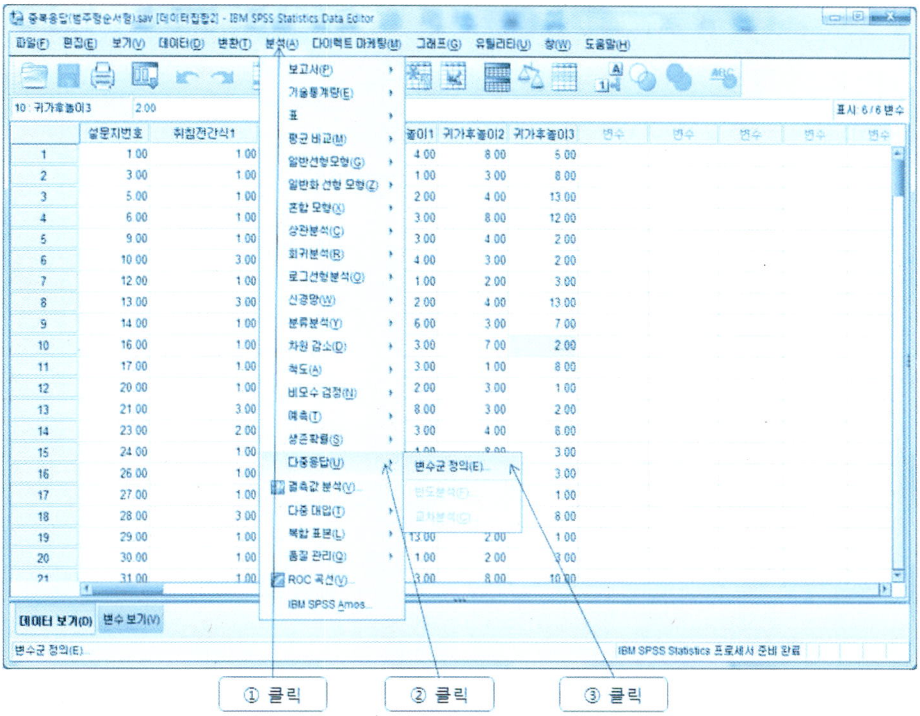

분석하고자 하는 '취침전간식1'과 '취침전간식2'를 지정하여【변수군에 포함된 변수(V)】상자에 선택하여 넣는다. 변수 선택 후 '변수들의 코딩형식'의【범주(G)】을 클릭하고【범위】에 입력값(선택할 수 있는 경우의 수) 1과 5를 기입한다. 다음 변수군에 포함되는 변수들을 모두 포괄할 수 있는 '취득조리자격증종류'를【이름(N)】에 넣는다. 이때 필요하다면 변수에 관한 내용을 설명에 기입하도록 한다.

그림6.38 다중응답 변수군 정의

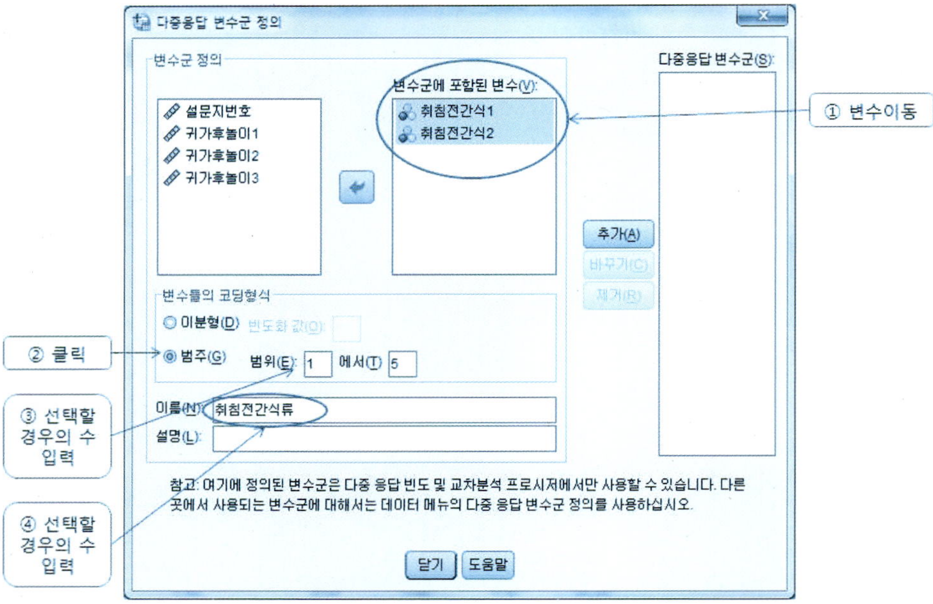

그림6.39 다중응답 변수군 생성완료

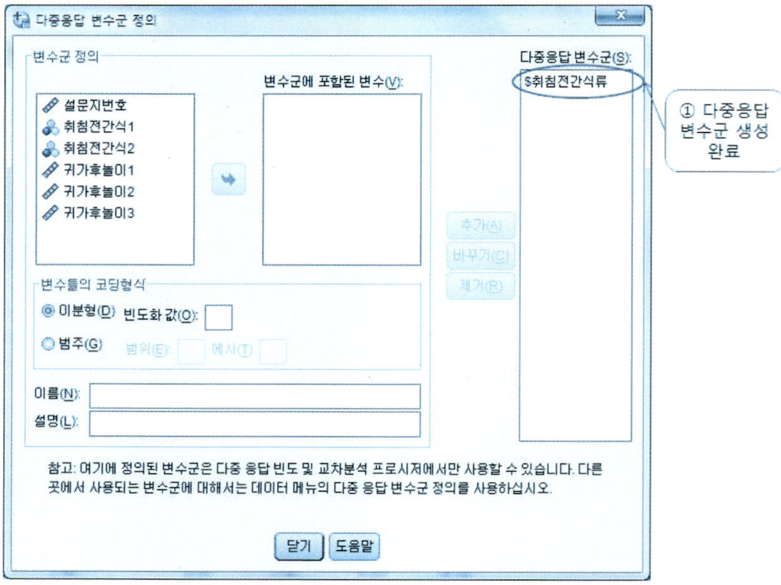

마지막으로 【추가(A)】를 클릭하면 【다중응답 변수군(S)】에 '취침전간식류'가 옮겨지며, 모든 과정이 끝나면 닫기를 클릭한다.

나. 빈도분석

변수군 정의가 끝난 후 【메뉴 → 분석 → 다중응답분석 → 빈도분석】을 선택한다.

다중응답 빈도분석 창이 열리면 빈도분석 실시를 위한 변수명 '취침전간식류'를 【표작성 응답군(T)】로 이동시킨 후 확인을 클릭한다.

그림6.40 범주형 중복응답 빈도분석 데이터 편집기

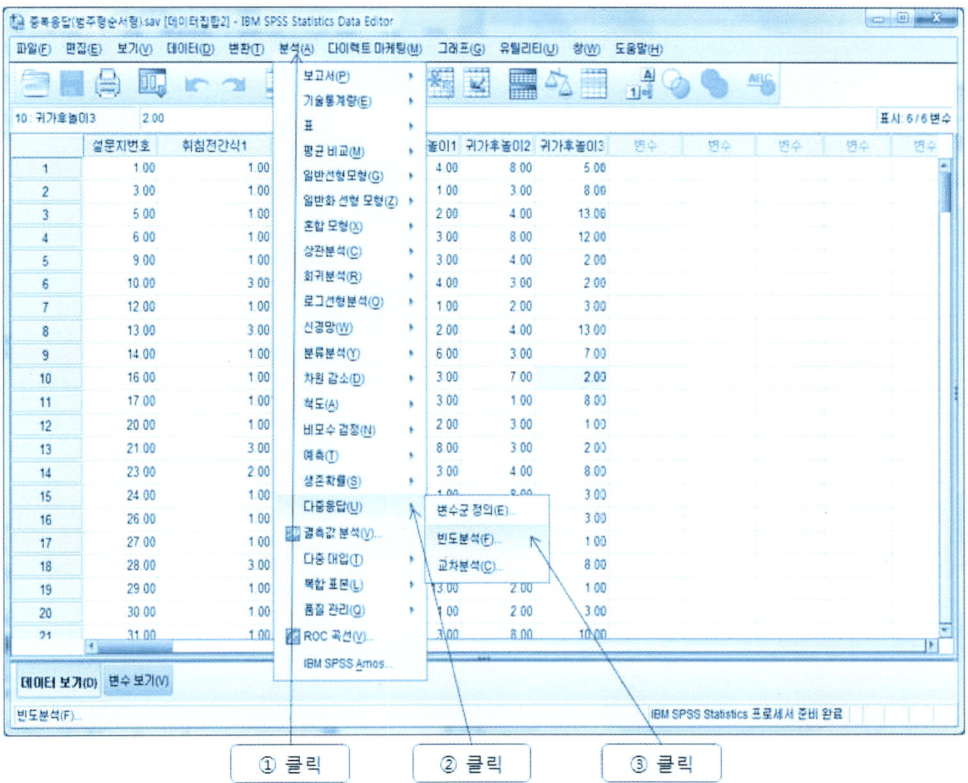

그림6.41 다중응답 빈도분석(1)

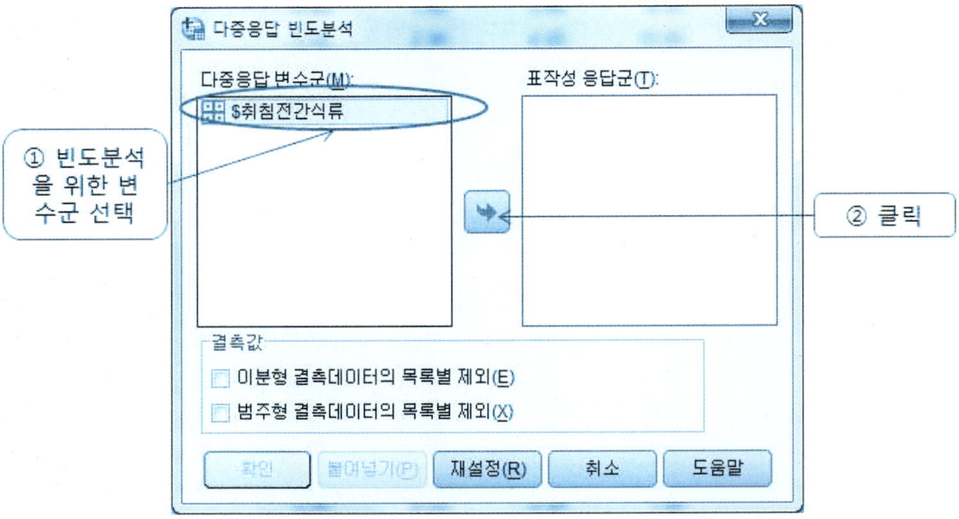

그림6.42 다중응답 빈도분석(2)

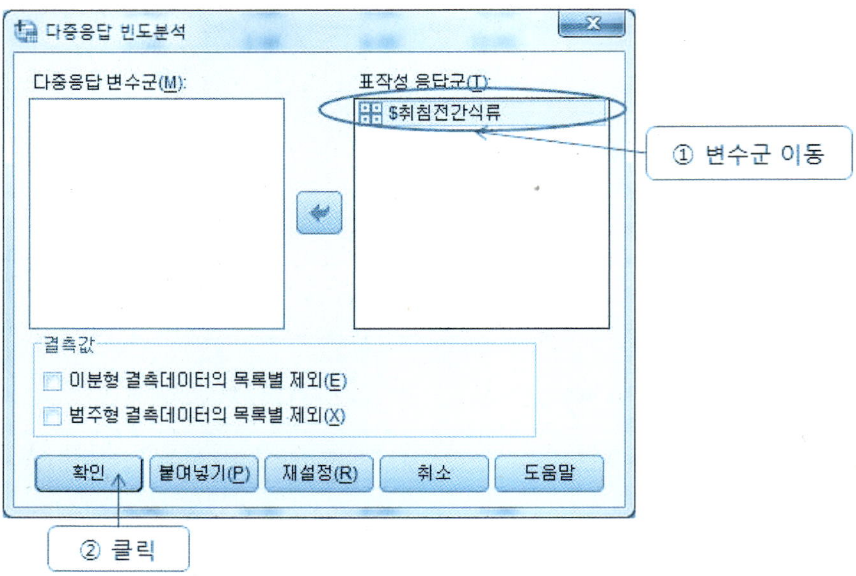

③ 결과표 해석

가. 케이스 요약

그림6.43 다중응답 빈도분석 결과표(1)

케이스 요약

	케이스					
	유효		결측		합계	
	N	퍼센트	N	퍼센트	N	퍼센트
$취침전간식류[a]	190	100.0%	0	0.0%	190	100.0%

a. 집단 설정

전체 응답자수를 나타낸다. 전체 응답자는 190명이며, 결측값이 없다는 것을 알 수 있다.

나. 중복응답 빈도분석 결과

그림6.44 다중응답 빈도분석 결과표(2)

$취침전간식류 빈도

		응답		케이스 퍼센트
		N	퍼센트	
$취침전간식류[a]	과일류	161	42.4%	84.7%
	과자및아이스크림	83	21.8%	43.7%
	유제품및음료	83	21.8%	43.7%
	빵및주먹밥	36	9.5%	18.9%
	치킨및패스트푸드	17	4.5%	8.9%
합계		380	100.0%	200.0%

a. 집단 설정

응답 퍼센트로 전체 응답 빈도 중에서 각 응답문항이 선택된 퍼센트를 알 수 있으며, 케이스 퍼센트에서 전체 응답자 중 각 응답문항을 선택한 사람의 비율을 알 수 있다. 취침 전 과일류를 먹는 사람이 응답한 경우, 응답 퍼센트는 응답 빈도의 합이 380, 이 중 과일류가 선택된 빈도는 161개로 전체의 42.4%임을 알 수 있다. 전체 응답자 중 취침 전 과일류를 먹는 사람의 비율에 관한 케이스 퍼센트는 응답자 190명 중에서 과일류를 161명이 선택((161÷380)*100)하였으므로 84.7%이다.

④ 보고서 제시양식

범주형 다중응답 보고서는 연구자의 필요에 따라서 응답 퍼센트와 케이스 퍼센트를 선택하여 제시하고 이에 맞는 해석을 하도록 한다.

[표6.4] 취침 전 섭취하는 간식류(중복응답)

(N=190)

간식종류	빈도	퍼센트(%)
과일류	161	84.7
과자 및 아이스크림	83	43.7
유제품 및 음료	83	43.7
빵 및 주먹밥 등 곡류	36	18.9
치킨 및 패스트푸드	17	8.9
합계	380	200.0

해석 취침 전 섭취하는 간식에 관해서 중복응답으로 답하도록 한 결과 전체 190명 중 161(84.7%)명이 과일류를 선택하여, 과일이 자기 전 먹는 간식 중 가장 많이 선택되고 있음을 알 수 있었다. 다음은 과자 및 아이스크림과 유제품 및 음료(각각 83명, 43.7%), 빵 및 주먹밥등 곡류(36명, 18.9%), 치킨 및 패스트푸드(17명, 8.9%)의 순으로 나타났다.

(3) 순서형 다중응답

순서형 다중응답은 가장 중요하다 생각하는 순으로, 또는 가장 좋아하는 순서대로 답을 선택하도록 하는 선택에 순위가 있는 경우 순서를 매겨 응답을 하도록 하는 경우이다. 따라서 때로는 응답의 중요도에 따라 가중치를 주어서 분석하기도 한다. 이 경우 다음과 같은 설문지 문항을 활용할 수 있다.

질문 3 귀하의 자녀가 유치원 귀가 후 무엇을 하며 노는지, 가장 많이 하는 순서대로 3가지를 골라 기입해 주세요. (, ,)

① 그림그리기 ② 책보기
③ 소꿉놀이, 장난감놀이 ④ 텔레비전, 비디오 시청
⑤ 비디오, 인터넷게임 ⑥ 공작(만들기)활동
⑦ 피아노치기, 노래 부르기 등 음악활동 ⑧ 블록 놀이
⑨ 카드놀이 ⑩ 자전거 타기
⑪ 야구 축구 피구 등 공놀이
⑫ 줄넘기, 숨바꼭질, 술래잡기 등 또래간의 신체활동
⑬ 공원에서 놀기 ⑭ 곤충잡기, 식물관찰 등 자연활동

① 자료입력

순서형 다중응답을 입력하기 위해서는 범주형과 같이 각각의 응답문항이 하나의 질문처럼 입력한다. 첫째 칸에 1순위 값, 둘째 칸에 2순위 값, 셋째 칸에 3순위 값을 입력하듯, 순위에 맞춰서 각각 변수를 생성하도록 한다.

질문 3의 경우 <그림6.45>과 같이 3순위를 기입하라 하였으므로, 귀가 후 가장 많이 하는 놀이의 순서대로 '귀가후놀이1', '귀가후놀이2', '귀가후놀이3'의 변수를 생성하고, 이에 대한 입력값(놀이)을 각각 입력하도록 한다. (완성화면은 본서에 첨부된 CD의 '다중응답(범주형순서형).sav'에서 확인할 수 있다.)

그림6.45 다중응답(순서형) SPSS 데이터 입력화면

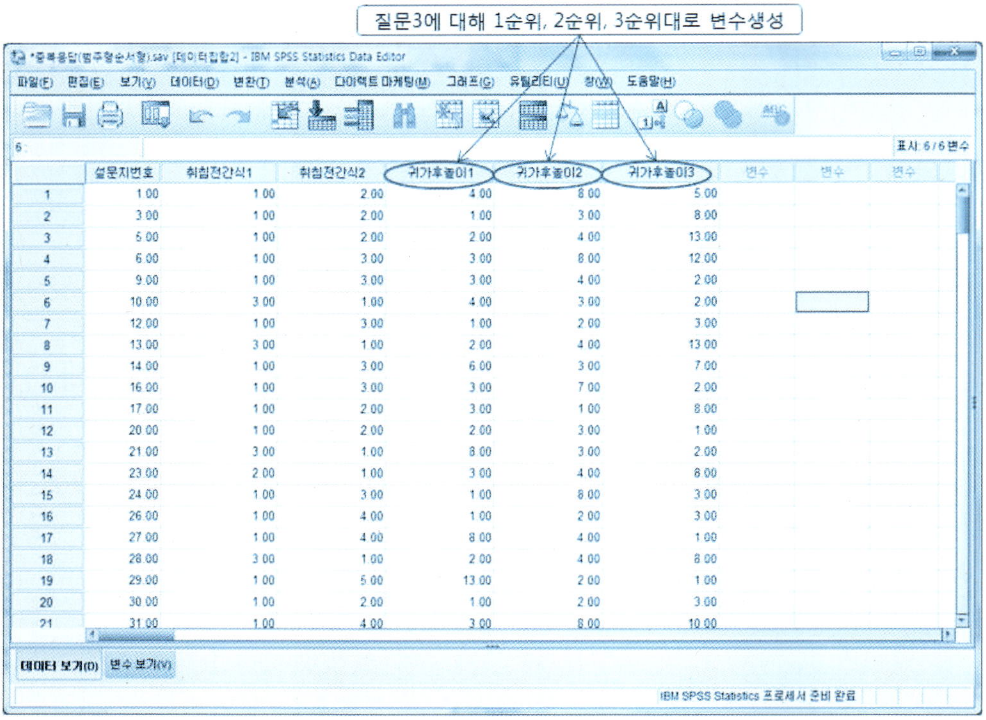

② 순서형 다중응답 분석의 실행

다중응답(순서형) 데이터를 열고 【메뉴 → 분석 → 기술통계량 → 빈도분석】을 선택한다.

그림6.46 SPSS 데이터 편집기

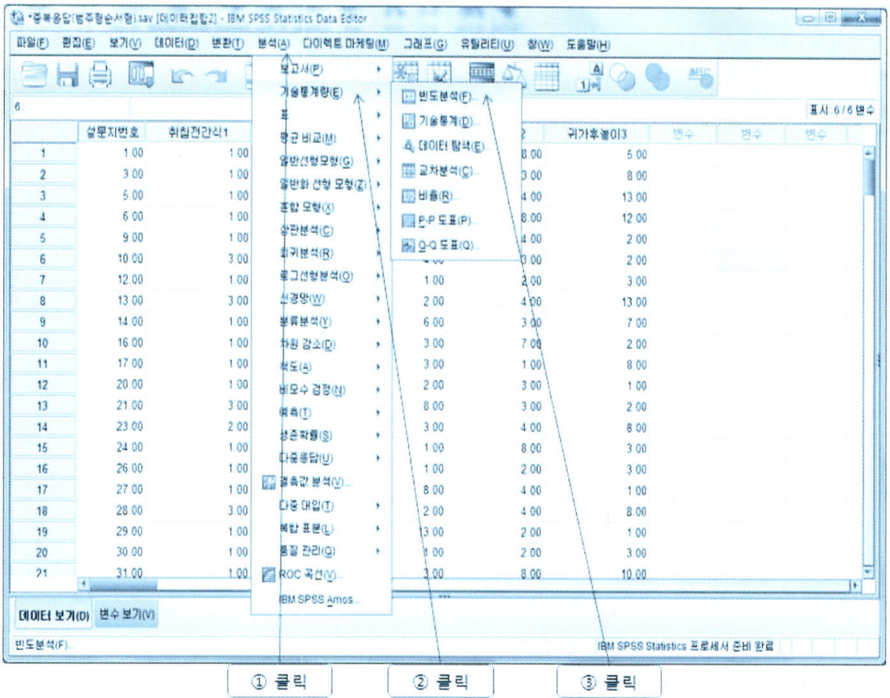

빈도분석 창이 뜨면 가장 많이 하는 놀이의 순으로 【변수(V)】상자에 선택하여 이동시킨 후 확인을 클릭한다.

그림6.47 빈도분석

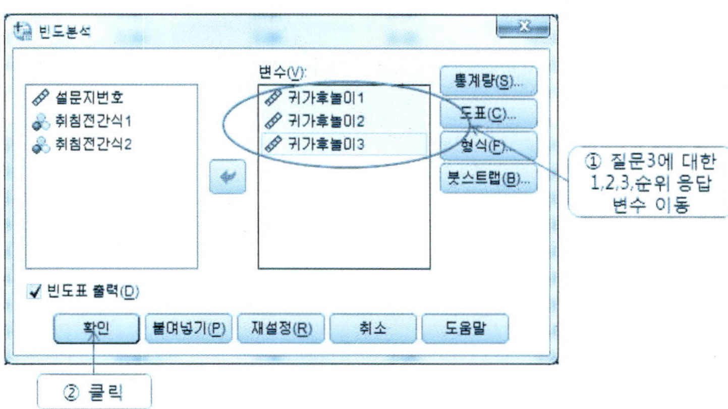

③ 결과표 해석

가. 통계량

그림6.48 다중응답 빈도분석 결과표(1)

통계량

		귀가후놀이1	귀가후놀이2	귀가후놀이3
N	유효	190	190	190
	결측	0	0	0

질문 3에 대한 순위별 응답한 사례수를 나타낸다. 각 순위에 대하여 각각 190명씩 응답하였다.

나. 다중응답 빈도분석 결과

그림6.49 다중응답 빈도분석 결과표(2)

귀가후놀이1

		빈도	퍼센트	유효 퍼센트	누적퍼센트
유효	그림그리기	35	18.4	18.4	18.4
	책보기	23	12.1	12.1	30.5
	소꿉놀이,장난감놀이	47	24.7	24.7	55.3
	텔레비전,비디오시청	49	25.8	25.8	81.1
	비디오,인터넷게임	3	1.6	1.6	82.6
	공작,만들기활동	1	.5	.5	83.2
	음악활동	2	1.1	1.1	84.2
	블록놀이	14	7.4	7.4	91.6
	자전거타기	1	.5	.5	92.1
	공놀이	2	1.1	1.1	93.2
	신체활동	7	3.7	3.7	96.8
	공원에서놀기	3	1.6	1.6	98.4
	그외	3	1.6	1.6	100.0
	합계	190	100.0	100.0	

귀가후놀이2

		빈도	퍼센트	유효 퍼센트	누적퍼센트
유효	그림그리기	20	10.5	10.5	10.5
	책보기	25	13.2	13.2	23.7
	소꿉놀이.장난감놀이	55	28.9	28.9	52.6
	텔레비전.비디오시청	36	18.9	18.9	71.6
	비디오.인터넷게임	8	4.2	4.2	75.8
	공작.만들기활동	4	2.1	2.1	77.9
	음악활동	3	1.6	1.6	79.5
	블록놀이	22	11.6	11.6	91.1
	카드놀이	1	.5	.5	91.6
	자전거타기	4	2.1	2.1	93.7
	공놀이	1	.5	.5	94.2
	신체활동	7	3.7	3.7	97.9
	공원에서놀기	3	1.6	1.6	99.5
	그외	1	.5	.5	100.0
	합계	190	100.0	100.0	

귀가후놀이3

		빈도	퍼센트	유효 퍼센트	누적퍼센트
유효	그림그리기	19	10.0	10.0	10.0
	책보기	44	23.2	23.2	33.2
	소꿉놀이.장난감놀이	23	12.1	12.1	45.3
	텔레비전.비디오시청	25	13.2	13.2	58.4
	비디오.인터넷게임	8	4.2	4.2	62.6
	공작.만들기활동	3	1.6	1.6	64.2
	음악활동	9	4.7	4.7	68.9
	블록놀이	22	11.6	11.6	80.5
	카드놀이	1	.5	.5	81.1
	자전거타기	3	1.6	1.6	82.6
	공놀이	1	.5	.5	83.2
	신체활동	11	5.8	5.8	88.9
	공원에서놀기	17	8.9	8.9	97.9
	자연활동	1	.5	.5	98.4
	그외	3	1.6	1.6	100.0
	합계	190	100.0	100.0	

빈도분석 결과, 빈도와 퍼센트, 유효퍼센트, 누적퍼센트가 산출되었다. 응답자가 선택한 자녀의 귀가 후 놀이 1순위 중 가장 많이 하는 놀이로는 '텔레비전, 비디오 시청'으로 전체 190명 중 49명이 선택하였으며, 25.8%으로 나타났다. 그 다음 '소꿉놀이, 장난감놀이'(47명, 24.7%), '그림그리기'(35명, 18.4%), '책보기'(23명, 12.1%), '블록 놀이'(14명, 7.4%), '줄넘기, 숨바꼭질, 술래잡기 등 또래간의 신체활동'(7명, 3.7%), '비디오, 인터넷게임/공원에서 놀기/기타'(각각 3명, 1.6%), '피아노치기, 노래 부르기 등 음악활동/야구 축구 피구 등 공놀이'(각각 2명, 1.1%), '공작(만들기)활동/자전거 타기'(각각 1명, 0.5%)의 순으로 나타났다. 2순위와 3순위 역시 이와 마찬가지로 해석할 수 있다.

④ 보고서 제시양식

〈표6.5〉 자녀의 귀가 후 놀이 현황(중복응답)

(N=190)

구분	1순위	2순위	3순위
	빈도(%)	빈도(%)	빈도(%)
그림그리기	35(18.4)	20(10.5)	19(10.0)
책보기	23(12.1)	25(13.2)	44(23.2)
소꿉놀이, 장난감놀이	47(24.7)	55(28.9)	23(12.1)
텔레비전, 비디오 시청	49(25.8)	36(18.9)	25(13.2)
비디오, 인터넷게임	3(1.6)	8(4.2)	8(4.2)
공작(만들기)활동	1(0.5)	4(2.1)	3(1.6)
피아노치기, 노래 부르기 등 음악활동	2(1.1)	3(1.8)	9(4.7)
블록 놀이	14(7.4)	22(11.6)	22(11.6)
카드놀이	-	1(0.5)	1(0.5)
자전거 타기	1(0.5)	4(2.1)	3(1.6)
야구,축구, 피구 등 공놀이	2(1.1)	1(0.5)	1(0.5)
줄넘기, 숨바꼭질, 술래잡기 등 또래 간의 신체활동	7(3.7)	7(3.7)	11(5.8)
공원에서 놀기	3(1.6)	3(1.6)	17(8.9)
곤충잡기, 식물관찰 등 자연활동	3(1.6)	1(0.5)	1(0.5)
그 외	-	-	3(1.6)
합계	190(100.0)	190(100.0)	190(100.0)

순서형 다중응답 보고서는 연구자의 필요에 따라서 중요도 순을 결정해야 한다할 때, 가중치를 두어 살펴볼 수도 있다. 가중치를 부여하는 비율은 연구자가 선행연구를 통한 이론적 근거에 따라, 또는 현장에서의 경험에 근거한 논리에 따라서, 또는 순위의 중요도에 따라서 부여비율을 달리 할 수 있다. 질문 3의 경우 어떠한 중요도가 부여된 것이 아니므로, 단순한 순위에 맞춰서 <표 6-5>와 같이 정리할 수 있다.

해석 자녀가 귀가 후 가장 많이 하는 놀이를 순서대로 정리한 결과를 살펴보면, 1순위에서는 텔레비전, 비디오 시청이 가장 비율이 높았으며, 2순위에서는 소꿉놀이, 장난감 놀이가 차지하였고, 3순위는 책보기가 가장 높은 비율을 차지하였다. (대체로 1순위로 선택한 항목을 모두 나열하고, 2순위, 3순위도 마찬가지로 차지한 비율별로 서술한다.)

07

교차분석과 카이검증

1/ 교차분석

2/ 카이검증

1 교차분석

교차분석은 두 변수가 범주형 변수로 측정된 경우에 이들 두 개의 변수를 동시에 고려하면서 빈도를 분석하는 방법이다. 예를 들면 주부의 취업유무에 따른 친환경 농산물에 대한 만족여부를 알고자 한다면 교차분석을 사용하면 된다. 교차표에는 취업주부의 경우 친환경농산물을 만족한 빈도와 불만족한 빈도 그리고 전업주부의 경우 친환경농산물을 만족한 빈도와 불만족한 빈도를 제시한다.

여기서는 앞에서 사용한 친환경농산물 자료를 사용하여 주부의 교육수준과 친환경농산물에 대한 만족여부에 대한 빈도를 살펴보기 위해 교차분석을 사용해보자.

1) 교차분석의 실행

① 교차분석은 【메뉴 → 분석 → 기술통계량 → 교차분석】을 선택하면 된다.

② 【행】에는 교차표에서 세로방향으로 제시될 변수를 선택하는데, 여기서는 주부의 교육수준을 선택한다.

③ 【열】에는 교차표에서 가로방향에 지시될 변수를 선택하는데, 여기에서는 친환경농산물에 대한 만족여부를 선택한다.

그림7.1 SPSS 데이터 편집기

그림7.2 교차분석 초기화면

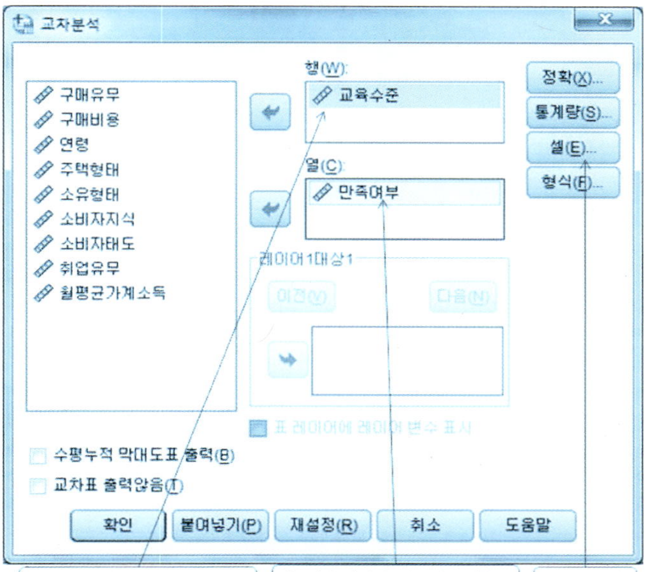

2) 옵션선택

교차분석 창의 오른쪽에는 정확, 통계량, 셀, 형식의 옵션이 있지만 교차분석을 할 경우에는 셀에 대한 선택만 하면 된다.

① 여기서는 조사결과 관찰된 빈도를 보여주는 관측빈도를 선택한다.

② 퍼센트는 교차표 결과를 제시할 때 백분율을 보여주는 것이다. 【행】의 퍼센트를 선택하면 가로방향의 합계가 100%가 되도록 결과를 제시하며, 【열】의 퍼센트를 선택하면 세로방향의 합계가 100%가 되도록 결과를 보여준다. 【전체】를 선택하면 가로와 세로 방향 모두 합계가 100%가 되도록 결과를 제시하는데, 이 경우 교차표가 복잡하여 결과를 읽기 어려울 수도 있다. 여기서는 【행】의 퍼센트를 선택한다.

그림7.3 spss 교차분석: 셀 출력

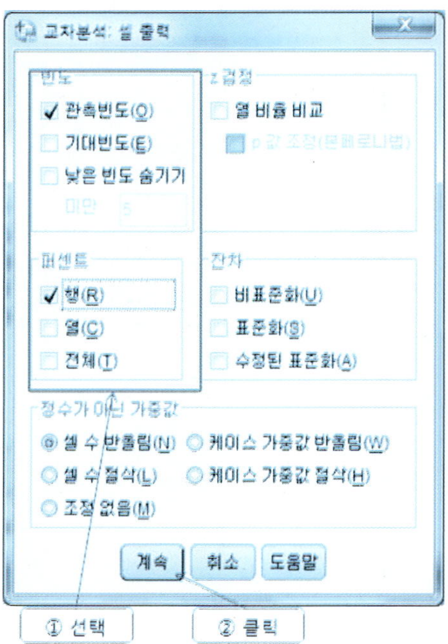

3) 결과표 해석

(1) 케이스 처리요약

교차분석을 실시하면 전체과정에 대한 요약표가 제시된다. 이를 보면 전체응답자 486명이고 결측값 22명을 제외한 464명이 유효한 값임을 알 수 있다.

그림7.4 케이스 처리요약

케이스 처리 요약

	케이스					
	유효		결측		전체	
	N	퍼센트	N	퍼센트	N	퍼센트
교육수준 * 만족여부	464	95.5%	22	4.5%	486	100.0%

그림7.5 교육수준과 만족여부의 교차표

교육수준 * 만족여부 교차표

			만족여부		전체
			만족	불만족	
교육수준	고졸이하	빈도	120	86	206
		교육수준 중 %	58.3%	41.7%	100.0%
	전문대졸	빈도	35	27	62
		교육수준 중 %	56.5%	43.5%	100.0%
	대졸이상	빈도	129	67	196
		교육수준 중 %	65.8%	34.2%	100.0%
전체		빈도	284	180	464
		교육수준 중 %	61.2%	38.8%	100.0%

① 빈도
② 퍼센트

(2) 교차분석표

① 각 셀에 해당되는 빈도를 나타낸다. 고졸이하 만족한 사람은 120명, 고졸이하 불만족한 사람은 86명, 전문대졸 만족한 사람은 35명, 전문대졸 불만족한 사

람은 27명, 대졸이상 만족한 사람은 129명, 대졸이상 불만족한 사람은 67명으로 모두 464명이다. 이중 만족한 사람은 284명, 불만족한 사람은 180명이다. 교육수준별로는 고졸이하 206명, 전문대졸 62명, 대졸이상은 196명이다.

② 이것은 교육수준에 따른 만족여부의 퍼센트를 나타낸 것이다. 가로로 읽으면 된다. 고졸이하가 206명을 100%로 할 때 만족은 58.3%, 불만족은 41.7%이다. 전문대졸의 경우 56.5%는 만족하고 43.5%는 불만족하였다. 대졸 이상의 경우 65.8%는 만족하고 34.2%는 불만족 하였다. 전체 대상자 중 만족은 61.2%, 불만족은 38.8%이다.

4) 보고서 제시 양식

위의 결과표를 보고서로 제시할 경우에는 연구자가 관심 있는 변수에 대한 빈도와 백분율을 나타내면 된다. 여기서는 주부의 교육수준별 친환경농산물에 대한 만족여부를 알아보고자 한다면 다음과 같이 표를 제시하면 된다.

[표7.1] 주부 교육수준별 친환경농산물 만족여부 빈도 (n=464)

구분	친환경농산물 만족	친환경농산물 불만족	전체
고졸이하	120(58.3)	86(41.7)	206(100.0)
전문대졸	35(56.5)	27(43.5)	62(100.0)
대졸이상	129(65.8)	67(34.2)	196(100.0)
전체	284(61.2)	180(38.8)	464(100.0)

2 카이검증

카이검증은 독립변수와 종속변수 모두 범주형 변수일 경우에 사용하는 통계방법이다. 카이검증은 특정 속성에 대하여 집단별로 어떤 차이가 있는지를 알아보기 위해 사용한다. 앞에서 사용한 예에서, 주부의 교육수준에 따라 친환경농산물에 대한 만족여부에 차이가 있는가를 분석할 경우 카이검증을 사용한다.

1) 카이검증의 기본가정

① 검증하고자 하는 두 변수는 상호 독립적이어야 한다. 예를 들면 초, 중, 고 학생들에게 장래 희망직업을 여러 개 선택하라고 하여 한 학생의 응답이 교사와 사회사업가로 나타났다면 이는 두변수가 상호 독립적이라고 볼 수 없다. 즉 어떤 칸에 해당된 사례는 다른 칸에 해당된 사례와 상관없는 독립적 관계이어야 한다.

② 관측빈도가 0 또는 1인 셀이 많은 경우에는 카이검증을 실시할 수 없다. 이것은 응답이 없는 경우가 많다는 것을 나타내기 때문이다.

③ 전체 사례수가 30이상이어야 하고 기대빈도가 5이하인 셀이 전체의 20%이하일 경우에만 카이검증을 실시할 수 있다.

2) 카이검증의 실행

연구자는 주부의 연령대에 따라 친환경농산물에 대한 만족여부에 차이가 있는가를 살펴보고자 한다. 이 경우 귀무가설과 대립가설은 다음과 같다.

H_0: 주부의 연령대에 따라 친환경농산물에 대한 만족여부는 차이가 없을 것이다.
H_1: 주부의 연령대에 따라 친환경농산물에 대한 만족여부는 차이가 있을 것이다.

① 카이검증은 앞에서 공부한 교차분석과 동일하게 【메뉴 → 분석 → 기술통계량 → 교차분석】을 선택한다.

② 여기서 【행】에는 독립변수인 주부의 연령대를 선택하고, 【열】에는 종속변수인 친환경농산물에 대한 만족여부를 선택한다.

그림7.6 SPSS 데이터 편집기

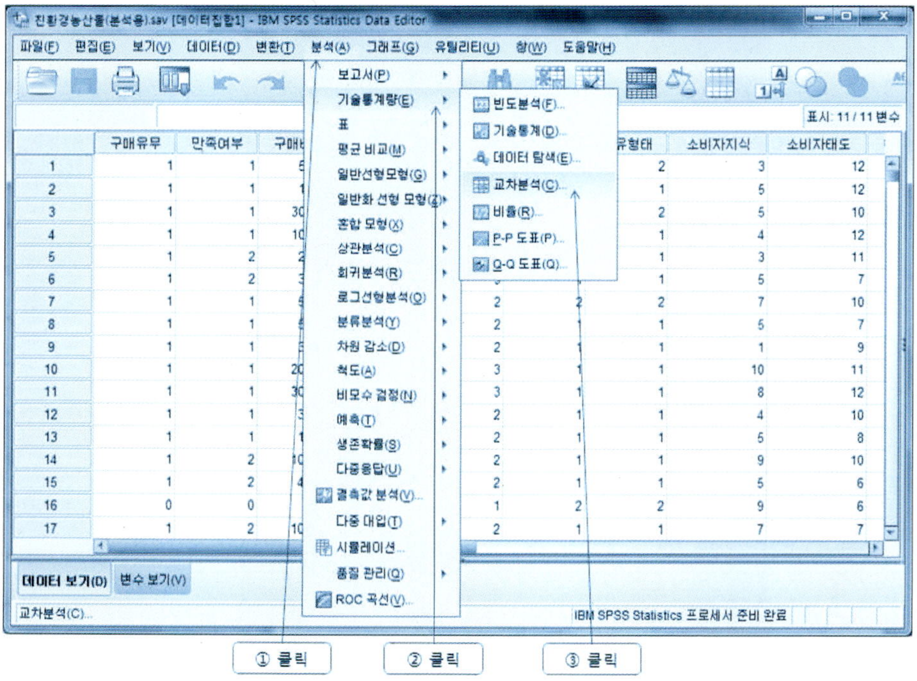

그림7.7 spss 카이검증 초기화면

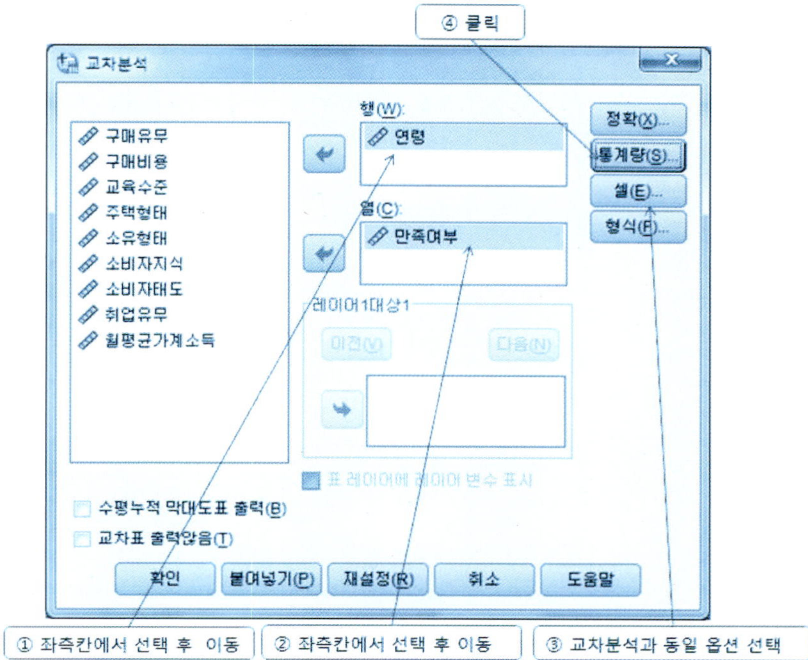

3) 옵션의 선택

① 셀 선택

교차분석과 동일하게 【빈도】는 관측빈도를 선택하고, 【퍼센트】는 행의 퍼센트를 선택한다. 여기서는 독립변수인 주부의 연령대를 행에 입력하였기 때문에 행의 퍼센트를 선택한다.

그림7.8 카이검증: 셀 출력

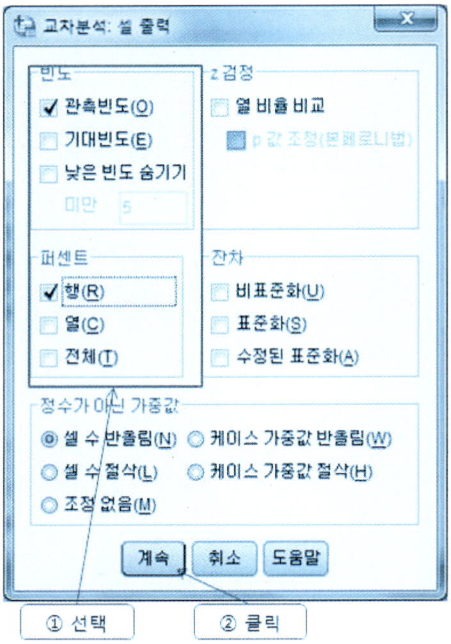

② 통계량

통계량 중에서 【카이제곱】을 선택하면 카이검증이 실시된다.

③ 만일 카이검증 결과 독립변수에 따라 종속변수가 유의한 차이가 있다고 할 경우 두 변수간의 상관관계의 크기를 분석할 수 있다. 두 변수가 명목척도일 경우에는 분할계수, 파이 및 크레이머 V, 람다, 불확실성 계수들 중에서 선택할 수 있는데, 일반적으로 파이 및 크레이머 V를 많이 사용한다.
두 변수가 서열척도일 경우에는 감마, Sommers의 d, Kendall의 타우-b, Kendall의 타우-c 중에서 선택할 수 있다. 독립변수가 명목척도이고 종속변수가 등간척도일 경우에는 에타를 선택한다.

④ 여기서 두 변수(주부의 연령대, 친환경농산물에 대한 만족여부)는 명목척도이므로 두 변수 간 상관을 알기 위해 파이 및 크레이머 V를 선택한다.

그림7.9 카이검증의 통계량

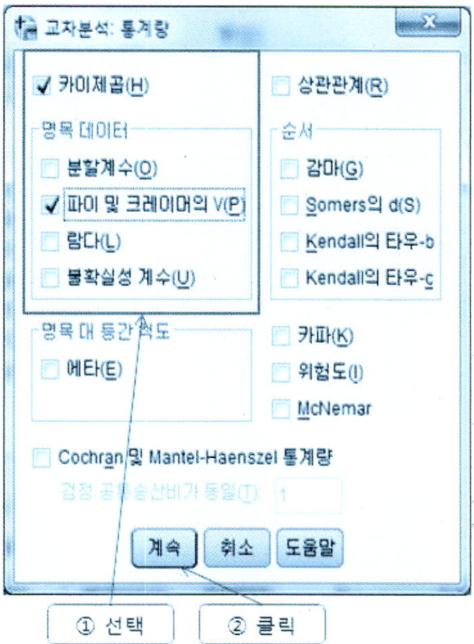

4) 결과표 해석

(1) 케이스 처리요약

조사대상자 전체 수는 486명이며, 결측값이 22명으로 464명이 유효함을 알 수 있다.

그림7.10 케이스 처리요약

케이스 처리 요약

	케이스					
	유효		결측		전체	
	N	퍼센트	N	퍼센트	N	퍼센트
연령대 * 만족여부	464	95.5%	22	4.5%	486	100.0%

(2) 두 변수간 교차표

그림7.11 주부연령대와 만족여부의 교차표

연령대 * 만족여부 교차표

			만족여부		전체
			만족	불만족	
연령대	20대	빈도	17	6	23
		연령대 중 %	73.9%	26.1%	100.0%
	30대	빈도	116	92	208
		연령대 중 %	55.8%	44.2%	100.0%
	40대	빈도	112	58	170
		연령대 중 %	65.9%	34.1%	100.0%
	50대	빈도	39	24	63
		연령대 중 %	61.9%	38.1%	100.0%
전체		빈도	284	180	464
		연령대 중 %	61.2%	38.8%	100.0%

해석 주부 연령대에 따른 친환경농산물에 대한 만족여부에 대한 빈도와 퍼센트를 나타내고 있다. 응답자인 주부의 연령은 20대 23명, 30대 208명, 40대 170명, 50대 이상 63명이다. 20대 23명 중 만족한 사람은 17명(73.9%)이고, 불만족한 사람은 6명(26.1%)이다. 30대 208명 중 만족한 사람은 116명(55.8%), 불만족한 사람은 92명(44.2%)이다. 40대 170명 중 만족한 사람은 112명(65.9%), 불만족한 사람은 58명(34.1%)이다. 50대 이상 63명 중 만족한 사람은 39명(61.9%), 불만족한 사람은 24명(38.1%)이다. 전체 464명 중 만족한 사람은 284명(61.2%), 불만족한 사람은 180명(38.8%)이다.

(3) 카이검증 결과표

그림7.12 카이제곱 검증

카이제곱 검정

	값	자유도	점근 유의확률 (양측검정)
Pearson 카이제곱	5.732[a]	3	.125
우도비	5.808	3	.121
선형 대 선형결합	.515	1	.473
유효 케이스 수	464		

a. 0 셀 (0.0%)은(는) 5보다 작은 기대 빈도를 가지는 셀입니다. 최소 기대빈도는 8.92입니다.

① Pearson 카이제곱 값

피어슨 카이제곱 값은 5.732이다.

② 점근 유의확률

제시된 p값을 이용하여 귀무가설의 채택여부를 결정한다. 분석결과 p값이 .05보다 크기 때문에 귀무가설을 기각하지 못하므로 주부의 연령대에 따라 친환경농산물에 대한 만족여부는 유의한 차이가 없다고 결론을 내린다.

(4) 상관검증 결과표

그림7.13 상관검증 결과표

대칭적 측도

		값	근사 유의확률
명목척도 대 명목척도	파이	.111	.125
	Cramer의 V	.111	.125
유효 케이스 수		464	

① 파이계수

독립변수와 종속변수가 명목척도이면서 2개씩 범주를 갖는 경우 두 변수간의 상관관계를 나타내는 지수이다.

② 크레이머 V

독립변수와 종속변수가 모두 명목척도이지만 각 변수의 범주가 2개 이상인 경우에 두 변수간의 상관계수를 나타내는 지수이다. 여기서는 주부의 연령대가 4가지 범주(20대, 30대, 40대, 50대 이상)이고 친환경농산물에 대한 만족여부가 2가지 범주이므로 4×2 교차표에 해당하여 크레이머 V를 읽는 것이 적절하다. 여기서 크레이머 V는 .111으로 나타났고, 근사유의 확률이 p가 .05보다 큰 것으로 나타났다. 따라서 연령대와 만족여부의 두 변수간에 상관이 없다고 결론 내릴 수 있다. 그런데 크레이머 V의 의한 효과크기를 평가할 때에는 변수 중에서 범주의 수가 작은 쪽을 기준으로 [표7.2]와 같이 제시할 수 있다. 예컨대 2×3의 경우에는 2를, 3×5의 경우에는 3을 기준으로 보면 된다. 여기 결과표의 경우 4×2의 교차표이고 크레이머 V값이 .111이므로 두 변수의 상관크기가 중간보다 작다고 해석할 수 있다.

[표7.2] 크레이머 V의 평가기준

교차표에서 범주의 작은 값	두변수간의 상관 크기		
	작음	중간	큼
2	.10	.30	.50
3	.07	.21	.35
4	.06	.17	.29

출처: 이학식, 임지훈(2009). SPSS 16.0 매뉴얼. P179.

5) 보고서 제시양식

카이제곱 결과를 보고서에 제시할 경우에는 알아보고자 하는 변수에 대한 빈도와 백분율, 카이제곱 값을 제시하면 된다. 그리고 카이제곱의 유의확률은 결과가 유의한 경우에만 카이제곱 값에 *를 사용(* p < .05, ** p < . 01, *** p < .001)하여 표시한다. 주부의 연령대에 따른 친환경농산물에 대한 만족여부의 결과를 제시하면 다음과 같다.

[표7.3] 주부의 연령대에 따른 친환경농산물 만족여부에 대한 카이검증

구분	친환경농산물 만족	친환경농산물 불만족	전체	카이제곱
20대	17(73.9)	6(26.1)	23(100.0)	5.732
30대	116(55.8)	92(44.2)	208(100.0)	
40대	112(65.9)	58(34.1)	170(100.0)	
50대	39(61.9)	24(38.1)	63(100.0)	
전체	284(61.2)	180(38.8)	464(100.0)	

해석 주부의 연령대에 따라서 친환경농산물에 대한 만족여부에 차이가 있는지를 알아보기 위하여 연령대를 독립변인으로, 만족여부를 종속변인으로 하여 카이검증을 실시한 결과 χ^2=5.732로 통계적으로 유의한 차이가 없는 것으로 나타났다(p >.05). 따라서 주부의 연령대에 따른 친환경농산물에 대한 만족여부는 차이가 없다.

6) 카이검증의 예

[표7.4] 성인 소비자의 자동차 라이프스타일 유형별 사회인구학적 특성

(N=1,000)

구 분		적극적 자동차 라이프스타일 추구집단 (n=356)	일반적 자동차 라이프스타일 추구집단 (n=409)	실용적 자동차 라이프스타일 추구집단 (n=235)	전체(%)	χ
성별	남자	224(22.4)	239(23.9)	129(12.9)	592(59.2)	3.944
	여자	132(13.2)	170(17.0)	106(10.6)	409(40.9)	
연령	20대	110(11.0)	119(11.9)	498(49.8)	278(27.8)	12.760*

	30대	130(13.0)	167(16.7)	88(8.8)	385(38.5)	
	40대 이상	116(11.6)	123(12.3)	98(9.8)	337(33.7)	
거주지	서울/인천/경기	184(18.4)	175(17.5)	101(10.1)	460(46.0)	8.725
	경상/부산/울산	85(8.5)	128(12.8)	75(7.5)	288(28.8)	
	전라/충청/강원/제주	87(8.7)	106(10.6)	59(5.9)	252(25.2)	
가구주 직업	전문/관리직	80(8.0)	83(8.3)	34(3.4)	197(19.7)	15.732*
	생산/기술직	47(4.7)	57(5.7)	29(2.9)	133(13.3)	
	자영업	51(5.1)	76(7.6)	32(3.2)	159(15.9)	
	사무직	130(13.0)	133(13.3)	108(10.8)	371(37.1)	
	기타	48(4.8)	60(6.0)	32(3.2)	140(14.0)	
월평균 소득	300만원미만	95(9.5)	123(12.3)	68(6.8)	286(28.6)	4.556
	300-400만원미만	92(9.2)	99(9.9)	70(7.0)	261(26.1)	
	400-500만원미만	79(7.9)	84(8.4)	49(4.9)	212(21.2)	
	500만원이상	90(9.0)	103(10.3)	48(4.8)	241(24.1)	

*p〈.05

출처: 서정희 외 4인(2011). 성인 소비자의 자동차 라이프스타일 유형별 주유소 서비스 요구도. 2011 한국소비문화학회 춘계학술대회논문집 수록.

해석 자동차 라이프스타일 유형별로 사회인구학적 특성 중 연령, 가구주 직업에서 통계적으로 유의한 차이가 있는 것으로 나타났다. 자동차 라이프스타일 유형별 연령대에 따른 차이를 살펴보면, 20대는 실용적 자동차 라이프스타일 추구집단이, 30대와 40대 이상은 일반적 자동차 라이프스타일 추구집단이 많은 것으로 나타났다(χ^2=12.760, p<.05). 가구주 직업은 전문/관리직, 생산/기술직, 자영업, 사무직, 기타 모두에서 일반적 자동차 라이프스타일 추구집단이 가장 많은 것으로 나타나(χ^2=15.732, p<.05), 유의한 차이가 있었다.

08

t - 검증

1/ 독립표본 t-검증

2/ 대응표본 t-검증

두 집단 간의 평균의 차이를 비교하는 방법에는 Z-검증과 t-검증이 있다. Z-검증을 사용하기 위해서는 모집단의 분산을 알아야하고 모집단이 정규분포를 이루어야 하는 가정이 충족되어야 한다. 반면 t-검증은 모집단의 분산을 알지 못하거나 모집단이 정규분포를 이루지 않아도 사용할 수 있기 때문에 일반적으로 두 집단 간 평균의 차이를 비교할 때 t-검증이 많이 사용되고 있다. t-검증을 사용하기 위해서는 종속변수가 등간 혹은 비율척도로 구성된 연속변수이어야 한다.

t-검증에는 독립표본 t-검증과 대응표본 t-검증이 있다. 독립표본 t-검증은 모집단이 독립적인 두개의 집단일 때 두 집단 간 평균의 차이를 비교하기 위해 사용하는 방법이다. 예를 들면 대학생들의 성별에 따른 통계학 점수의 차이를 분석하는 경우 남학생 집단과 여학생집단은 서로 다른 독립적인 집단이며, 이 경우 독립표본 t-검증을 사용한다.

대응표본 t-검증은 표본을 추출하는 과정이 독립적이지 않으며, 따라서 모집단은 두 개가 아니라 하나일 경우 사용하는 방법이다. 예를 들어 사전검사와 사후검사처럼, 학생들을 대상으로 저나트륨 영양교육을 실시하기 전과 실시한 이후 일일 평균 나트륨섭취량을 비교하는 경우에는 대응표본 t-검증을 적용해야 한다.

1 독립표본 t-검증

친환경농산물 자료를 사용하여 주부의 취업유무에 따라 친환경농산물 구매비용에 차이가 있는가를 분석하기로 한다. 이 경우 독립변수는 취업유무로서, 취업한 집단과 취업하지 않은 집단(전업주부)으로 독립된 두 집단으로 구성되어 있고, 종속변수는 친환경농산물 구매비용으로서 비율척도로 측정되었다.

이 경우 귀무가설과 대립가설은 다음과 같이 설정된다.

H_0: $\mu_1 = \mu_2$ (취업집단과 비취업집단간에 구매비용은 차이가 없다.)

H_1: $\mu_1 \neq \mu_2$ (취업집단과 비취업집단간에 구매비용은 차이가 있다.)

1) 독립표본 t-검증 실행

① 친환경농산물 데이터를 불러와서【메뉴 → 분석 → 평균비교 → 독립표본 T 검정】을 선택한다.

그림8.1 SPSS 데이터 편집기

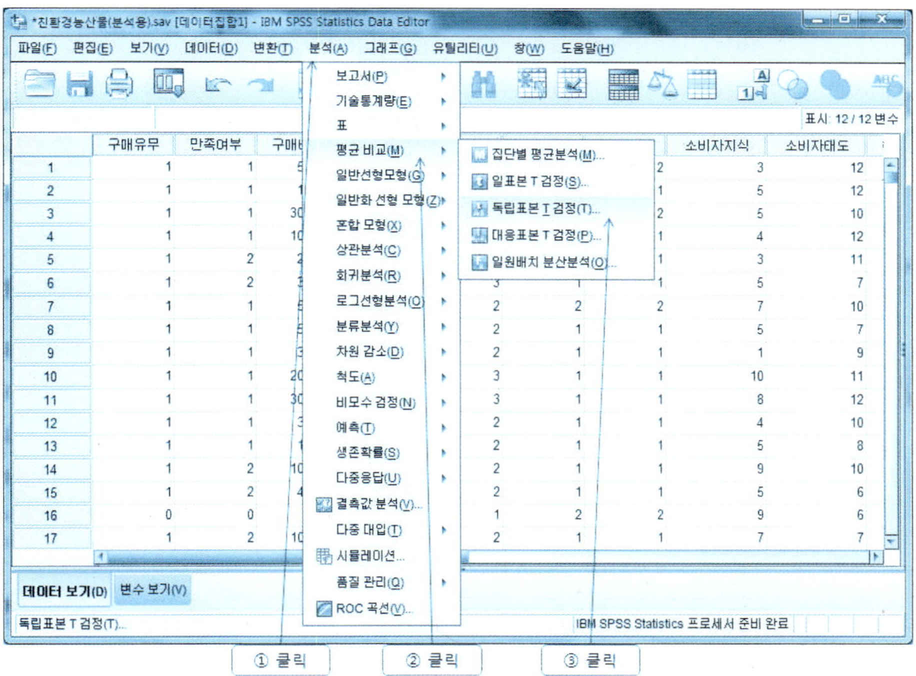

② 독립표본 t-검증 창이 열리면, 【검정변수】에는 종속변수인 구매비용을 선택하고, 【집단변수】에는 독립변수인 취업유무를 선택한다.

그림8.2 독립표본 t검증 대화상자

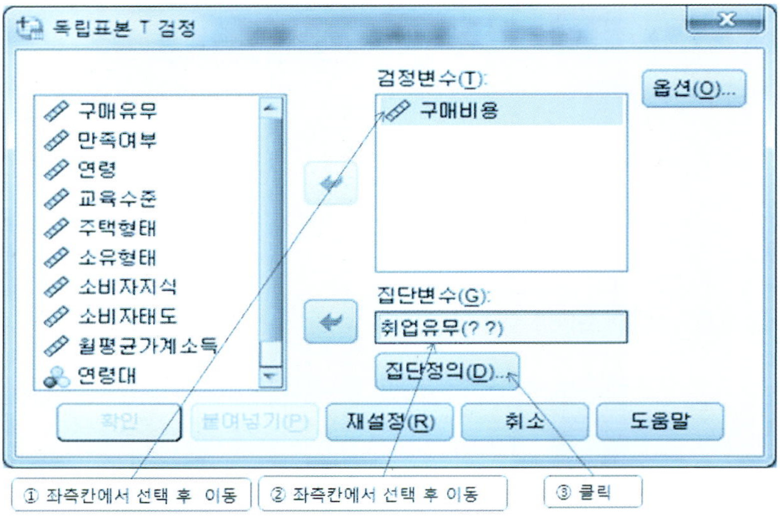

③ 【집단정의】를 클릭하여, 집단 1에는 0(취업주부), 집단 2에는 1(전업주부)을 입력한다.

그림8.3 집단정의 대화상자

④ 옵션을 선택하면 t-검증에서의 신뢰구간을 정하는 창이 열린다. 아무 선택도 하지 않으면 95% 신뢰구간이 기본적으로 설정되게 되며, 필요에 따라 값을 변경할 수도 있다.

그림8.4 SPSS 옵션: 신뢰구간

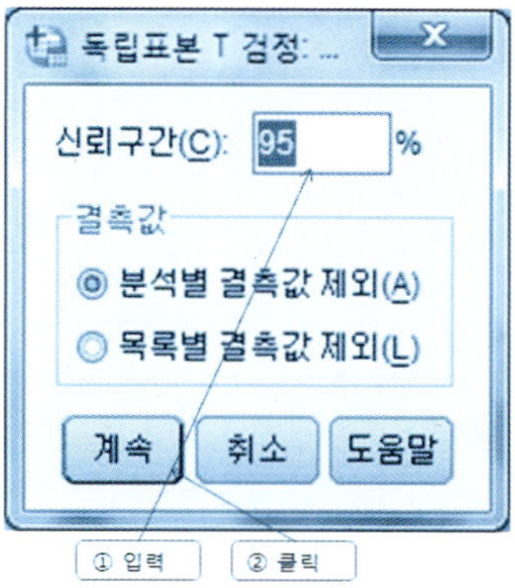

2) 결과표 해석

(1) 집단통계량

집단통계량에는 취업주부와 전업주부의 사례수, 구매비용에 대한 평균과 표준편차를 제시하고 있다. 취업주부의 친환경농산물 월평균 구매비용은 87,977원이며, 비취업주부(전업주부)의 구매비용은 95,114원으로 나타났다.

그림8.5 SPSS 독립표본 통계량

집단통계량

	취업유무	N	평균	표준편차	평균의 표준오차
구매비용	취업주부	267	87,977.53	86,504.984	5,294.019
	전업주부	219	95,114.16	94,487.321	6,384.861

(2) 독립표본 t-검증 결과

① Levene의 등분산성 검증

이것은 독립변수의 두 집단간 분산이 동일한지를 검증하는 것이다. 귀무가설은 “두 집단 간 분산이 동일하다”이며, 제시된 F값의 유의확률이 .123으로 p< .05에서 귀무가설을 기각할 수 없다. 즉 두 집단 간 등분산성의 가정이 성립됨을 알 수 있다. 따라서 결과표는 등분산성이 가정되는 윗줄을 읽어야 한다.

그림8.6 취업유무에 따른 구매비용의 차이검증

독립표본 검정

		Levene의 등분산 검정		평균의 동일성에 대한 t-검정						
		F	유의확률	t	자유도	유의확률 (양쪽)	평균차	차이의 표준오차	차이의 95% 신뢰구간 하한	차이의 95% 신뢰구간 상한
구매비용	등분산이 가정됨	2.389	.123	-.868	484	.386	-7,136.627	8,222.206	-23,292.254	9,018.999
	등분산이 가정되지 않음			-.860	447.458	.390	-7,136.627	8,294.160	-23,436.972	9,163.718

② t값과 유의확률

t-검증결과 나타난 t값은 -.868이고, 유의확률은 .386으로 이 값이 p<.05보다 크기 때문에 귀무가설을 기각할 수 없다. 즉, 취업주부와 비취업주부간에 친환경농산물 구매비용은 유의한 차이가 없다고 결론을 내릴 수 있다.

3) 보고서 제시양식

보고서에 t-검증 결과를 제시할 때에는 각 집단별 사례수와 평균, t값을 제시하면 된다. 유의확률은 수치를 표기하지 않고, 유의한 경우에만 t값에 *로 표시한다. 일반적으로 p < .05인 경우에는 *, p < .01인 경우에는 **, 그리고 p < .001인 경우에는 ***으로 표시한다. t값을 제시할 때에는 일반적으로 소수점 이하 세 자리에서 반올림하여 소수점 두 자리까지 제시한다.

[표8.1] 취업유무에 따른 친환경농산물 구매비용에 대한 t-검증

구분		n	구매비용 평균	t값
취업유무	취업집단	267	87,977원	-.87
	비 취업집단	219	95,114원	

해석 주부의 취업유무에 따른 친환경농산물 구매비용의 차이를 분석하기 위해 t-검증한 결과 취업집단과 비 취업집단 간에 유의한 차이가 없는 것으로 나타났다.

4) 독립표본 t-검증의 예

[표8.2] 인구통계학적 변수에 따른 만족도 차이

변수	구분	만족도 하위변수				
		주제공서비스	부대시설	판촉서비스	음식	입지
성별	남	4.85	4.09	4.57	4.70	4.66
	여	4.80	4.03	4.22	4.78	4.42
	t값	.455	.483	2.359*	-.606	1.567
학력	고졸이하	4.72	4.02	4.22	4.61	4.24
	대재이상	4.86	4.06	4.42	4.80	4.64
	t값	-1.169	-.334	-1.127	-1.418	-2.413*
결혼여부	기혼	4.84	4.13	4.54	4.49	4.57
	미혼	4.82	4.03	4.32	4.81	4.50
	t값	.212	.578	1.247	-2.185*	.378
직업	학생	4.82	4.00	4.31	4.87	4.55
	일반인	4.87	4.17	4.48	4.58	4.48
	t값	-.467	-1.292	-1.181	2.333*	.437

*p 〈 .05

출처: 허은정, 김우성, 정윤선(2010). 패밀리 레스토랑 매장 내 감각체험이 고객만족에 미치는 영향. 한국생활과학회지. 19(3). 523-536.

해석 패밀리 레스토랑 매장 내 고객 만족의 사회인구학적 변인별 차이를 t검증을 통해 살펴보았다. 패밀리 레스토랑의 판촉서비스에 대한 만족도는 성

별에 따른 판촉서비스, 학력에 따른 입지, 결혼여부와 직업에 따른 음식 만족도가 통계적으로 유의한 차이를 보였다. 패밀리 레스토랑 매장 내 판촉서비스에 대해서 남성이 여성보다 만족하였으며($t = 2.359$, $p < .05$), 대학 재학 이상일 때 고졸이하보다 입지에 대해 만족하였고($t = -2.413$, $p < .05$), 미혼이 기혼보다($t = -2.185$, $p < .05$), 직업이 학생일 때 일반인보다($t = 2.333$, $p < .05$) 음식에 대해 만족하는 것을 알 수 있다.

2 대응표본 t-검증

여기서는 친환경농산물에 대해 교육효과를 측정하기 위해 주부들을 대상으로 교육을 시키기 전 소비자지식과 교육 후 소비자지식간의 점수를 비교하기로 한다. 이 경우 모집단은 상호 독립적이 아니므로 대응표본 t-검증을 사용한다. 이 경우 귀무가설은 "사전 소비자지식과 교육 후 소비자지식은 차이가 없을 것이다", 대립가설은 "사전 소비자지식과 교육 후 소비자지식은 차이를 보일 것이다"로 설정된다.

1) 대응표본 t-검증의 실행

① 친환경농산물 데이터를 불러와서 【메뉴 → 분석 → 평균비교 → 대응표본 T 검정】을 선택한다.

그림8.7 SPSS 데이터 편집기

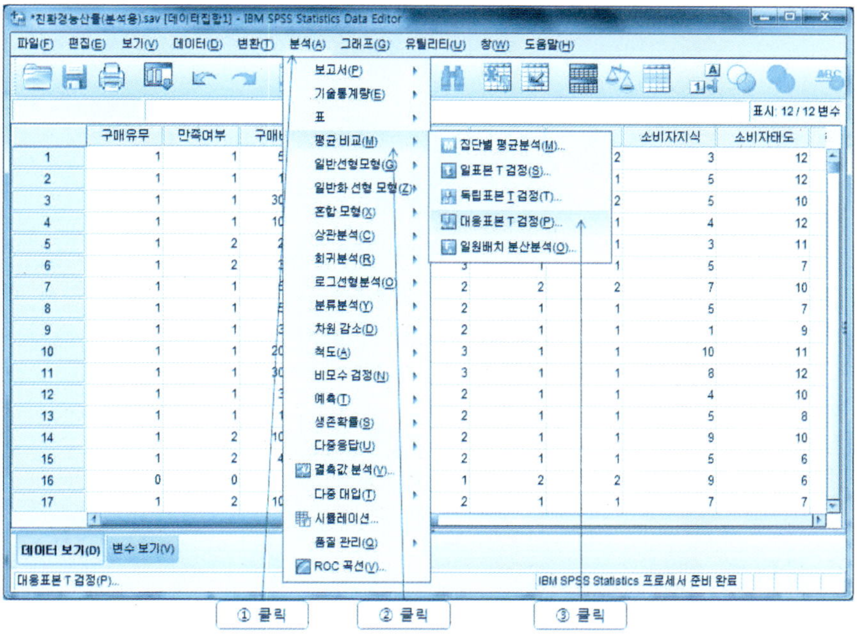

② 대응표본 t-검증창이 열리면 【대응변수】에 비교하고자 하는 두 변수를 선택한다. 여기서는 사전 소비자지식과 소비자지식을 선택한다.

그림8.8 대응표본 t검증 대화상자

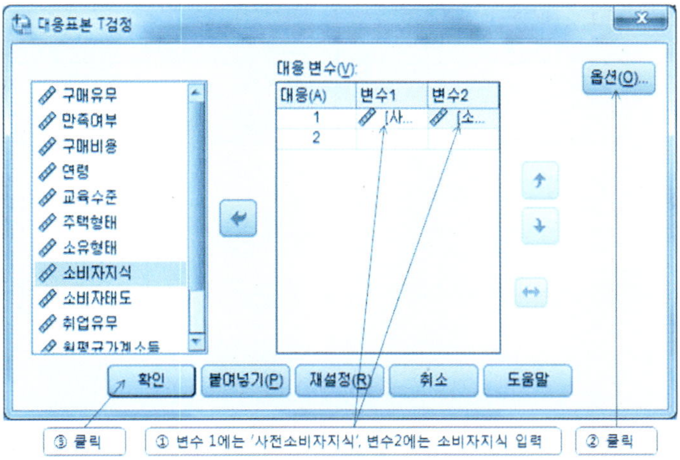

③ 옵션에서는 t-검증에서의 신뢰구간을 정하는 창이 열린다. 기본설정은 95% 신뢰구간으로 되어있고, 필요에 따라 값을 변경할 수 있다.

그림8.9 옵션: 신뢰구간

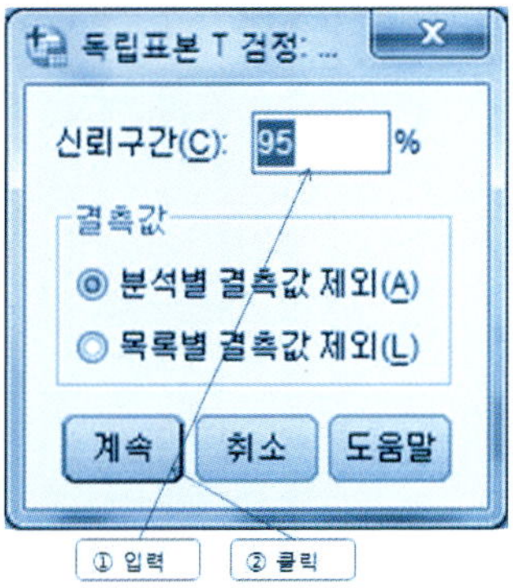

2) 결과표 해석

(1) 대응표본 통계량

그림8.10 대응표본 통계량

대응표본 통계량

		평균	N	표준편차	평균의 표준오차
대응 1	사전소비자지식	4.42	486	2.654	.120
	소비자지식	5.67	486	2.777	.126

대응표본 통계량에는 사전소비자지식 평균값과 소비자지식 평균값을 보여주고 있다. 교육 전에 소비자지식 평균점수는 4.42점이고, 교육 후 소비자지식 점수는 평균 5.67점으로 더 높게 나타났음을 알 수 있다.

(2) 대응표본 상관계수

그림8.11 대응표본 상관계수

대응표본 상관계수

	N	상관계수	유의확률
대응 1 사전소비자지식 & 소비자지식	486	.539	.000

대응표본 t-검증을 실시하면 두 변수 간 상관계수가 산출된다. 여기서는 사전 소비자지식과 교육 후 소비자지식의 상관계수는 .539로서 어느 정도 상관이 있다고 할 수 있다. 또한 상관계수의 유의확률이 .000으로 나타나서 $p < .001$에서 사전 소비자지식과 소비자지식의 상관관계가 통계적으로 유의하다고 할 수 있다.

(3) 대응표본 t-검증

그림8.12 대응표본 검증

대응표본 검정

	대응차					t	자유도	유의확률 (양쪽)
	평균	표준편차	평균의 표준오차	차이의 95% 신뢰구간 하한	차이의 95% 신뢰구간 상한			
대응 1 사전소비자지식 - 소비자지식	-1.251	2.610	.118	-1.484	-1.018	-10.568	485	.000

대응표본 t-검증 결과 t값은 -10.568이고, 유의확률은 .000으로 나타나서 $p < .001$에서 귀무가설을 기각할 수 있다. 즉 사전 소비자지식과 교육 후 소비자지식은 통계적으로 유의한 차이가 있음을 나타낸다.

3) 보고서 제시양식

대응표본 t - 검증 결과를 제시하는 방법은 기본적으로 독립표본 t-검증방식과 동일하다.

[표8.3] 사전 소비자지식과 소비자지식에 대한 대응표본 t-검증

구분	평균	t값
사전 소비자지식	4.42	-10.57***
소비자지식	5.67	

***p < .001

해석 주부들을 대상으로 이들의 사전 소비자지식의 평균은 4.42점, 교육 후 소비자지식의 평균은 5.67점으로 교육 후에 소비자지식 점수가 높았고, 이러한 차이는 통계적으로 유의한 것으로 나타났다. 즉 교육을 통해 주부들의 소비자지식 점수를 향상시킬 수 있음을 의미한다.

4) 대응표본 t검증의 예

[표8.4] 노인복지시설 요구와 이용 의도의 차이

	노인복지시설 요구		노인복지시설 이용 의도		t값
	m	SD	m	SD	
장기입소(상주)	3.33	0.98	2.48	1.04	20.018***
낮 시간만 이용	3.47	0.91	2.81	1.06	16.510***
밤 시간만 이용	3.20	0.99	2.45	0.98	18.824***
시설만 이용	3.61	0.81	3.13	1.03	12.718***
프로그램 수강	3.66	0.81	3.21	1.04	11.858***

*** p < .001

출처: 서정희, 허은정(2011). 노인복지시설에 대한 노인소비자의 요구도와 이용의도. 소비자정책교육연구. 7(1). 1-18.

해석 노인소비자의 노인복지시설에 대한 요구도와 이용 의도간의 차이를 분석하기 위해 대응표본 t-검증을 실시한 결과, 노인복지시설에 대한 요구도가 이용 의도보다 더 높은 수준인 것으로 나타났다. 장기입소(상주)할 수 있는 노인복지시설에 대한 요구도가 장기입소할 수 있는 복지시설을 이용할 의도보다 높았으며($t = 20.018$, $p < .001$), 낮시간($t = 16.510$, $p < .001$) 또는 밤 시간만($t = 18.824$, $p < .001$) 한정적으로 이용할 수 있는 노인복지시설에 대한 요구도가 그 이용 의도보다 높았다. 또한 노인복지시설의 시설부문만 이용할 수 있도록 요구하는 수준이 이용할 의도보다 높았으며($t = 12.718$, $p < .001$), 프로그램만 수강할 수 있도록 요구하는 수준이 이용할 의도보다 높았다($t = 11.858$, $p < .001$).

09

분산 분석

1/ 분산분석에 대한 이해

2/ 일원분산분석

3/ 이원분산분석

1 분산분석에 대한 이해

분산분석(ANOVA; Analysis of Variance)은 두 개 이상으로 구성된 집단들의 평균을 비교하는데 사용하는 통계분석이다. 종속변수는 등간, 비율척도로 구성된 연속변수가 되며, 독립변수는 집단을 구분하는 명목척도의 형태를 가진다. 집단의 평균을 비교하는 방법임에도 불구하고 분산이라는 용어를 사용하는 이유는 독립변수의 여러 가지 수준을 나타내는 집단 간 분산과 오차를 나타내는 집단 내 분산을 비교하여 분석이 이루어지기 때문이다. 만일 집단 간 분산과 집단 내 분산의 비율(F ratio)이 충분히 클 경우, 독립변수의 여러 수준에 따라 종속변수는 유의한 차이를 보인다고 할 수 있다. 분산분석은 독립변수가 하나일 경우 일원분산분석(one-way ANOVA), 두 개일 경우 이원분산분석(two-way ANOVA)으로 구분한다.

1) 분산분석의 기본원리

분산분석은 종속변수에 대한 독립변수의 집단 간 평균의 차이를 검증하기 위해서 사용된다. 분산분석의 기본원리는 집단을 구분하는 독립변수의 차이에 따른 종속변수의 변화(집단 간 분산)와 동일한 변수값을 갖는 집단 내에서 종속변수의 변화(집단 내 분산)를 비교하여 통계적으로 유의한 차이를 보이는지를 테스트하는 방법이다.

(1) 분산분석의 가설검증

예를 들어 연구자가 교육방법에 따라 학생들의 성적에 차이가 있는가를 연구한다고 가정하자. 여기서 독립변수는 교육방법이며, 교육방법은 세 가지- 교사의 일방적 강의로 교육하는 방법(교육방법1), 교사와 학생의 토론식 교육방법(교육방법2), 강의와 토론을 절충하는 방법(교육방법3)으로 구성되고, 종속변수는 학생들의 시험성적으로 측정된다. 이 경우의 귀무가설과 대립가설은 다음과 같은 형태를 가진다.

H_0: $\mu_1 = \mu_2 = \mu_3$ (3가지 교육방법에 따라 시험성적은 차이가 없다.)

H_1: μ_1, μ_2, μ_3 모두 같지는 않다. (3가지 교육방법에 따른 시험점수 중 적어도 하나는 차이가 있다.)

여기서 가설검증은 3가지 교육방법에 따른 학생들의 시험성적 평균이 동일한지 비교하게 된다. 만일 3가지 교육방법에 따라 학생들의 시험성적에 유의한 차이가 없다면 귀무가설을 채택하게 되고, 교육방법에 따라 시험성적 평균 간에 유의한 차이가 있다면 대립가설을 채택하게 된다. 대립가설을 채택하게 되는 경우, 교육방법은 학생들의 시험성적에 영향을 미치는 요인으로 볼 수 있다.

2) 분산분석의 기본가정

① 독립성(independence)

관측되는 자료들은 서로 독립적이어야 한다.

② 정규성(normality)

자료의 분포가 정규분포를 이루어야 한다. 그러나 표본의 수가 어느 정도 많을 경우 중심극한정리(central limit theorem)에 의하여 이 가정을 엄격히 적용할 필요는 없다.

③ 등분산성(homogeneity of variance)

독립변수의 각 집단에서 나타나는 오차항의 분산이 일정해야 한다.

3) 분산분석의 주요개념

① 집단 간 제곱합(SSB; Sum of Square Between group)

각 집단의 평균이 전체 평균을 중심으로 얼마만큼 떨어져 있는가를 나타낸다. 집단 간 분산은 종속변수의 총분산 중 독립변수에 의해 설명되는 분산을 말한다.

② 집단 내 제곱합(SSW; Sum of Square Within group)

각 집단내의 개별 관측값이 각 집단의 평균으로부터 얼마만큼 떨어져 있는가를 나타낸다. 집단 내 분산은 종속변수의 총분산 중 독립변수에 의해 설명되지 않는 분산을 말한다.

③ 총제곱합(SST; Sum of Square Total)

개별 관측값들이 전체평균으로부터 얼마만큼 떨어져 있는가를 나타낸다. 총분산은 집단 간 분산과 집단 내 분산을 더한 값이다.

④ 제곱평균(MS; Mean Square)과 자유도(degreeof freedom)

앞에서 구한 제곱합을 대응하는 자유도로 나눈 것이 제곱평균이다. 아래 식에서 c는 독립변수의 집단 수를, r은 각 집단 내의 관측값의 수를 나타낸다.

▸ 집단 간 제곱평균(MSB) $= \dfrac{\text{집단간 제곱합(SSB)}}{\text{자유도}(c-1)}$

▸ 집단 내 제곱평균(MSW) $= \dfrac{\text{집단내제곱합(SSW)}}{\text{자유도}(c(r-1))}$

⑤ F-검증 통계량

분산분석에서는 집단 간 분산과 집단 내 분산의 비율을 나타내는 F통계량을 이용하여 집단 간 평균의 차이를 검증한다. F통계량은 다음과 같이 구한다.

▸ F ratio $= \dfrac{\text{집단간제곱평균(MSB)}}{\text{집단내제곱평균(MSW)}}$

일반적으로 분산분석 표(ANOVA table)는 위의 과정을 일목요연하게 보여주고 있다.

[표9.1] 분산분석의 일반적인 형태

변동원인	제곱합	자유도	제곱평균	F ratio
독립변수 오차	SSB SSW	c−1 c(r−1)	MSB MSW	MSB/ MSW
합계	SST	cr−1		

분산분석에서 사용되는 검증통계량은 F값이 된다. 이 값은 F분포를 따르게 되는데, F분포는 분자의 자유도와 분모의 자유도로 구분되어 결정된다. 만일 F값이 충분히 크면 귀무가설을 기각하게 되고, 결국 독립변수의 각 집단에 따라 유의한 차이가 있음을 나타낸다.

2 일원분산분석 (One-Way ANOVA)

일원분산분석은 독립변수가 하나인 경우에 사용하는 분산분석이다. 여기서는 친환경농산물 데이터를 가지고 주부의 교육수준에 따라 친환경농산물에 대한 소비자태도에 차이가 있는가를 알아보기 위해 일원분산분석을 사용한다. 독립변수는 교육수준(고졸 이하, 전문대졸, 대졸 이상)으로서 명목척도이고, 종속변수는 소비자태도로서 연속변수로 측정되었다.

H_0: 교육수준에 따라 소비자 태도는 차이가 없다.
H_1: 교육수준에 따라 소비자 태도는 차이가 있다.

1) 일원분산분석의 실행

① 친환경농산물 데이터를 불러와서 【메뉴 → 분석 → 평균비교 → 일원배치분산분석】을 선택한다.

그림9.1 SPSS 데이터 편집기

② 다음의 창에서 【종속변수】는 소비자태도를 선택하고, 【요인】은 독립변수인 교육수준을 선택한다.

그림9.2 일원분산분석 초기화면

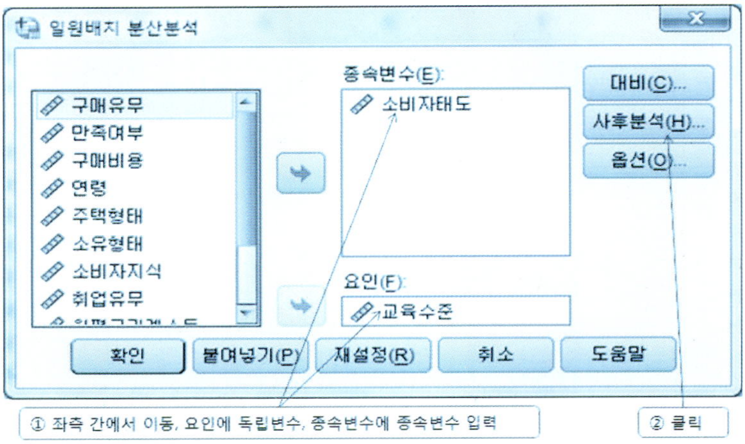

2) 옵션선택

그림9.3 일원분산분석: 옵션 대화상자

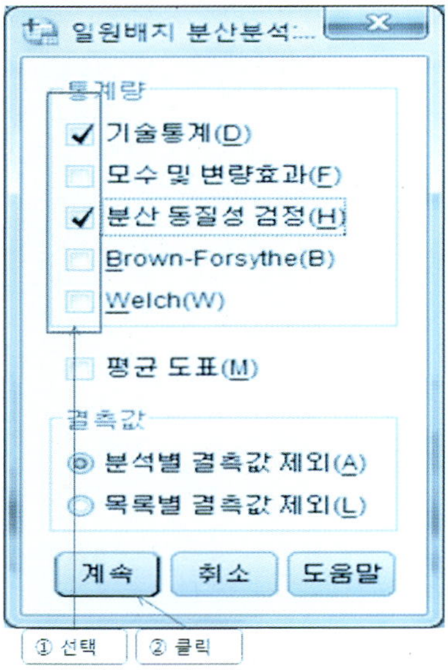

① 통계량에서【기술통계】를 선택하면 교육수준별 소비자태도에 대한 평균, 표준편차 등의 기술통계에 대한 정보를 얻을 수 있다.

② 통계량에서【분산 동질성 검정】은 분산분석의 등분산성의 가정을 검정하기 위해 선택한다. Levene의 통계량을 통해 독립변수의 각 집단 간 분산이 동일한가에 대해 검정하는데, 이때 귀무가설은 '각 집단 간 분산이 동일하다' 이다. 일반적으로 제시된 유의확률이 p가 .05 보다 큰 경우 귀무가설은 기각할 수 없으며, 따라서 분산이 동일하다는 가정이 성립되는 것으로 해석한다.

3) 사후분석

사후분석은 분산분석 결과 집단 간 평균이 통계적으로 유의한 차이가 있다고 할 경우, 각 집단 간에 차이가 있는가를 확인하는 것이다. 사후분석에는 Turkey, Bonferroni, Scheffé 등이 있다. Turkey는 각 집단 간 표본수가 같을 경우에만 사용하며, Bonferroni와 Scheffé 는 집단 간 표본 수가 같거나 다르거나 상관없이 사용할 수 있기때문에, 일반적으로 Scheffé 방법이 많이 사용된다. 여기서는 연령별 집단 간에 표본 수가 다르기 때문에 Scheffé 방법을 선택한다.

그림9.4 사후분석-다중비교 대화상자

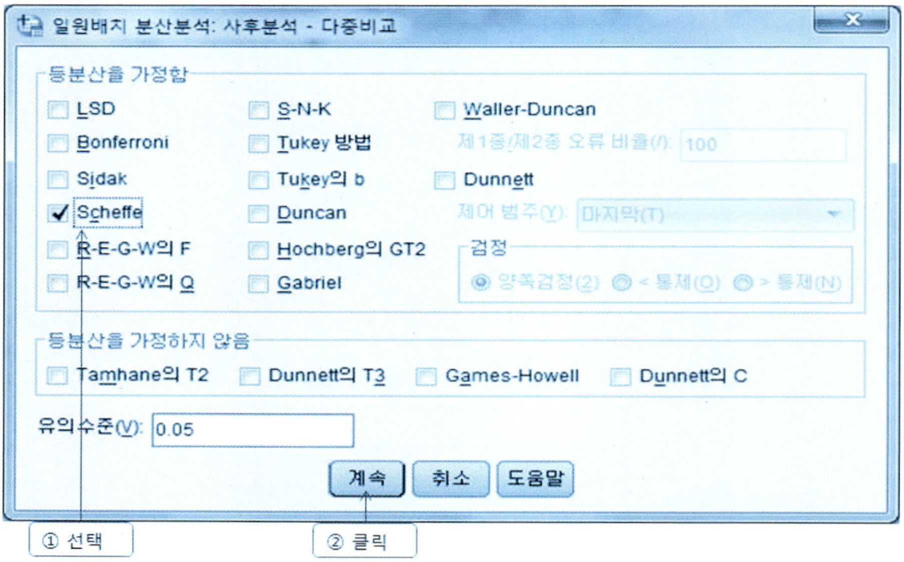

4) 결과표 해석

(1) 기술통계

독립변수의 각 집단별 표본수, 평균, 표준편차 등을 제시하고 있다. 고졸 이하 집단의 소비자 태도 평균은 9.32이고 전문대졸 집단의 소비자 태도 평균은 9.00이며, 대졸 이상 집단의 소비자 태도 평균은 9.78로 나타났다.

그림9.5 교육수준별 소비자태도의 기술통계

소비자태도

	N	평균	표준편차	표준오차	평균에 대한 95% 신뢰구간 하한값	평균에 대한 95% 신뢰구간 상한값	최소값	최대값
고졸이하	214	9.32	2.441	.167	8.99	9.65	5	16
전문대졸	66	9.00	2.219	.273	8.45	9.55	6	14
대졸이상	206	9.78	2.407	.168	9.45	10.11	5	15
합계	486	9.47	2.409	.109	9.26	9.69	5	16

(2) 분산의 동질성 검정

Levene 통계량을 이용하여 분산의 동질성에 대해 검증할 결과를 제시하고 있다. Levene 통계량에 따른 유의확률이 .739로서 모집단의 분산이 동일하다는 귀무가설을 기각하지 못한다. 따라서 등분산성의 가정이 성립함을 알 수 있다.

그림9.6 분산의 동질성에 대한 검증

소비자태도

Levene 통계량	df1	df2	유의확률
.303	2	483	.739

(3) 분산분석표

F= 3.359, 유의확률 .036로서 귀무가설은 유의수준 α =.05에서 기각된다. 즉 주부의 교육수준에 따라 친환경농산물에 대한 소비자태도는 유의한 차이가 있다고 할 수 있다.

그림9.7 소비자태도에 대한 분산분석 결과

일원배치 분산분석

소비자태도

	제곱합	df	평균 제곱	F	유의확률
집단-간	38.616	2	19.308	3.359	.036
집단-내	2776.480	483	5.748		
합계	2815.097	485			

(4) 사후검정

분산분석의 결과 통계적으로 유의하기 때문에 각 집단 간 통계적 차이를 검증하기 위해 사후다중비교를 실시한다. 여기서는 Scheffé 방법을 사용하였고, 결과표에는 두 집단 간 차이가 있는 경우에 (*) 표시가 있다. 분석결과 전문대졸과 대졸 이상 집단이 α =.05에서 통계적으로 유의미하였다. 즉 전문대졸의 소비자태도는 9.00이고 대졸 이상은 9.78로 전문대졸에 비해 대졸 이상일 때 친환경 농산물에 대한 소비자태도가 더 우호적인 것으로 나타났으며, 그 차이는 α =.05에서 유의적이라고 할 수 있다.

그림9.8 다중비교(사후검증)

종속 변수: 소비자태도
Scheffe

(I) 교육수준	(J) 교육수준	평균차(I-J)	표준오차	유의확률	95% 신뢰구간 하한값	95% 신뢰구간 상한값
고졸이하	전문대졸	.322	.338	.634	-.51	1.15
	대졸이상	-.454	.234	.153	-1.03	.12
전문대졸	고졸이하	-.322	.338	.634	-1.15	.51
	대졸이상	-.777	.339	.074	-1.61	.06
대졸이상	고졸이하	.454	.234	.153	-.12	1.03
	전문대졸	.777	.339	.074	-.06	1.61

그림9.9 동일집단군 사후검증

소비자태도

Scheffe[a,b]

교육수준	N	유의수준 = 0.05에 대한 부집단 1	유의수준 = 0.05에 대한 부집단 2
전문대졸	66	9.00	
고졸이하	214	9.32	9.32
대졸이상	206		9.78
유의확률		.578	.337

동일 집단군에 있는 집단에 대한 평균이 표시됩니다.

a. 조화평균 표본 크기 121.562을(를) 사용합니다.

b. 집단 크기가 동일하지 않습니다. 집단 크기의 조화평균이 사용됩니다. I 유형 오차 수준은 보장되지 않습니다.

5) 보고서 제시 양식

주부의 교육수준에 따른 친환경농산물에 대한 소비자태도의 차이를 알아보기 위해 분산분석을 실시하였다. 결과에 대한 보고서를 작성 할 경우 다음과 같이 제시한다.

[표9.2] 학력수준에 따른 친환경농산물에 대한 소비자태도의 분산분석 결과표

학력수준	n	평균값	Scheffe
고졸 이하	66	9.32	ab
전문대졸	214	9.00	a
대졸 이상	206	9.78	b
F		3.359*	

* p ⟨ .05

해석 교육수준에 따른 친환경농산물에 대한 소비자태도의 차이를 분석하기 위해 분산분석을 한 결과, 주부의 교육수준에 따라 친환경농산물에 대한 소비자태도는 유의한 차이가 나타났다. 사후검정 결과 대졸 이상 집단은 전문대졸 이상 집단에 비해 친환경농산물에 대한 소비자태도가 우호적인 것으로 나타났다.

6) 분산분석의 예

[표9.3] 인구사회학적 변수에 따른 대학생 소비자의 성형태도

구분 변수			성형태도	
			평균	Duncan
인구사회학적 변수	연령	18세-20세	33.62	
		21세-23세	33.37	
		24세이상	31.36	
		F	2.951	
	학년	1학년	31.22	a
		2학년	33.92	b
		3학년	32.98	a
		4학년	33.69	b
		F	2.815*	
	전공	인문사회대학	33.29	
		공과대학	32.29	
		생활과학대학	33.44	
		예·체능대학	33.27	
		자연과학대학·기타	33.66	
		F	0.612	
	월평균 가계소득	200만원 미만	31.82	a
		200만원-300만원 미만	32.73	a
		300만원-400만원 미만	34.23	b
		400만원 이상	33.93	b
		F	3.463*	

*p 〈 .05

출처: 허은정, 이아름(2011). 대중매체와 개인적 변수가 대학생 소비자의 성형태도 및 성형행동에 미치는 영향. 한국생활과학회지, 20(3), 625-636.

해석 대학생 소비자의 사회인구학적 변수에 따른 성형태도는 학년(F=2.815, p <.05)과 월평균 가계소득(F = 3.463, p < .05)에 따라 유의한 차이가 있는 것으로 나타났다. 대학생 소비자는 1학년과 3학년보다 2학년과 4학년일 때, 월평균 가계소득이 200만원 미만이거나 200만원-300만원 미만인 집단보다 300만원-400만원 미만과 400만원 이상인 집단이 성형에 대해 우호적인 태도를 갖는 것으로 나타났다.

3 이원분산분석 (Two-Way ANOVA)

이원분산분석은 독립변수가 두 개일 경우 사용하는 분산분석이다. 예를 들어 주부의 교육수준과 취업유무에 따라 친환경농산물 구매비용에 차이가 있는가를 알아보자. 이 경우 독립변수는 교육수준(고졸이하, 전문대졸, 대졸이상)과 취업유무(취업, 비취업)로 3×2 요인설계 형태를 가진다.

이원분산분석의 결과는 주효과(main effect)와 상호작용효과(interaction effect)를 보여준다. 주효과는 한 독립변수의 변화가 종속변수에 미치는 영향에 관한 것이며, 상호작용효과는 다른 독립변수의 변화에 따라 한 독립변수가 종속변수에 미치는 영향에 관한 것이다. 위에서 사용하는 예를 가지고 다음의 연구문제가 도출된다.

연구문제

1. 주부의 교육수준에 따라 친환경농산물 구매비용은 차이가 있는가?
2. 주부의 취업유무에 따라 친환경농산물 구매비용은 차이가 있는가?
3. 교육수준과 취업유무 간에는 상호작용효과가 있는가?

이와 관련된 귀무가설과 대립가설은 다음과 같이 설정된다.

▸ 가설 1

H_0: $\mu_1 = \mu_2 = \mu_3$ (3가지 교육수준에 따라 구매비용은 차이가 없다.)

H_1: μ_1, μ_2, μ_3 모두 같지는 않다.

▸ 가설 2

H_0: $\mu_1 = \mu_2$ (취업유무에 따라 구매비용은 차이가 없다.)

H_1: $\mu_1 \neq \mu_2$ (취업유무에 따라 구매비용은 차이가 있다.)

▸ 가설 3

H_0: 상호작용효과가 없다.
H_1: 상호작용효과가 있다.

1) 이원분산분석의 실행

① 친환경농산물 데이터를 불러와서 【메뉴 → 분석 → 일반선형모델 → 일변량】을 선택한다.

그림9.10 SPSS 데이터 편집기

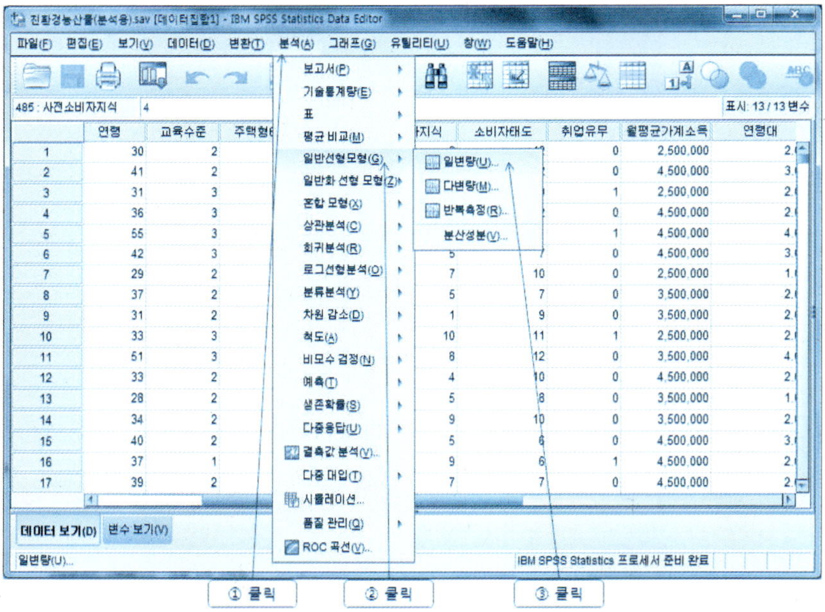

② 다음의 창이 나타나면 종속변수는 구매비용, 독립변수 교육수준과 취업유무는 모수요인으로 이동시킨다.

그림9.11 이원분산분석의 대화상자

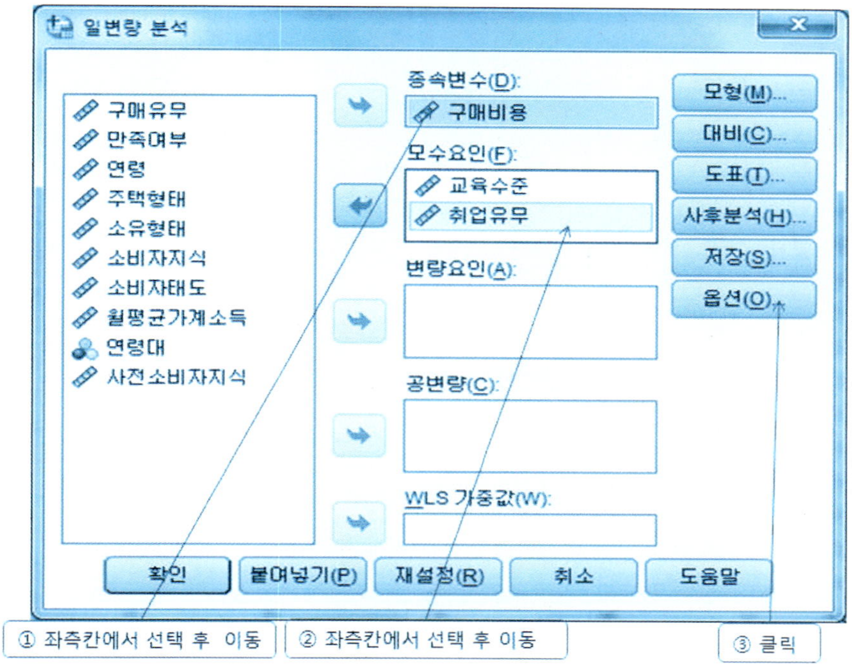

2) 옵션의 선택

옵션 중에서 기술통계량에 대한 자료는 필요하므로 선택한다.

그림9.12 이원분산분석: 옵션 대화상자

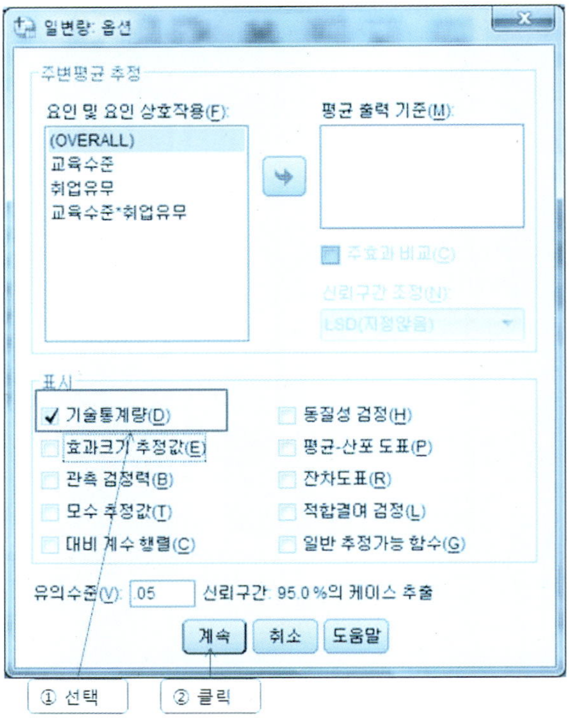

3) 사후분석

독립변수로 사용된 교육수준과 취업유무의 주효과가 유의할 경우 사후분석을 선택한다. 주의할 점은 이때 선택하는 변수는 최소한 3가지 집단으로 구성된 변수이어야 한다. 취업유무는 범주가 2개이므로 선택할 수 없고, 교육수준은 3개 범주로 구성되어있기 때문에 선택할 수 있다.

그림9.13 사후분석 대화상자

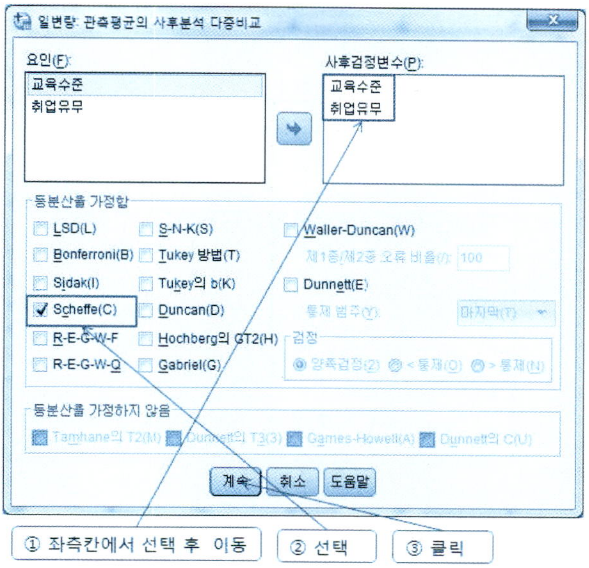

4) 결과표 해석

(1) 개체 - 간 요인

일반선형모델을 검정한 결과 각 집단별 표본수를 제시해준다.

그림9.14 변수값 설명과 표본크기

개체-간 요인

		변수값 설명	N
교육수준	1	고졸이하	214
	2	전문대졸	66
	3	대졸이상	206
취업유무	0	취업주부	267
	1	전업주부	219

(2) 기술통계량

그림9.15 변수별 기술통계량

종속 변수: 구매비용

교육수준	취업유무	평균	표준편차	N
고졸이하	취업주부	90,000.00	86,481.911	92
	전업주부	86,311.48	89,923.759	122
	합계	87,897.20	88,273.841	214
전문대졸	취업주부	57,560.98	45,540.119	41
	전업주부	70,400.00	97,787.184	25
	합계	62,424.24	69,615.662	66
대졸이상	취업주부	95,895.52	94,201.932	134
	전업주부	118,611.11	97,421.772	72
	합계	103,834.95	95,719.876	206
합계	취업주부	87,977.53	86,504.984	267
	전업주부	95,114.16	94,487.321	219
	합계	91,193.42	90,164.887	486

기술통계 분석 결과를 제시하고 있다. 교육수준이 고졸이하인 경우 취업주부의 구매비용이 전업주부보다 많음을 나타낸다. 반면 교육수준이 전문대졸과 대졸이상인 경우 취업주부보다 전업주부의 구매비용이 많음을 알 수 있다.

(3) 개체-간 효과검증

그림9.16 이원분산분석 결과

종속 변수: 구매비용

소스	제 III 유형 제곱합	자유도	평균 제곱	F	유의확률
수정 모형	1.173E+11[a]	5	23462381802	2.944	.013
절편	2.568E+12	1	2.568E+12	322.190	.000
교육수준	95248665574	2	47624332787	5.975	.003
취업유무	9688636095	1	9688636095	1.216	.271
교육수준 * 취업유무	17471908921	2	8735954460	1.096	.335
오차	3.826E+12	480	7969991479		
합계	7.985E+12	486			
수정 합계	3.943E+12	485			

a. R 제곱 = .030 (수정된 R 제곱 = .020)

① 교육수준

종속변수에 대한 교육수준의 주효과에 대한 결과를 제시한다. F값은 5.975 유의확률이 .003으로 나타나서 $p < .01$ 수준에서 귀무가설을 기각할 수 있다. 즉 주부의 교육수준에 따라 친환경농산물 구매비용은 유의한 차이가 있음을 알 수 있다.

② 취업유무

종속변수에 대한 취업유무의 주효과에 대한 결과를 제시한다. F값은 1.216 유의확률이 .271로 나타나서 $p < .05$에서 귀무가설을 기각할 수 없다. 즉 주부의 취업유무에 따라 친환경농산물 구매비용은 유의한 차이가 없다고 할 수 있다.

③ 교육수준 • 취업유무

종속변수에 대한 교육수준과 취업유무의 상호작용효과에 대한 결과를 제시하고 있다. 유의확률이 .335으로 나타나서 $p < .05$에서 상호작용효과는 유의하지 않다고 할 수 있다.

(4) 사후검정

교육수준에 대한 사후검증결과 전문대졸과 대졸이상 집단 간의 구매비용에 있어 유의한 차이가 있는 것으로 나타났다. 즉 전문대졸 집단은 대졸이상 집단에 비해 친환경농산물 구매비용이 41,410원 적은 것으로 나타났다.

그림9.17 이원분산분석 사후검증 결과 1: 다중비교

다중 비교

종속 변수: 구매비용

Scheffe

(I) 교육수준	(J) 교육수준	평균차(I-J)	표준오차	유의확률	95% 신뢰구간 하한값	95% 신뢰구간 상한값
고졸이하	전문대졸	25,472.95	12,569.821	.129	-5,391.05	56,336.96
	대졸이상	-15,937.76	8,713.910	.189	-37,333.93	5,458.42
전문대졸	고졸이하	-25,472.95	12,569.821	.129	-56,336.96	5,391.05
	대졸이상	-41,410.71*	12,627.222	.005	-72,415.65	-10,405.77
대졸이상	고졸이하	15,937.76	8,713.910	.189	-5,458.42	37,333.93
	전문대졸	41,410.71*	12,627.222	.005	10,405.77	72,415.65

관측평균을 기준으로 합니다.
오류 조건은 평균 제곱(오류) = 7969991479.000입니다.
*. 평균차는 .05 수준에서 유의합니다.

그림9.18 이원분산분석 사후검증 결과 2: 동일집단군 비교

구매비용

Scheffe[a,b,c]

교육수준	N	집단군 1	집단군 2
전문대졸	66	62,424.24	
고졸이하	214	87,897.20	87,897.20
대졸이상	206		103,834.95
유의확률		.085	.380

동일 집단군에 있는 집단에 대한 평균이 표시됩니다.
관측평균을 기준으로 합니다.
오류 조건은 평균 제곱(오류) = 7969991479.000 입니다.

a. 조화평균 표본 크기 121.562을(를) 사용합니다.

b. 집단 크기가 동일하지 않습니다. 집단 크기의 조화평균이 사용됩니다. I 유형 오차 수준은 보장되지 않습니다.

c. 유의수준 = .05.

10 상관 분석

1/ 상관분석에 대한 이해

2/ 단순상관관계 분석

3/ 편상관관계 분석

1 상관분석에 대한 이해

1) 상관분석의 기본 개념

상관분석은 두 변수 또는 그 이상의 변수들 간에 존재하는 관계의 정도를 측정하는 분석방법이다. 예를 들어 가계의 소득이 증가할수록 가계의 여가관련 비용에 대한 지출은 늘어나며 반면에 가계소득이 증가할수록 가계지출 중에서 식료품비가 차지하는 비율은 감소한다. 전자의 예는 두 변수가 정(positive)의 관계를 가짐을 나타내고, 후자의 예는 두 변수가 부(negative)의 관계를 가짐을 보여준다. 일반적으로 두 변수의 관계는 다음의 네 가지 형태로 나타낼 수 있다.

① 정적 상관관계(positive relationship)

가계소득과 여가지출의 관계처럼, x값이 커질수록 y값도 커지는 경향을 나타낸다. 이 경우 두 변수 간에는 정(positive)적 선형관계(linear relationship)가 있다. <그림10.1>에 제시되어 있다.

그림10.1 정적 상관관계

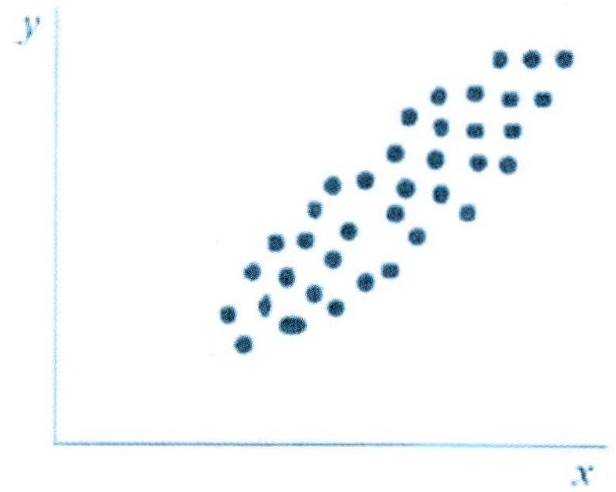

② 부적 상관관계(negative relationship)

가계소득과 가계지출 중 식료품이 차지하는 비율의 예처럼, x값이 커질수록 y값은 감소하는 경향을 나타낸다. 이때 두 변수 간에는 부적 선형관계(negative relationship)가 있다. <그림10.2>에 제시되어 있다.

그림10.2 부적 상관관계

③ 무 상관관계(no relationship)

<그림10.3>의 경우 한 변수의 값의 변화로부터 다른 변수의 값의 변화 방향을 전혀 예측할 수 없을 경우 상관관계가 없다고 한다. 예를 들어 유아의 머리둘레와 지능에 관한 연구에서 두 변수 간에는 전혀 상관관계가 없는 것으로 보고되었다.

그림10.3 무 상관관계

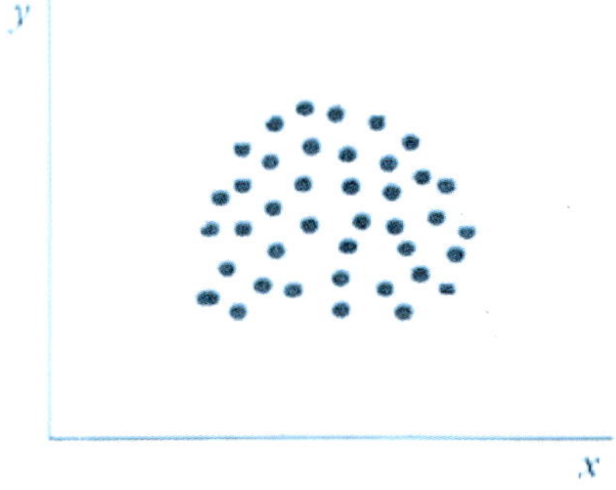

④ 곡선 상관관계(curvilinear relationship)

<그림10.4>처럼 x값이 증가함에 따라 y값이 증가하다가 어느 수준부터는 감소하고 있다. 예를 들어 시험불안과 학업성적간의 관계에 대한 연구에서 시험불안이 적절하게 증가하면 학업성적도 높아지지만 지나치게 시험불안이 높아지면 학업성적이 낮아지게 되어 두 변수는 전체적으로 곡선관계를 나타낸다.

그림10.4 곡선 상관관계

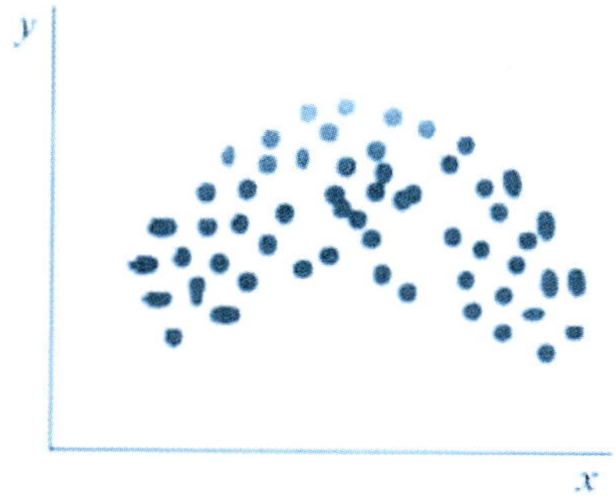

상관분석은 일반적으로 두 변수의 선형관계에 초점을 두고 두 변수가 ① 선형관계를 가지는지, ② 선형관계를 가진다면 어느 방향인지, ③ 그 관계의 정도는 얼마나 큰지를 분석한다. 두 변수가 선형관계를 가질 때 이를 상관관계가 있다고 표현한다. 상관관계의 크기를 나타내는 값은 상관계수(correlation coefficient)이며, 상관계수의 부호는 두 변수의 관계의 방향을 보여준다.

2) 상관계수의 범위

두 변수 간의 상관관계의 정도를 보여주는 지수로서 가장 많이 사용되는 것이 피어슨(Pearson) 상관계수이다. 상관계수 r은 -1에서 +1 사이의 값을 가지며, 상관계수가 1(혹은 -1)에 가까울수록 두 변수의 상관관계가 높고, 0에 가까울수록 상관관계가 낮다. 두 변수의 상관관계가 전혀 없으면 상관계수는 0이다.

상관계수의 해석에 대한 절대적인 기준은 없지만 일반적으로 다음 표와 같이 해석을 할 수 있다.

[표10.1] 상관계수와 변수들 간의 관련 정도

상관계수 범위	상관관계 정도
±0.9 이상	상관관계가 매우 높다
±0.7 ~ ±0.9 미만	상관관계가 높다
±0.4 ~ ±0.7 미만	상관관계가 다소 높다(일반적 >0.6)
±0.2 ~ ±0.4 미만	상관관계가 있으나 낮다
±0.2 미만	상관관계가 거의 없다

출처: 황해익 외(2011). 영유아 아동연구에서의 SPSS자료분석, p244.

3) 상관관계의 종류

상관계수 중에서 가장 많이 사용되는 것이 피어슨 상관계수이며, 이를 보통 상관계수라고 부른다. 피어슨 상관관계분석을 사용하기 위해서는 두 변수가 모두 등간, 비율척도로 구성된 연속변수이어야 한다. 그밖에 다른 종류의 상관관계는 다음의 표와 같다.

[표10.2] 상관관계의 종류

종류	두 변수의 척도
Pearson 상관관계	등간/비율 - 등간/비율
Spearman 서열상관관계	서열 - 서열
Kendall의 tau	서열 - 서열
Point biserial r	등간/비율 - 명목(2분화 변수)
Phi coefficient	명목(2분화 변수) - 명목(2분화 변수)

출처: 이학식, 임지훈(2009). spss16.0매뉴얼. p267.

2 단순상관관계 분석

1) 산점도

변수들간의 상관관계를 통계량으로 산출하는 방식 이외에 산점그래프(scatter plot)를 이용하여 두 변수간의 관계를 분석해 볼 수 있다.

① satisfaction 데이터는 미국인 210명을 대상으로 그들의 소득, 자아 존중감, 직업 만족도, 삶의 만족도를 측정한 것이다. 소득은 연간소득(단위 달러)으로 비율 척도로 측정되었고, 자아존중감은 5점 리커트 척도로 측정되었으며, 직업만족도와 삶의 만족도는 7점 리커트 척도로 측정되었다.

satisfaction 자료를 열고 소득과 삶의 만족간의 상관관계를 파악하기 위해 산점도를 실행한다. 【메뉴 → 그래프 → 레거시 대화상자 → 산점도/점도표】를 선택한다.

그림10.5 SPSS 데이터 편집기

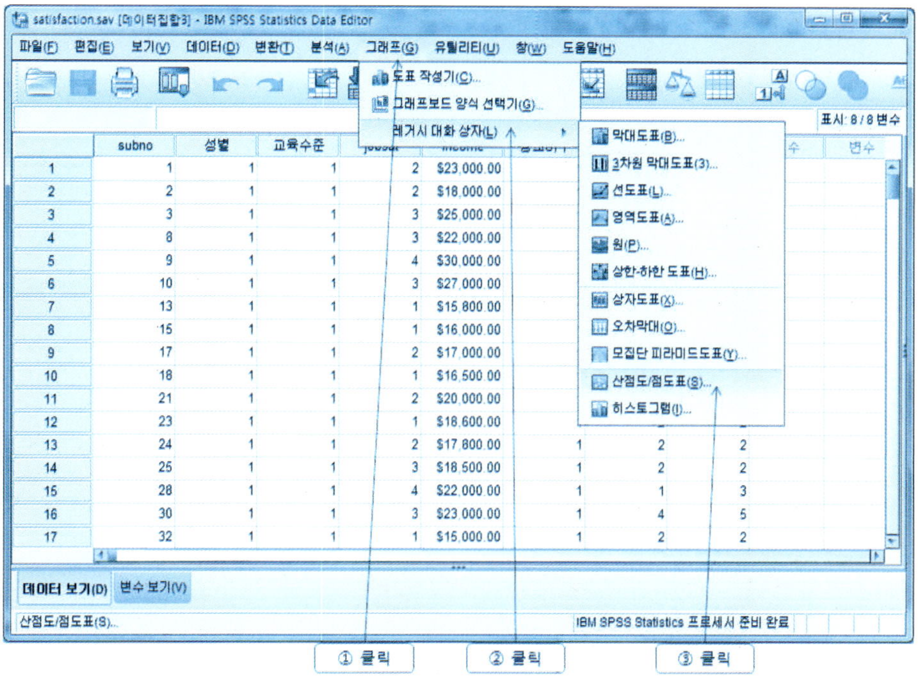

② 산점도를 클릭하면 산점도의 종류를 선택할 수 있는 상자가 나타나는데, 【단순산점도】를 선택한다.

그림10.6 산점도 초기화면

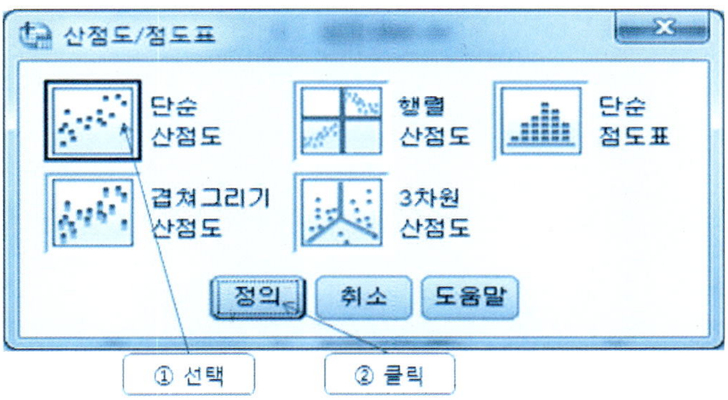

③ 다음 창에서 Y축에는 삶의 만족을, X축에는 소득을 선택하면 아래와 같은 산점도가 나타난다.

그림10.7 단순산점도 대화상자

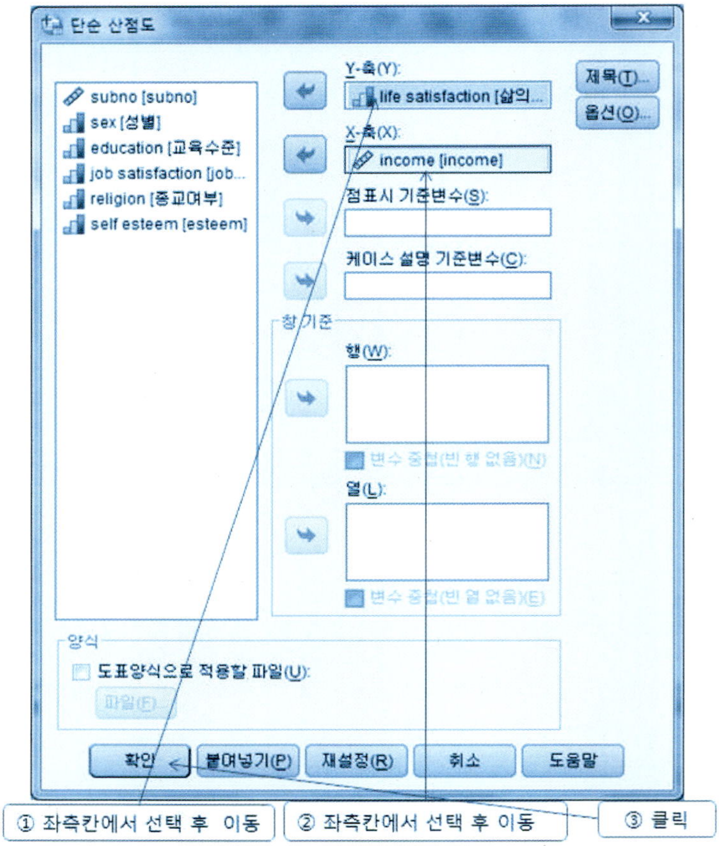

그림10.8 SPSS 소득에 따른 삶의 만족도 산포도

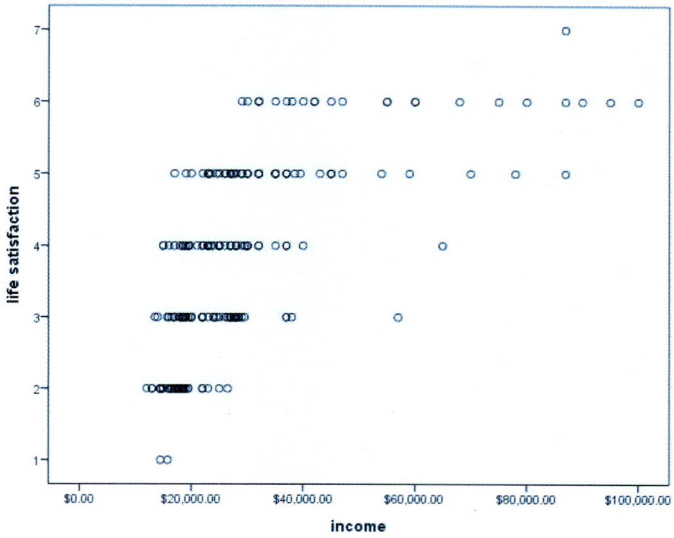

해석 소득과 삶의 만족에 대한 산점도는 대체로 소득이 증가할수록 삶의 만족도도 증가하는 모양을 나타낸다. 즉 소득과 삶의 만족은 정적 상관관계를 가진다고 할 수 있다.

2) 이변량 상관계수의 실행

여기서는 소득, 직업만족도, 자아 존중감, 삶의 만족 간의 상관관계를 분석하기로 한다. 이 경우 귀무가설은 '두 변수 간에 상관관계가 없다'이며, 대립가설은 '두 변수 간에 상관관계가 있다'이다.

① satisfaction자료를 열고 【메뉴 → 분석 → 상관분석 → 이변량 상관계수】를 선택한다.

그림10.9 SPSS 데이터 편집기

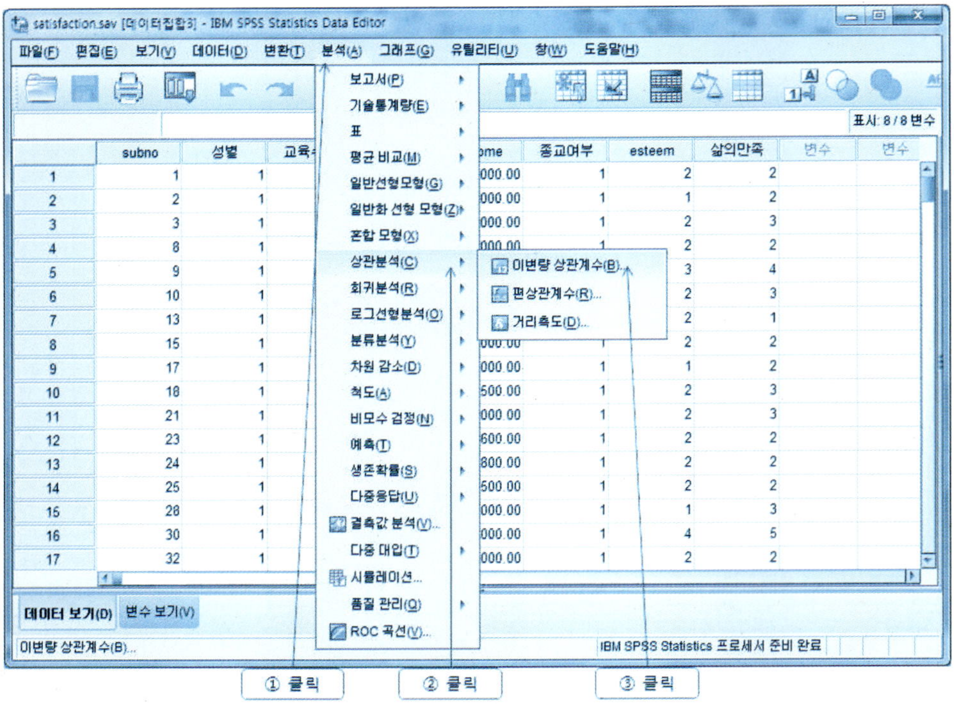

② 다음 창에서 상관관계를 알아보기 위한 변수를 선택하여 오른쪽 창으로 이동시킨다. 【상관계수】에서는 Pearson을 선택한다. Pearson 상관계수는 두 변수가 등간, 비율척도로 구성된 연속변수일 경우 상관관계 분석에서 사용한다. 우리가 선택한 소득, 직업만족도, 자아 존중감, 삶의 만족 모두 연속변수이기 때문에 Pearson 상관계수를 선택해야 한다.

그림10.10 spss 이변량 상관계수 대화상자

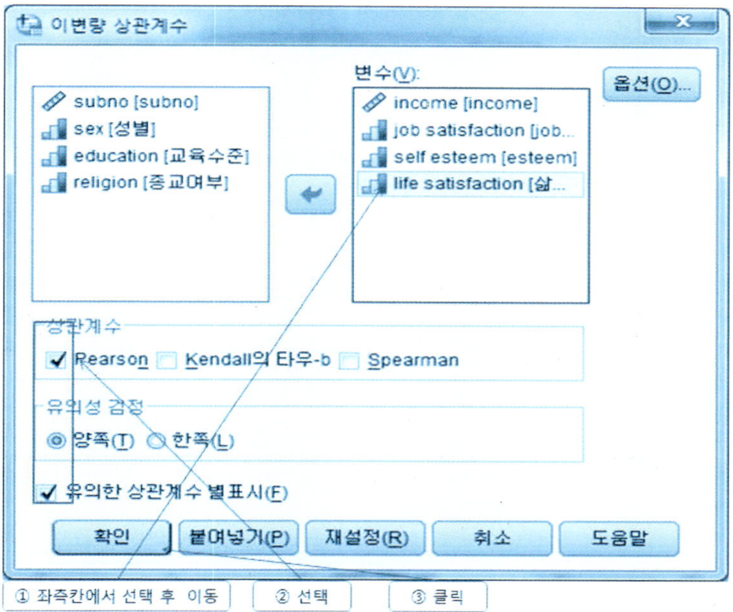

3) 결과표 해석

결과표에는 두 변수간의 Pearson 상관계수가 제시되고, 두 변수간의 상관관계가 $p < .01$에서 유의할 경우 **표가 표시된다.

그림10.11 spss 이변량 상관계수

상관계수

		income	job satisfaction	self esteem	life satisfaction
income	Pearson 상관계수	1	.639**	.599**	.633**
	유의확률 (양쪽)		.000	.000	.000
	N	210	210	210	210
job satisfaction	Pearson 상관계수	.639**	1	.665**	.713**
	유의확률 (양쪽)	.000		.000	.000
	N	210	210	210	210
self esteem	Pearson 상관계수	.599**	.665**	1	.650**
	유의확률 (양쪽)	.000	.000		.000
	N	210	210	210	210
life satisfaction	Pearson 상관계수	.633**	.713**	.650**	1
	유의확률 (양쪽)	.000	.000	.000	
	N	210	210	210	210

**. 상관계수는 0.01 수준(양쪽)에서 유의합니다.

해석 소득과 삶의 만족간의 상관계수는 .633으로 다소 높은 정적 상관관계를 가지고 있다. 직업만족도와 삶의 만족도간의 상관계수는 .713으로 높은 정적 상관관계를 가지고 있다. 자아존중감과 삶의 만족간의 상관계수는 .65로 다소 높은 상관관계를 가지고 있다.

4) 보고서 제시양식

상관계수표는 대각선을 중심으로 대칭되어 있기 때문에 읽기 편리하도록 대각선 아래만 나타낸다. 상관분석의 결과를 제시할 때에는 변수에 대한 상관계수만 나타내는데, 일반적으로 소숫점 이하 세 자리에서 반올림하여 두 자리까지 제시해주면 된다. 그리고 통계적으로 유의한 경우 *로 표시한다.

[표10.3] 소득, 자아존중감, 직업만족도와 삶의 만족도 간의 상관관계

변수	1	2	3	4
1.소득	1.00			
2. 자아존중감	.64**	1.00		
3. 직업만족도	.60**	.67**	1.00	
4. 삶의 만족도	.63**	.71**	.65**	1.00

**p〈.01

해석 소득과 자아존중감, 직업만족도와 삶의 만족도는 모두 유의확률 $p<.01$미만으로 통계적으로 유의하며, .60이상의 상관계수를 가져 다소 높은 정적 상관관계를 가지고 있다. 소득과 삶의 만족도의 상관계수는 .63으로 소득이 높을수록 삶의 만족도가 높아지는 정적 상관관계를 가지고 있었고, 자아존중감은 .71로 자아존중감이 높을수록 삶의 만족도가 높아지는 정적 상관관계를 가지고 있었다. 직업만족도와 삶의 만족도의 상관계수는 .65로 직업에 대한 만족도가 높을수록 삶의 만족도도 높아지는 다소 높은 상관관계를 가지고 있었다.

5) 상관관계분석 예

[표10.4] 부부갈등, 부모의 양육행동, 부모의 감독, 청소년 문제행동, 우울감 간의 상관계수(남학생)

변수	1	2	3	4	5	6	7
1. 부부갈등	1.00						
2. 부의 양육행동	.51***	1.00					
3. 부의 감독	.19***	.35***	1.00				
4. 모의 양육행동	.48***	.50***	.17**	1.00			
5. 모의 감독	.17**	.26***	.54***	.39***	1.00		
6. 청소년 문제행동	-.10	-.18**	-.18**	-.12*	-.17**	1.00	
7. 우울감	-.45***	-.34***	-.13*	-.42***	.17**	.21***	1.00

* p<.05, ** p<.01, *** p<.001
출처: 이형실(2012). 부부갈등, 부모의 양육행동, 부모의 감독과 청소년 적응 간 관련성. 한국생활과학회지. 1(6). 1083-1094.

해석 청소년 남학생의 적응에 대한 부부갈등, 부모의 양육행동, 부모의 감독의 상관관계를 살펴보면, 청소년 문제행동에는 부모의 양육행동과 감독이 부적인 상관관계를 가지는 것으로 통계적으로는 유의했으나, 상관관계가 거의 없는 것으로 나타났다. 즉 부모가 소년 남학생에 대해 애정적인 태도를 보일수록, 부모의 감독 정도가 높을수록 청소년의 문제행동은 낮아지는 부적인 상관관계가 거의 없었다. 청소년의 우울감과 부부갈등, 부모의 양육행동이 부적인 상관관계를 가지고 있었으며, 어머니의 감독은 정적인 상관관계를 가지는 것으로 나타났다. 부부갈등과 청소년 우울감의 상관계수는 -.45로 부부갈등이 심할수록 청소년의 우울감은 낮아지는 부적 상관관계를 가지고 있다. 아버지와 어머니의 양육행동은 각각 청소년의 우울감과 -.34, -.42의 상관계수를 가지고, 아버지와 어머니의 애정적인 태도가 높을 때 청소년의 우울감이 낮아지는 부적 상관관계를 가지고 있다. 아버지의 감독 정도가 높을수록, 어머니의 감독 정도가 낮을수록 우울감은 낮아지는 상반적인 상관관계를 보였지만, 청소년 남학생의 우울감과의 상관관계는 거의 없는 것으로 나타났다.

3 편상관관계 분석

앞에서 살펴본 상관관계 분석은 두 변수간의 상관관계를 살펴보는 것이었다. 만약 어떤 두 변수가 다른 제 3의 변수와 상관관계가 높다면 두 변수간의 순수한 상관관계를 알기 위해서는 제 3의 변수를 통제해야 한다. 편상관관계 분석(partial correlations)은 제 3의 변수를 통제한 상태에서 관심을 갖는 두 변수의 상관관계를 분석하는 것이다. 편상관관계 분석을 하기 위해서는 두 변수와 통제변수 모두 연속변수이어야 한다.

여기서는 소득을 통제한 경우 직업만족과 삶의 만족 간에 상관관계가 있는가를 분석해보기로 한다.

1) 편상관관계의 실행

① satisfaction데이터를 열고【메뉴 → 분석 → 상관분석 → 편상관계수】를 선택한다.

그림10.12 SPSS 데이터 편집기

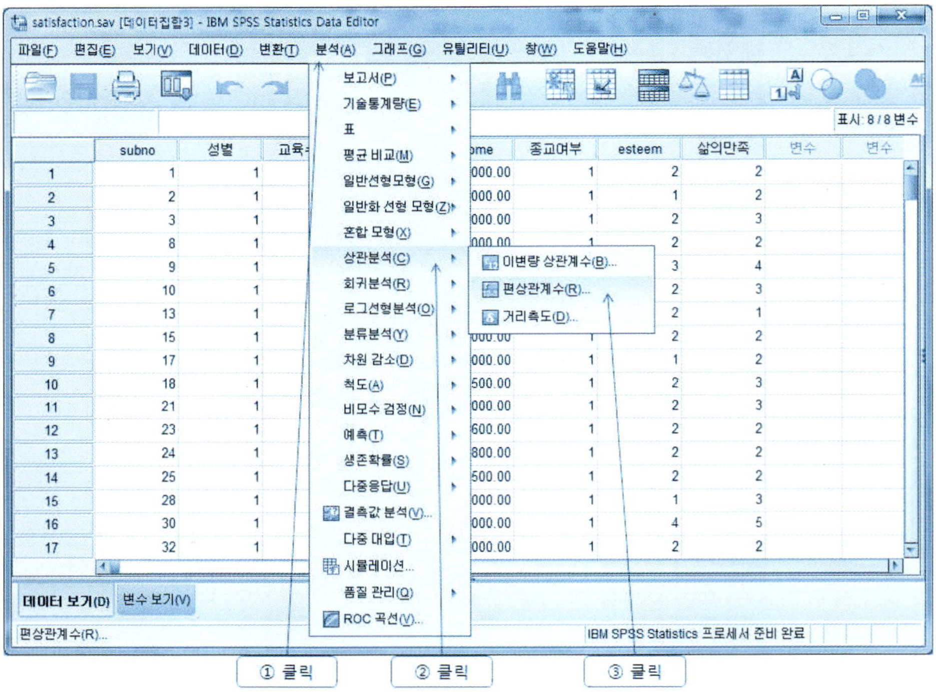

② 창이 열리면 상관관계를 알아보기 위한 두 변수(직업 만족과 삶의 만족)을 오른쪽으로 이동시키고, 【제어변수】에는 통제할 변수인 소득을 선택한다.

그림10.13 편상관계수 대화상자

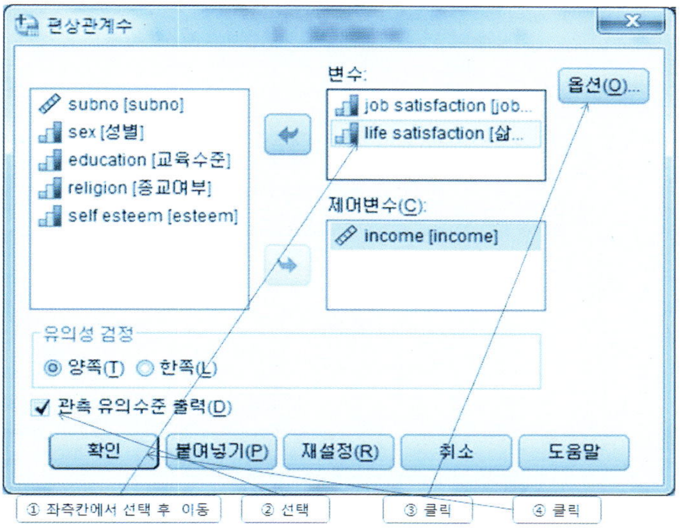

③ 【옵션】을 선택하면 통계량에 【0차 상관】을 선택한다. 이것을 선택하면 통제변수가 없는 경우의 상관계수를 나타내준다.

그림10.14 편상관계수: 옵션

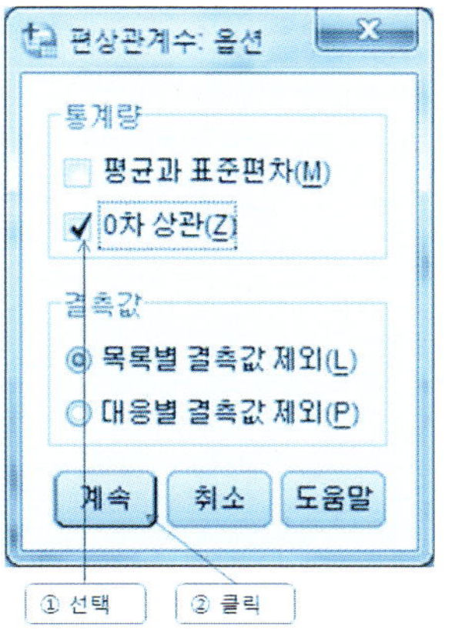

2) 결과표 해석

결과표에는 통제변수를 지정하지 않은 경우의 변수 간 상관관계와 통제변수를 사용했을 경우의 두 변수 간 상관관계가 제시된다.

그림10.15 편상관계수 결과표

상관

통제변수			job satisfaction	life satisfaction	income
-지정않음-[a]	job satisfaction	상관	1.000	.713	.639
		유의수준(양측)	.	.000	.000
		df	0	208	208
	life satisfaction	상관	.713	1.000	.633
		유의수준(양측)	.000	.	.000
		df	208	0	208
	income	상관	.639	.633	1.000
		유의수준(양측)	.000	.000	.
		df	208	208	0
income	job satisfaction	상관	1.000	.518	
		유의수준(양측)	.	.000	
		df	0	207	
	life satisfaction	상관	.518	1.000	
		유의수준(양측)	.000	.	
		df	207	0	

a. 셀에 0차 (Pearson) 상관이 있습니다.

해석 소득을 통제하기 전 직업만족과 삶의 만족의 상관계수는 .713으로 높은 정적 상관관계를 가지고 있었고, 두 변수간의 상관관계는 $p<.001$수준에서 통계적으로 유의하였다. 그러나 소득을 통제한 경우에 직업만족과 삶의 만족의 상관계수는 .518로 다소 높은 정적 상관을 가지며, 두 변수 간 상관관계 역시 $p<.001$수준에서 통계적으로 유의하였다. 통제변수를 사용하기 전과 후에 상관계수가 .713에서 .518로 감소하였기 때문에 삶의 만족과 직업만족 두 변수는 소득이라는 제 3의 변수에 의해 영향을 받음을 알 수 있다.

11

단순회귀분석

1/ 단순회귀분석에 대한 이해

2/ 단순회귀분석

1 단순회귀분석에 대한 이해

1) 단순회귀분석의 개념

단순회귀분석(simple regression analysis)은 두 변수 사이에 존재하는 상호의존관계를 함수관계로 표현하여, 두 변수가 어느 정도 연관성이 있는지를 파악하고, 한 변수의 값이 주어질 때 다른 변수의 값이 어떻게 변화할 것인가를 예측할 수 있도록 만들어준다. 회귀분석에서 가정하는 함수관계를 회귀모형(regression model)이라 하고, 회귀모형에서 예측하고자 하는 변수를 종속변수(dependent variable), 종속변수에 영향을 미치는 변수를 독립변수(independent variable)라고 한다. 예를 들어, 독립변수인 월평균 가계소득을 이용하여 종속변수인 가계의 사교육비 지출을 예측하고자 한다면, 두 변수 사이의 관계를 나타내는 회귀식을 이용하여 예측할 수 있다.

(1) 단순선형 회귀모형과 추정된 회귀방정식

두 변수 사이의 관계를 나타내는 단순회귀모형은 다음과 같다.

$$Y_i = \alpha + \beta\chi_i + \varepsilon_i$$

여기서, Y_i : i번째 관측값에 대한 종속변수의 값

x_i : i번째 관측값에 대한 독립변수의 값

α, β: 회귀모형의 회귀계수

εi : Y_i 오차항을 나타내는 확률변수(εi 는 평균 0, 분산이 σ^2의 정규분포를 가정함)

이 방정식은 두 변수사이에 존재하는 선형의 함수관계를 나타내며, α와 β는 모집단의 회귀방정식에서 사용하는 회귀계수로서 우리가 알 수 없는 값이다. 우

리는 이 값을 추정하기 위해 수집한 자료 즉, 표본을 통해 α와 β에 대한 값을 추정한다. 추정된 회귀방정식(estimated regression equation)은 다음과 같다.

$$\hat{y}_i = a + b\chi_i$$

여기서, $\hat{y}_i$: E(Yi)의 측정값

a : 상수(절편), α의 추정값

b : 기울기, β의 추정값

표본의 자료를 이용하여 α와 β를 추정하기 위해 주로 사용하는 방법은 최소제곱법(least square method)이다. 최소제곱법은 종속변수의 실제 관측값 y_i와 추정된 예측값 $\hat{y}_i$의 차이를 제곱하여 더한 값을 최소화하는 조건에서 추정하는 방법이다.

$$\sum_{i=1}^{n}(y_i - \hat{y}_i)^2 = \sum_{i=1}^{n}(y_i - (a + b\chi_i))^2$$

이 경우, a, b는 α와 β의 추정값이 된다.

(2) 분산의 분해

회귀분석은 실제 관측값들이 주어졌을 때 이를 가장 잘 설명할 수 있는 회귀직선을 추정하는 것이다. <그림11.1>에서 보듯이 종속변수 y를 추정하기 위해 회귀직선의 도움 없이 그 평균 y를 그대로 사용하면 그 차이는 $(y - \bar{y})$가 된다. 그러나 종속변수 y를 추정하기 위해 독립변수 x를 이용한 회귀직선을 사용한다면, 관측값 y에 대한 오차는 앞에서 얻은 $(y - \bar{y})$보다 어느 정도 줄어든다. 여기서 $(\hat{y} - \bar{y})$는 회귀직선을 사용하였기 때문에 줄어든 오차로서 전체 차이 $(y - \bar{y})$중 회귀직선에 의해 설명된 부분이다. 또한 회귀직선은 종속변수 y와 독립변수 x의 관계를 나타내므로 이 만큼은 독립변수 x에 의해 설명된 부분이기도 하다. 따라서 $(y-\bar{y})$를 전체오차라고 한다면, $(\hat{y}-\bar{y})$는 회귀방정식에 의해 설명된 편차이고, $(y-\hat{y})$는 회귀방정식으로 설명하지 못한 오차이다.

그림11.1 회귀분석에서 사용되는 분산의 분해

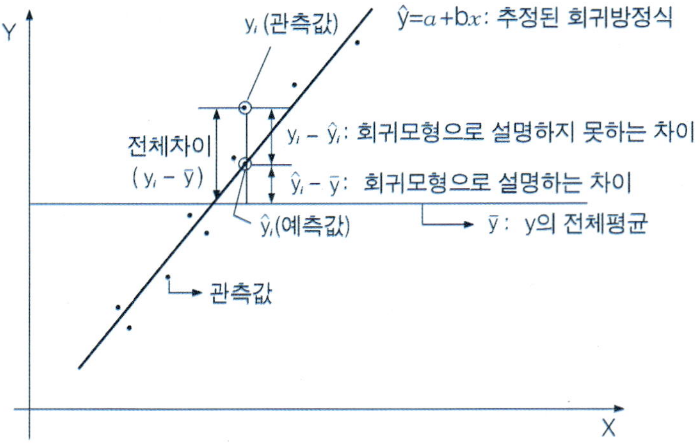

출처: 이군희(2005). 사회과학 연구방법론 수정판. 법문사. p.391.

총변동	=	회귀모형에 의해 설명되는 변동	+	회귀모형으로 설명되지 못하는 변동
SST	=	SSR	+	SSE
총제곱합	=	회귀제곱합	+	오차제곱합
$\sum_{i=1}^{n}(y_i-\bar{y})^2$	=	$\sum_{i=1}^{n}(\hat{y_i}-\bar{y})^2$	+	$\sum_{i=1}^{n}(y_i-\hat{y_i})^2$

즉, 총제곱합 SST(Sum of Squares Total)은 회귀제곱합 SSR(Sum of Squares Regression)과 오차제곱합 SSE(Sum of Squares Error)로 분해됨을 알 수 있다.

(3) 자유도와 제곱평균

모든 제곱합 SS(Sum of Squares)은 대응하는 자유도가 있고, 제곱합을 해당 자유도로 나누어주면 제곱평균 MS(Mean Squares)이 된다. 총제곱합 SST은 n개의 종속변수 중 표본평균 $\bar{y}$를 사용하여 제곱합을 계산하였으므로, 1개의 자유도를 상실하여 되어, 자유도는 n-1이 된다. 오차제곱합 SSE는 $\hat{y}_i$를 추정하기 위하여 a와 b를 사용하였으므로, 2개의 자유도를 잃게 되어 자유도는 n-2가 된다. 그리고 회귀제곱합 SSR의 자유도는 SST의 자유도에서 SSE의 자유도, 즉 (n-1)-(n-2) =1이 된다.

따라서 단순회귀모형에서 회귀제곱평균 MSR(Mean Square Regression)과 오차제곱평균 MSE(Mean Square Error)는 다음과 같이 계산된다.

$$MSR = \frac{SSR}{1} \qquad MSE = \frac{SSE}{n-2}$$

〈참고〉

자유도(degree of freedom)

모집단의 특성을 나타내는 모수를 파악하기 위해 표본을 추출하게 되는데, 이 경우 통계적 추측에 대한 정확도는 추출한 표본의 수가 어느 정도 되느냐에 의존한다. 예를 들어, 크기가 N인 모집단에서 크기가 n인 표본을 추출하여 관측한다면, 통계적 추측의 정확성은 n이 N에 근접할수록 높아질 것이다. 자유도의 개념은 이러한 모집단의 일부분으로부터 얻은 표본의 수인 n과 밀접한 관련이 있는 것으로 통계적 추측의 정확성을 표현하는 개념이다.

분산분석과 회귀분석에서 자유도의 개념은 n−(모형에서 사용되는 추정된 모수의 수)로 표현된다. 만일 n개의 관측값 (x_i, y_i)로 구성된 표본으로부터 $\hat{y} = a + bx$와 같은 통계적 모형을 설정하였다면, 이에 대한 분산 a와 b를 추측한 후에 계산할 수 있기 때문에 모형에서 사용되는 모수의 수는 2가 된다. 따라서 오차와 관련된 자유도는 n−2가 된다.

이러한 자유도의 개념은 '표본의 자유스러움'으로 설명될 수 있다. 만일 표본의 수를 n으로 하는 표본을 추출한다면, n개의 관측값이 자유스럽게 움직이게 된다. 하지만 n개의 표본에 어떠한 제약식을 추가한다면, n개의 표본은 더 이상 자유스럽지 못하게 되고 일부분의 표본만이 자유스럽게 되며, 나머지 표본은 제약식 조건을 맞추기 위하여 특정하게 정해진 값을 가져야만 한다. 모집단의 분산을 추측하는 문제에 있어서도, 분산을 추측하기 전에 기댓값 μ를 추측해야 하므로 μ를 추측하는 표본평균 $\overline{X}$를 사용하여 μ의 역할을 대치하게 되면, 표본의 n−1개만 자유스러운 값을 가지게 되며, 나머지 한 개의 관측값(n번째 관측값)은 표본평균 $\overline{X}$의 값을 맞추기 위하여 어떤 특정한 값을 가져야만 한다는 것이다. 따라서 분산 추측을 위한 표본의 자유도는 n−1이 된다.

출처: 이군희(2005), 사회과학 연구방법론 수정판, 법문사 p.392

(4) F검정과 분산분석표 (회귀방정식의 적합도 검정)

추정된 회귀방정식이 통계적으로 의미가 있는 것인지를 검정하가 위한 가설은 다음과 같다.

$H_0: \beta = 0$ (회귀계수가 0이다.)

$H_1: \beta \neq 0$ (회귀계수가 0이 아니다.)

회귀모형에 대한 검정은 분산분석표의 F값을 이용하여 분석한다. F값은 MSR/MSE로 계산되며, 이 값은 분자자유도 1, 분모자유도 n-2를 갖는 F분포를 따른다. F값의 유의확률이 $p<.05$에서 유의할 경우 귀무가설은 기각하게 되어(회귀계수는 0이 아니다), 결론적으로 독립변수가 종속변수에 의미 있는 영향을 미치는 것으로 해석할 수 있다. 이러한 과정을 보여주는 분산분석표는 다음과 같다.

〈표11.1〉 단순회귀분석에서의 분산분석표

변동원인	제곱합	자유도	제곱평균	F값
회귀	SSR	1	MSR=SSR/1	MSR/MSE
오차	SSE	n-2	MSE=SSE/n-2	
합계	SST	n-1		

(5) 회귀계수의 유의성 검정

회귀방정식의 독립변수가 종속변수에 유의한 영향을 미치는가를 분석하는 것으로 SPSS에서는 t 검증을 통해 파악한다.

(6) 결정계수(R^2)와 수정된 결정계수(adjusted R^2)

결정계수(coefficient of determination)는 총변동(SST)에서 회귀제곱합(SSR)이 차지하는 비율로 정의되며, 독립변수가 종속변수를 설명하는 정도를 표시하는 것으로, R^2로 표시한다.

일반적으로 독립변수의 수가 증가하면 결정계수의 값이 증가하는 경향이 있는데, 이러한 문제점을 해결하기 위해 결정계수의 개념에 자유도의 개념을 혼합시킨 수정된 결정계수가 있다. 수정된 결정계수 값은 항상 결정계수 값보다 조금 작다.

$$R^2 = \frac{\text{회귀모형에 의해 설명되는 변동}(SSR)}{\text{총변동}(SST)} = 1 - \frac{SSE}{SST}$$
$$R_a^2 = 1 - \frac{SSE/n-2}{SST/n-1} = 1 - \frac{MSE}{MST}$$

(7) 비표준화 회귀계수(b)와 표준화 회귀계수(β)

표본으로부터 회귀방정식을 추정할 때 비표준화 회귀계수(상수와 b)를 사용한다. 표준화 회귀계수는 종속변수에 대한 독립변수의 상대적인 영향력을 나타낸다. 표준화 회귀계수의 절대값이 클수록 종속변수에 대한 영향력이 큼을 알 수 있다.

2) 회귀분석의 종류

회귀분석은 독립변수의 수에 따라서 두 가지로 구분된다. 독립변수가 하나일 경우를 단순회귀분석이라 하고, 독립변수가 둘 이상의 경우를 다중회귀분석(multiple regression)이라고 한다. 이 장에서는 단순회귀분석에 대해 공부하기로 한다.

3) 회귀분석의 기본가정

기본적으로 회귀분석을 사용하기 위해서는 독립변수와 종속변수 모두 등간, 비율척도로 측정된 연속변수이어야 한다. 독립변수가 범주형 변수일 경우 더미변수로 바꾸어서 회귀분석을 사용할 수 있다. 회귀분석에 적용되는 가정은 다음과 같다.

① 독립변수와 종속변수 간에는 선형적 관계를 가져야 한다.

② 측정오차(measurement error)에 대한 가정: 종속변수 Y에 대한 측정오차로 구분되는 ε 에 대한 평균은 0이다.

③ 정규성(normality)에 대한 가정: 측정오차인 ε은 정규분포를 따른다.

④ 등분산성(homogeneity of variance)에 대한 가정: 측정오차인 ε에 대한 분산은 Y가 어떠한 수준의 값을 가져도 일정한 σ^2값을 가진다.

⑤ 독립성(independence)에 대한 가정 : 측정오차인 ε은 독립적으로 관측된다. 따라서 종속변수의 값도 독립변수에 의존하는 독립적인 측정값으로 구성된다. 자료가 시계열자료(time series data)의 경우 독립성의 가정이 깨지게 되며, 이 경우 회귀분석의 결과는 심각하게 왜곡되어 나타난다. 이러한 독립성은 시간에 따른 잔차 내에서의 상관계수를 측정하는 자기상관계수(autocorrelation coefficient)를 이용하여 측정되며, 자기상관계수가 0으로부터 유의한 차이를 보이는지에 대한 검정은 더빈 - 왓슨 검정(Durbin-Watson test)을 사용한다. 자기상관계수의 값이 0이 되어, 완벽하게 상관관계가 존재하지 않는 경우, 더빈-왓슨 통계량의 값은 2가 되고, 2를 중심으로 값이 너무 크거나 너무 작아지면 독립성의 가정이 만족되지 않는 것으로 판단한다.

2 단순회귀분석

1) 단순선형 회귀분석의 실행

친환경농산물 데이터를 이용하여 월평균 가계소득을 독립변수로, 친환경농산물 구매비용을 종속변수로 하는 단순회귀분석을 실행해 보자. 이 경우 연구문제는 다음과 같다.

> **연구문제**
>
> 월평균 가계소득은 친환경농산물 구매비용에 영향을 미치는가?

이 경우의 귀무가설과 대립가설은 다음과 같다.

H_0 : 가계소득은 친환경농산물 구매비용에 영향을 미치지 않는다($\beta = 0$).
H_1 : 가계소득은 친환경농산물 구매비용에 영향을 미친다($\beta \neq 0$).

① 친환경농산물 데이터를 열고【메뉴 → 분석→ 회귀분석 →선형】을 선택한다.

그림11.2 SPSS 데이터 편집기

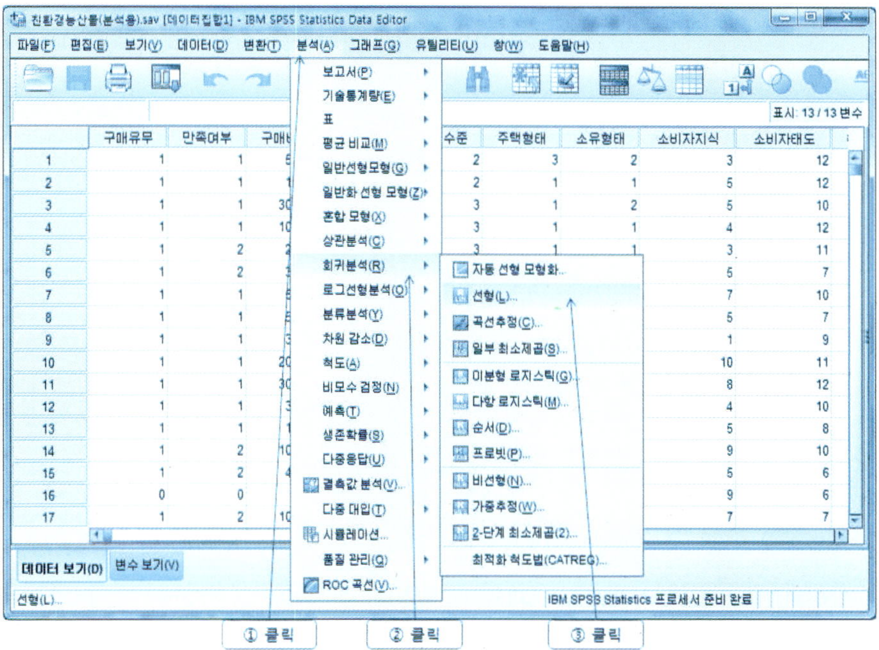

② 【종속변수】에는 구매비용을, 【독립변수】에는 월평균 가계소득을 선택한다.

그림11.3 단순회귀분석 대화상자

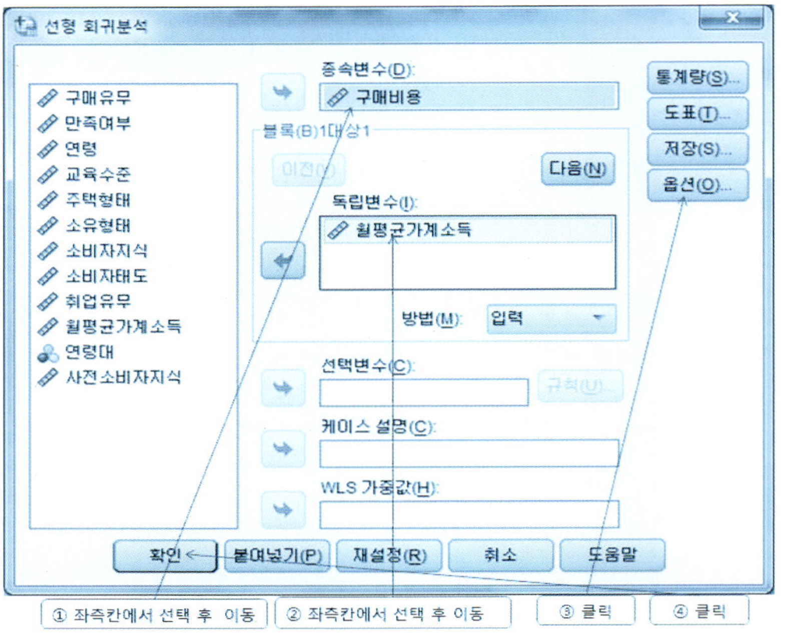

③ 【옵션】을 클릭하여, 【회귀계수】에서 추정값과 신뢰구간을 선택한다. 추정값은 회귀계수에 대한 추정치를 표시해 주는데 기본설정으로 되어있다. 신뢰구간은 회귀계수에 대한 95% 신뢰구간을 표시한다.

【모형적합】을 선택하면 결정계수(R^2), 수정된 결정계수(adjusted R^2), 표준오차 등에 대한 값을 표시한다. 【R^2 변화량】은 변수를 추가하거나 삭제하는 경우 R^2 변화정도를 나타내는데, 단순회귀분석에서는 별 의미가 없다. 【기술통계】는 각 변수의 평균과 표준편차, 모든 입력변수들 간의 상관관계를 표시한다. 【공선성진단】은 개별 독립변수에 대한 공차한계와 공선성 문제를 진단하는 다양한 통계량을 표시하는데, 단순회귀분석에서는 해당되지 않는다.

그림11.4 단순회귀분석: 통계량의 대화상자

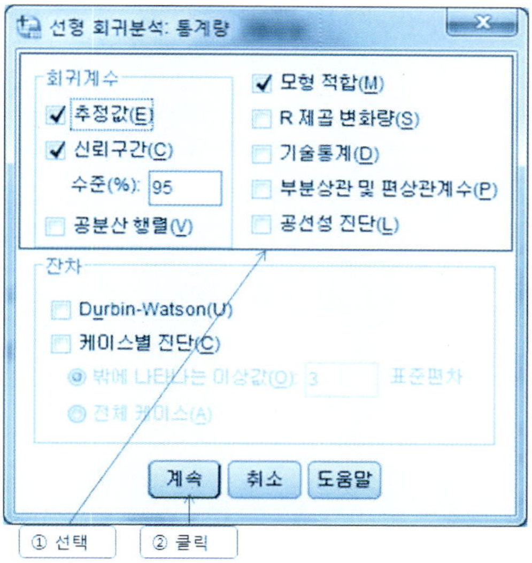

2) 결과표 해석

(1) 진입/제거된 변수

진입된 변수는 월평균 가계소득으로 독립변수를 말하며, 방법은 입력방식으로 단순회귀분석에서는 입력만 사용한다.

그림11.5 진입/제거된 변수

진입/제거된 변수[a]

모형	진입된 변수	제거된 변수	방법
1	월평균가계소득[b]	.	입력

a. 종속변수: 구매비용

b. 요청된 모든 변수가 입력되었습니다.

(2) 모형요약

그림11.6 모형요약

모형 요약

모형	R	R 제곱	수정된 R 제곱	추정값의 표준오차
1	.185[a]	.034	.032	88,701.839

a. 예측값: (상수), 월평균가계소득

① R

이것은 독립변수와 종속변수간의 상관계수를 나타내는데, 여기서는 r = 0.185로 월평균 가계소득과 친환경농산물 구매비용은 정적 상관관계를 가진다.

② R 제곱

R^2은 결정계수로서 독립변수가 종속변수를 설명하는 정도를 나타낸다. 결정계수의 값은 0에서 1사이의 값을 가지며, R^2의 값이 클수록 회귀모형의 유용성이 높음을 의미한다. 여기서는 월평균 가계소득은 친환경농산물 구매비용을 3.4%설명해준다.

(3) 분산분석

분산분석의 F값을 사용하여 회귀모형의 적합성을 결정하게 된다. 분석결과 F값이 17.131이고, 유의확률이 $p < .001$에서 통계적으로 유의하므로 귀무가설($\beta = 0$)을 기각하게 되고, 회귀모형이 적합하다고 결론 내릴 수 있다.

그림11.7 spss 분산분석결과

분산분석[a]

모형		제곱합	자유도	평균 제곱	F	유의확률
1	회귀 모형	1.348E+11	1	1.348E+11	17.131	.000[b]
	잔차	3.808E+12	484	7868016233		
	합계	3.943E+12	485			

a. 종속변수: 구매비용

b. 예측값: (상수), 월평균가계소득

(4) 계수

그림11.8 spss 계수

계수[a]

모형		비표준화 계수		표준화 계수	t	유의확률	B에 대한 95.0% 신뢰구간	
		B	표준오차	베타			하한값	상한값
1	(상수)	38350.048	13386.267		2.865	.004	12047.674	64652.423
	월평균가계소득	.014	.003	.185	4.139	.000	.007	.021

a. 종속변수: 구매비용

① 상수와 B (회귀계수)

상수는 추정된 회귀방정식에서 a의 값에 해당하며, B는 비표준화 회귀계수를 나타낸다. 이를 통해 회귀방정식을 추정하면 다음과 같다.

$$\hat{y} = 38350 + 0.014x$$

여기서 $\hat{y}$ = 친환경농산물 구매비용, x = 월평균 가계소득

② t, 유의확률

독립변수의 유의성은 t검증을 통해 결정되는데, 분석결과 t=4.139, 유의확률 값이 $p < .001$보다 작기 때문에 독립변수가 종속변수에 유의한 영향을 미친다고 볼 수 있다. 즉 귀무가설은 기각되고 대립가설이 지지된다. 따라서 월평균 가계소득은 친환경농산물 구매비용에 유의한 영향을 미치며, 특히 회귀계수가 정(+)의 값을 가지므로 가계소득이 증가할수록 친환경농산물 구매비용이 증가한다고 해석할 수 있다.

12

다중회귀분석

1/ 다중회귀분석에 대한 이해

2/ 다중회귀분석의 실행(입력방식)

3/ 다중회귀분석의 실행(단계선택 방식)

다중회귀분석(multiple regression analysis)은 한 개의 종속변수와 두 개 이상의 독립변수 사이의 관계를 분석하는 통계적 분석방법이다. 다중회귀분석을 사용하는 경우에는 단순회귀분석에서 발생하지 않는 모형선택 문제와 다중공선성 문제가 발생하게 된다. 만일 독립변수가 연속변수가 아닌 명목척도로 구성된 경우에는 더미변수를 이용하여 다중회귀분석을 실시할 수 있다.

1 다중회귀분석에 대한 이해

1) 다중회귀분석의 기본개념

(1) 다중선형 회귀모형과 추정된 회귀방정식

다중선형 회귀모형의 일반적인 형태는 다음과 같다.

$$Y = \alpha + \beta_1 x_1 + \beta_2 x_2 + \cdots + \beta_p x_p + \epsilon$$

여기서, Y = 종속변수, $x_1, \cdots, x_p$= 독립변수

$\alpha, \beta_1, \cdots, \beta_p$ = 절편항과 회귀계수(모수)

ε = Y에 대한 오차항

여기서 추정된 회귀방정식은 다음과 같다.

$$Y = a + b_1 x_1 + b_2 x_2 + \cdots + b_p x_p$$

여기서, a = 상수(절편), α의 추정값

$b_1, b_2, \cdots, b_p$ = $\beta_1, \beta_2, \cdots, \beta_p$의 추정값

(2) 다중공선성(multicollinearity)

공선성(collinearity)은 두 변수 간의 상호의존도를 의미하며, 다중공선성이란 세 개 이상의 독립변수들 간에 높은 상관관계가 존재하는 것을 말한다. 다중회귀분석의 경우 여러 개의 독립변수들이 회귀식에 포함되는데, 이 때 상관관계가 높은 변수들이 동시에 회귀식에 들어가면 결과가 왜곡된다. 그러므로 회귀식을 추정하기 전에 독립변수들 사이의 다중공선성을 반드시 확인할 필요가 있다.

SPSS에서 다중공선성을 점검하는 방법으로 공차한계와 분산팽창요인(variance inflation factor, VIF)을 사용한다. 변수 i의 공차한계는(TOLi)는 $(1-R_i^2)$로 표시되는데, 여기서 R_i^2는 독립변수 i가 다른 독립변수들에 의해 설명되는 정도를 의미한다. R_i^2값이 클수록 공차한계 값이 작아지는데, 공차한계 값이 작을수록 그 독립변수가 다른 독립변수들에 의해 설명되는 정도가 크다는 것을 의미하므로 다중공선성이 높다. 분산팽창요인은 공차한계의 역수로 표시되며(VIFi = 1/TOLi), VIF 값이 클수록 독립변수들 간의 공선성 정도가 높음을 의미한다. 공차한계의 최대값은 1(한 독립변수가 다른 독립변수들에 의해 설명되는 정도=0)이며, 공선성 판단을 위한 일반적인 기준은 공차한계가 0.1이하, 분산팽창요인 10이상이다.

공선성을 낮추기 위해서는 상관관계가 높은 독립변수들 중에서 한 변수를 제거하고 회귀모형을 구성하거나, 모형선택에서 단계선택법을 설정하여 설명력이 높은 독립변수만을 회귀모형에 진입시키는 방법을 이용할 수 있다.

(3) 다중회귀모형의 적합성 검정(전반검정, overall test)

다중회귀모형에 대한 적합성 여부를 판단하는 가설검정은 다음과 같은 귀무가설과 대립가설을 가진다.

$H_0 : \beta_1 = \beta_2 = . . . = \beta_p = 0$ (모든 회귀계수가 0이다.)

H_1: 최소한 한 개의 β는 0이 아니다(i = 1, 2, . . . , p).

전반검정에 대한 통계량은 분산분석표의 F값을 이용한다. F값은 F = MSR/MSE이다. 만일 귀무가설이 참인 경우에 F값은 분자의 자유도 p, 분모 자유도 n-p-1을 갖는 F분포를 따른다. 만일 F값의 유의확률이 p< .05에서 유의할 경우 귀무가설은 기각하게 되어 우리가 세운 회귀방정식이 적합하다고 결론 내릴 수 있다.

〈표12.1〉 다중회귀분석의 분산분석표

변동원인	제곱합	자유도	제곱평균	F값
회귀	SSR	p	MSR=SSR/p	MSR/MSE
오차	SSE	n−p−1	MSE=SSE/(n−p−1)	
합계	SST	n−1		

(4) 회귀계수에 대한 유의성 검정(부분검정, partial test)

전반검정에서는 여러 개의 회귀계수 중에서 어느 회귀계수가 유의한가에 대해서는 알려주지 않는다. 부분검정은 전반검정의 귀무가설이 기각되는 경우, 어떤 독립변수가 종속변수에 유의한 영향을 주는 중요한 변수인가를 제시해준다. SPSS에서는 회귀계수에 대한 부분검정 시 t-검증을 사용한다.

(5) 다중결정계수(coefficient of multiple determination, R^2)

단순회귀분석에서 소개한 결정계수와 비슷한 의미로서 다중회귀분석에서는 다중결정계수가 있다. 이것은 다중회귀모형에서 종속변수의 분산 중 독립변수들에 의해 설명되는 비율을 나타내며, 보통 0과 1 사이의 값을 가진다. 일반적으로 회귀식에 포함되는 독립변수의 수가 추가됨에 따라 결정계수 값은 증가하는데, 이러한 문제점을 고려하여 자유도를 반영한 것이 수정된 결정계수(adjusted R^2)이다.

$$R^2 = \frac{SSR}{SST} = 1 - \frac{SSE}{SST}$$

여기서 SST는 총변동, SSR은 다중회귀모형에 의해 설명되는 변동, SSE는 다중회귀모형에 의해 설명되지 않는 변동을 나타낸다.

$$R_a^2 = 1 - \frac{SSE/n-p-1}{SST/n-1} = 1 - \frac{MSE}{MST}$$

(6) 비표준화 회귀계수(b)와 표준화 회귀계수(β)

단순회귀분석에서와 마찬가지로 표본으로부터 회귀방정식을 추정할 때 비표준화 회귀계수를 사용한다. 표준화 회귀계수는 추정된 회귀식에 포함된 여러 개의 독립변수들 중에서 종속변수에 대한 독립변수의 상대적인 영향력을 나타낸다. 표준화 회귀계수는 회귀모형에서 각 변수들을 평균=0, 표준편차=1로 표준화시킨 것이다. 따라서 표준화 회귀계수의 절대값이 클수록 종속변수에 대해 중요한 영향을 미치는 변수임을 알 수 있다.

2) 모형선택 방법

다중회귀분석에서는 연구자가 어떠한 독립변수를 회귀모형에 포함시킬 것인가에 대한 문제에 직면하게 된다. 만일 연구자가 정확하게 어떠한 독립변수를 회귀모형에 포함시켜야 할지 아는 경우도 있지만, 사회과학 연구의 많은 경우에 완벽하게 독립변수를 구성하기 어려우며 연구목적 자체가 적절한 독립변수를 선택하여 종속변수를 예측하는 경우가 대부분이다.

독립변수에 대한 선택문제는 어떠한 독립변수가 종속변수에 영향을 미치는지를 알아보는 탐색적인 목적으로 사용되기도 하고, 가장 적은 오차를 갖는 회귀모형을 선택하여 최상의 예측값을 얻기 위한 목적으로 이용된다.

(1) 입력방법(enter)

입력방법은 모든 독립변수들이 동시에 회귀모형에 들어가게 된다. 이 경우에는 통계적으로 유의하지 않은 독립변수가 최종 회귀모형에 들어갈 수 있다. SPSS의 기본설정 방법이다.

(2) 단계선택(stepwise)

단계선택법은 여러 개의 독립변수들 중에서 종속변수에 대한 설명력이 어느 정도 높은 변수들로만 회귀모형을 구성하는 것이다. 구체적으로 첫 단계에서는 종속변수와 상관관계가 가장 높은 변수가 회귀식에 들어간다. 두 번째 단계에는 전 단계에 들어가지 않은 변수들 중에서 종속변수와 가장 높은 편상관관계를 갖는 변수가 들어간다. 각 단계에서 기존에 진입한 변수의 유의성 검증이 이루어지며, 이때 비유의적인 변수는 제거된다.

(3) 전진방법(forward)

전진방법은 단계선택과 마찬가지로 종속변수와 상관관계가 높은 독립변수의 순으로 회귀식에 진입한다. 언제까지 변수를 진입시킬 것인지를 결정하는 기준은 F - 진입값이라고 하며, 보통 F - 진입값이 0.15가 많이 사용된다. 단계선택법과 다른 점은 일단 회귀식에 진입한 변수는 최종모형에서 절대로 나가지 않고 남아있게 된다.

(4) 후진방법(backward)

후진방법은 모든 독립변수가 한꺼번에 회귀모형에 들어가고, 다음 단계에서는 종속변수에 대한 설명력이 낮은 순서로 하나씩 제거되는 방법이다. 언제까지 변수를 제거할 것인가를 결정하는 기준은 F-제거값이며, 주로 사용하는 F-제거값은 0.3이다. 이 방법에서는 한번 제거된 변수는 최종모형에 절대로 포함될 수 없다.

3) 더미변수를 이용한 회귀분석

회귀분석을 사용하기 위해서는 독립변수와 종속변수가 모두 연속변수이어야 하지만, 조사대상자의 성별이나 교육수준과 같이 명목척도로 측정된 변수가 독립변수로 사용되는 경우도 있다. 이 때는 더미변수(dummy variable)로 만들어서 회귀분석을 사용해야 하는데, 더미변수는 0과 1의 값을 가지는 형태로 표현된다. 독립변수 X가 k개의 범주로 구성되어 있다면, k-1의 더미변수가 필요하다.

(1) 범주가 2인 경우의 더미변수

예를 들어 종속변수는 삶의 만족도, 독립변수가 성별을 나타내는 변수라고 가정하자. 성별을 표현하기 위하여 더미변수(dummy variable)를 사용하는데, 이 경우 더미변수 D는 남자의 경우 0의 값을, 여자의 경우 1의 값을 가진다. 이 때의 회귀모형은 다음과 같다.

$$y = \alpha + \beta D + \epsilon$$

남자의 경우(D=0) 회귀모형: $y = \alpha + \epsilon$
여자의 경우(D=1) 회귀모형: $y = \alpha + \beta + \epsilon$

여기서 남자의 경우 평균적인 삶의 만족은 α 가 되며, 여자의 경우 평균적인 삶의 만족은 $\alpha + \beta$ 가 되어 남자와 여자의 삶의 만족에 대한 차이는 β가 된다. 이 경우 남자가 기준그룹(reference group)이 되어 여자의 삶의 만족과 비교하게 된다.

(2) 범주가 3이상인 경우의 더미변수

예를 들어 종속변수는 삶의 만족도, 독립변수가 연령대(20대, 30대, 40대, 50대 이상)라고 가정하자. 이 경우 독립변수는 4개의 범주로 구성되며, 3개의 더미변수 D_1, D_2, D_3로 표현될 수 있다. 3개의 더미변수에 대해 알아보도록 하자.

연령대	D1	D2	D3
20대	1	0	0
30대	0	1	0
40대	0	0	1
50대 이상	0	0	0

여기서 D_1의 값이 1인 경우는 20대의 삶의 만족을 의미하며, D_1의 값이 0인 경우는 20대를 제외한 모든 다른 연령대의 삶의 만족을 의미한다. 이와 같은 방법으로 D_2의 값이 1인 경우는 30대의 삶의 만족을, D_3가 1인 경우는 40대의 삶의 만족을 의미한다. 또한 50대 이상은 3개의 더미변수 D_1, D_2, D_3의 값이 모두 0인 경우에 해당한다. 이 경우의 회귀모형은 다음과 같다.

$$y = \alpha + \beta_1 D_1 + \beta_2 D_2 + \beta_3 D_3 + \epsilon$$

20대에 대한 회귀모형: $y = \alpha + \beta_1 + \epsilon$

30대에 대한 회귀모형: $y = \alpha + \beta_2 + \epsilon$

40대에 대한 회귀모형: $y = \alpha + \beta_3 + \epsilon$

50대 이상에 대한 회귀모형: $y = \alpha + \epsilon$

여기서, α는 50대 이상의 경우 평균적인 삶의 만족을 나타내며, β_1은 20대와 50대 이상의 삶의 만족에 대한 차이를, β_2는 30대와 50대 이상의 삶의 만족의 차이를, β_3는 40대와 50대 이상의 삶의 만족의 차이를 나타낸다. 이 경우 50대 이상이 기준그룹이 되어 다른 연령대와 비교하게 된다. 기준그룹을 50대 이상이 아닌 다른 연령집단으로 설정하여도 회귀분석 결과는 동일하게 나타난다. 다만, β_1, β_2, β_3 의 의미는 기준그룹을 어떤 연령대로 설정할 것인가에 따라 다르게 해석되므로, 연구자가 쉽게 설명될 수 있도록 기준그룹을 설정하는 것이 좋다.

2 다중회귀분석의 실행(입력방식)

1) 입력방식 실행

'강의만족도' 데이터를 가지고 다중회귀분석을 실시하기로 하자. 독립변수는 명료성, 자극, 지식, 흥미, 과목에 대한 평가(과목평가)이며, 종속변수는 강의에 대한 평가(강의평가)이다. 먼저 독립변수로 사용되는 변수들과 종속변수 모두 등간, 비율척도로 측정된 연속변수이므로 곧바로 회귀분석을 시작할 수 있다. 이 경우 연구문제는 다음과 같다.

연구문제

명료성, 자극, 지식, 흥미, 과목에 대한 평가는 강의에 대한 평가에 영향을 미치는가?

① 강의만족도 데이터를 열고【메뉴 → 분석 → 회귀분석 → 선형】을 선택한다.

그림12.1 SPSS 데이터 편집기

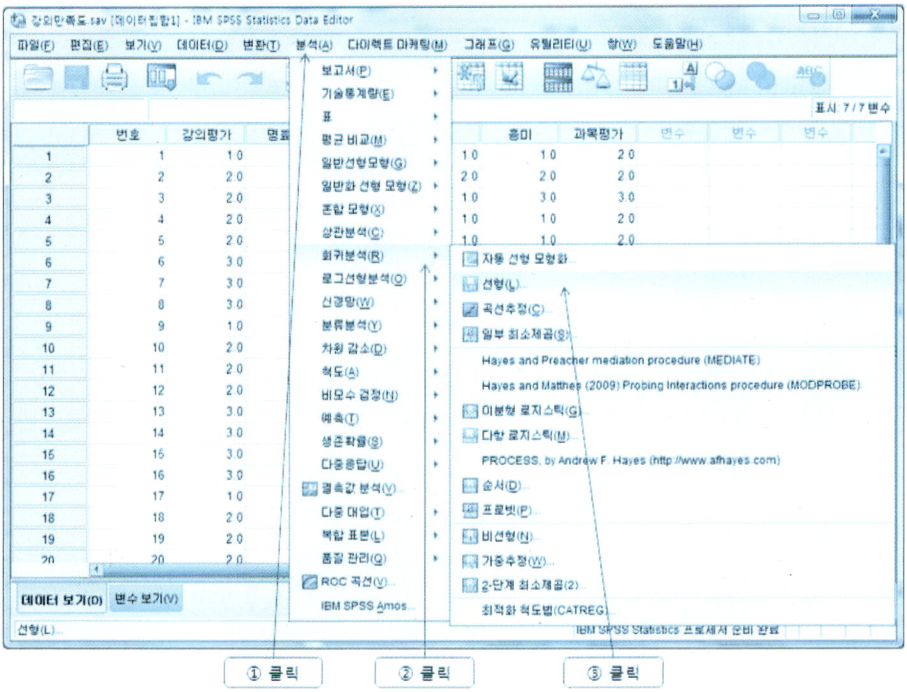

② 【종속변수】에는 강의평가를, 【독립변수】에는 명료성, 자극, 지식, 흥미, 과목평가를 선택한다. 【방법】은 모형선택 방법을 말하며, 여기서는 기본설정으로 되어 있는 입력을 사용하기로 한다.

그림12.2 선형 회귀분석 대화상자(중회귀분석)

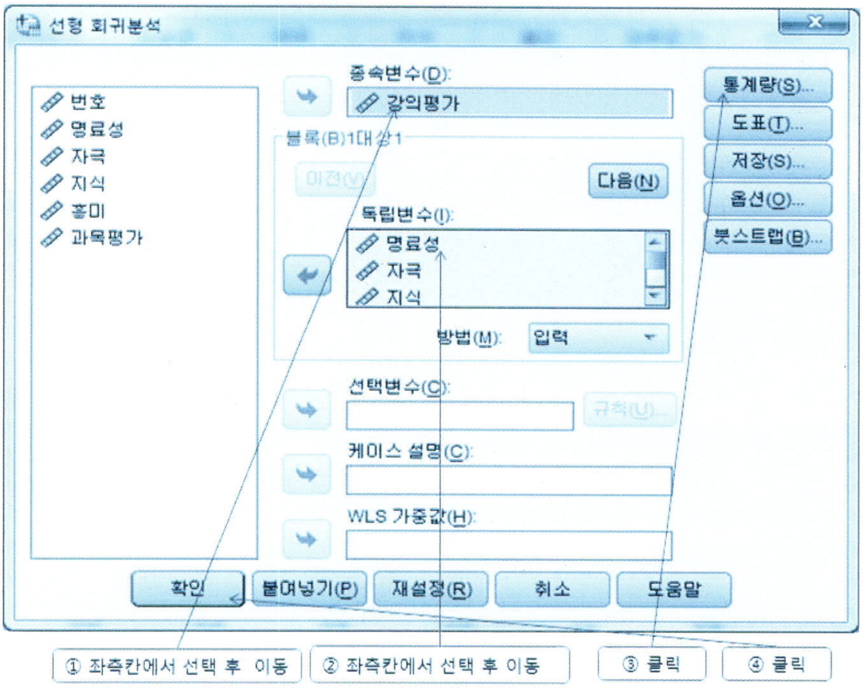

③ 【통계량】을 클릭하여, 【회귀계수】에서 추정값을 선택한다. 추정값은 회귀계수에 대한 추정치를 표시해 주는데 기본설정으로 되어있다.

【모형적합】을 선택하면 결정계수(R^2), 수정된 결정계수(adjusted R^2), 표준오차 등에 대한 값을 표시한다. 【R^2 변화량】은 변수를 추가하거나 삭제하는 경우 R^2 변화정도를 나타내는데, 모형선택이 입력인 경우에는 사용할 필요가 없다. 【기술통계】는 각 변수의 평균과 표준편차, 모든 입력변수들 간의

상관관계를 표시한다. 【공선성진단】은 우리가 선택한 4개의 독립변수에 대한 공차한계와 공선성 문제를 진단하는 다양한 통계량을 표시해준다. 【잔차】의 【Durbin-Watson】은 회귀분석의 가정 중 독립성의 가정을 점검할 수 있다. 시계열자료(time series data)를 회귀분석하는 경우 오차항의 값들이 서로 상관관계가 높게 나타날 수 있어 회귀모형에 부적합하다. 더빈 왓슨 통계량의 기준값은 정상분포를 의미하는 2가 되며, 이 경우 오차항들의 상관관계는 없다고 본다. 오차항의 상관관계는 0에 가까울수록 양의 상관관계가, 4에 가까울수록 음의 상관관계가 있음을 나타낸다. 만약 이 값이 0 또는 4에 가까울 경우 오차항들간에 상관관계가 있다고 판단하며, 이 경우 회귀분석이 적합하지 못하다.

그림12.3 선형 회귀분석: 통계량 대화상자

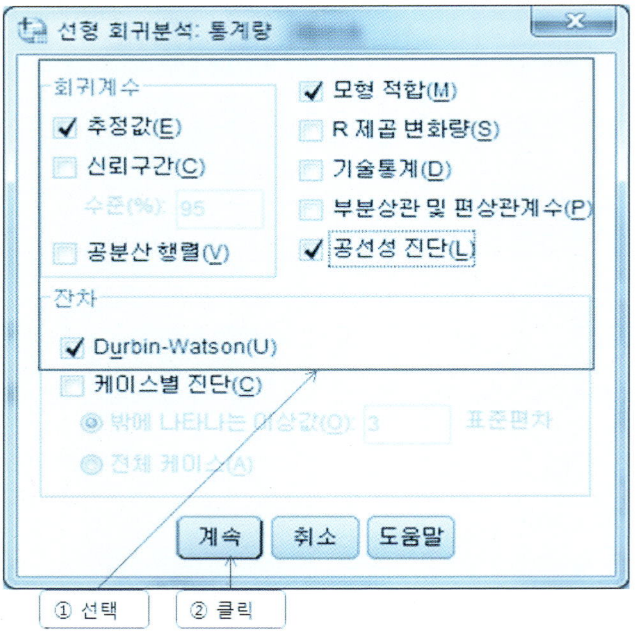

2) 결과표 해석

(1) 진입/제거된 변수

모형선택에서 입력선택은 모든 독립변수가 동시에 회귀식에 진입한다. 여기서 진입된 변수는 명료성, 자극, 지식, 흥미, 과목평가이다.

그림12.4 진입/제거된 변수

진입/제거된 변수[a]

모형	진입된 변수	제거된 변수	방법
1	과목평가, 지식, 자극, 흥미, 명료성[b]	.	입력

a. 종속변수: 강의평가

b. 요청된 모든 변수가 입력되었습니다.

(2) 모형요약

그림12.5 모형요약

모형 요약[b]

모형	R	R 제곱	수정된 R 제곱	추정값의 표준오차	Durbin-Watson
1	.946[a]	.894	.874	.2831	1.740

a. 예측값: (상수), 과목평가, 지식, 자극, 흥미, 명료성

b. 종속변수: 강의평가

① R제곱

결정계수 R제곱은 독립변수들이 종속변수를 얼마만큼 설명하는가를 나타낸다. 분석결과 R^2은 0.894로서, 명료성, 자극, 지식, 흥미, 과목평가는 강의에 대한 평

가를 약 89.4% 설명하였다. 수정된 R제곱은 자유도를 반영한 결정계수 값이다.

② Durbin-Watson

Durbin-Watson의 통계량은 1.905로 2에 가깝기 때문에 오차항의 독립성 가정은 충족되었다고 판단할 수 있다.

(3) 분산분석

그림12.6 분산분석

분산분석[a]

모형		제곱합	자유도	평균 제곱	F	유의확률
1	회귀 모형	17.635	5	3.527	44.004	.000[b]
	잔차	2.084	26	.080		
	합계	19.719	31			

a. 종속변수: 강의평가

b. 예측값: (상수), 과목평가, 지식, 자극, 흥미, 명료성

회귀모형의 적합성 검정을 평가하는 F값은 44.0이고, 유의확률은 .000이므로 $p < .001$ 수준에서 통계적으로 유의하다. 즉 회귀계수가 0이라는 귀무가설을 기각하게 되므로 강의에 대한 평가를 측정하는 회귀모형이 적합하다고 평가할 수 있다.

(4) 계수

그림12.7 spss 계수

계수[a]

모형		비표준화 계수 B	비표준화 계수 표준오차	표준화 계수 베타	t	유의확률	공선성 통계량 공차	공선성 통계량 VIF
1	(상수)	-.443	.235		-1.886	.070		
	명료성	.386	.071	.523	5.415	.000	.436	2.293
	자극	.197	.062	.269	3.186	.004	.569	1.759
	지식	.277	.108	.215	2.561	.017	.579	1.728
	흥미	.011	.097	.011	.115	.910	.441	2.266
	과목평가	.270	.110	.243	2.459	.021	.416	2.401

a. 종속변수: 강의평가

① 비표준화 계수

비표준화 회귀계수를 이용하여 회귀식을 추정하면 다음과 같다.

$$Y = -0.443 + 0.386X_1 + 0.197X_2 + 0.277X_3 + 0.011X_4 + 0.270X_5$$

(X_1 = 명료성, X_2 = 자극, X_3= 지식, X_4 = 흥미, X_5 = 과목평가)

위와 같이 추정된 회귀식에서 회귀선의 기울기가 독립변수가 종속변수에 미치는 영향을 나타낸다. 즉, 명료성이 증가할수록, 자극이 증가할수록, 과목평가가 증가할수록, 지식이 증가할수록, 흥미가 증가할수록 강의에 대한 평가가 증가한다고 해석할 수 있다.

② 각 독립변수의 유의성 검증

각 독립변수의 유의성은 t검증과 유의확률 값에 의해 판단한다. 명료성의 경우 t값은 5.415, 유의확률은 .000으로 $p<.001$에서 통계적으로 유의하다. 자극의 경우에도 t값은 3.186, 유의확률 .004으로 $p<.01$에서 통계적으로 유의하다. 지식의 t값

은 2.561, 유의확률 .017로 p<.05에서 통계적으로 유의하다. 흥미의 t값은 0.115, 유의확률은 .910으로 통계적으로 유의하지 않다. 과목평가의 t값은 2.459, 유의확률 .021로 p<.05에서 통계적으로 유의하다. 회귀식에 포함된 독립변수 중 흥미를 제외한 명료성, 자극, 지식, 과목평가가 종속변수에 유의한 영향을 주고 있음을 나타낸다.

③ 표준화 계수

다중회귀분석의 경우 독립변수가 여러 개이므로 종속변수에 대해 어느 독립변수가 가장 큰 영향력을 미치는지, 어느 독립변수는 상대적으로 덜 영향을 미치는지를 파악하기 위해서는 표준화 회귀계수(β)를 비교하면 된다. 표준화 회귀계수 값을 비교하면, 강의에 대한 평가에 가장 영향력이 큰 변수는 명료성이며, 다음이 자극, 과목평가, 지식의 순서임을 나타낸다.

④ 공선성 통계량

독립변수들간의 다중공선성 여부를 판단하기 위해 공차한계와 VIF(분산팽창요인)를 사용하면 된다. 일반적으로 공차한계 값이 0.1이하, VIF값이 10이상이면 다중공선성이 존재한다고 보는데, 연구결과 네 변수들 간의 공차한계가 0.1보다 훨씬 크고, VIF값은 10보다 훨씬 작기 때문에 다중공선성이 없는 것으로 판단할 수 있다.

3) 보고서 제시양식

다중회귀분석의 보고서는 비표준화 회귀계수(b)와 표준화 회귀계수(β)를 제시하고 각각의 t값을 적고 유의수준을 *로 표시한다.

[표12.1] 명료성, 자극, 지식, 흥미, 과목평가가 강의에 대한 평가에 미치는 영향

독립변수	B	β	t
명료성	.386	.523	5.415***
자극	.197	.269	3.186**
지식	.277	.215	2.561*
흥미	.011	.011	.115
과목평가	.270	.243	2.459*
상수 = − .443			
F = 44.004***			
R^2 = .894			
수정된 R^2 = .874			

*p<.05, **p<.01, ***p<.001

해석 명료성, 자극, 지식, 흥미, 과목평가 등 다섯 변수가 함께 투입되어 강의에 대한 평가를 87% 설명해준다. F값이 44.00으로 .001수준에서 통계적으로 유의하게 나타나 회귀모형으로 적합하다. 강의에 대한 평가에 미치는 변수의 상대적 중요도에서는 베타값(β)을 기준으로 볼 때, 명료성, 자극, 과목평가, 지식의 순으로 설명력이 높은 것으로 나타났다. 즉 강의내용이 명료할수록, 자극이 높을수록, 과목에 대한 평가점수가 높을수록, 지식을 많이 가질수록 강의에 대한 평가점수가 높았다.

3 다중회귀분석의 실행(단계선택 방식)

1) 단계선택방식의 실행

앞에서는【입력】방식에 의한 다중회귀분석을 실시하였다. 이번에는【단계선택】

방식에 의한 다중회귀분석을 실행하기로 한다.

① 강의만족도 데이터를 열고 【메뉴 → 분석 → 회귀분석 → 선형】을 선택하면 다음과 같은 창이 열린다.

그림12.8 SPSS 데이터 편집기

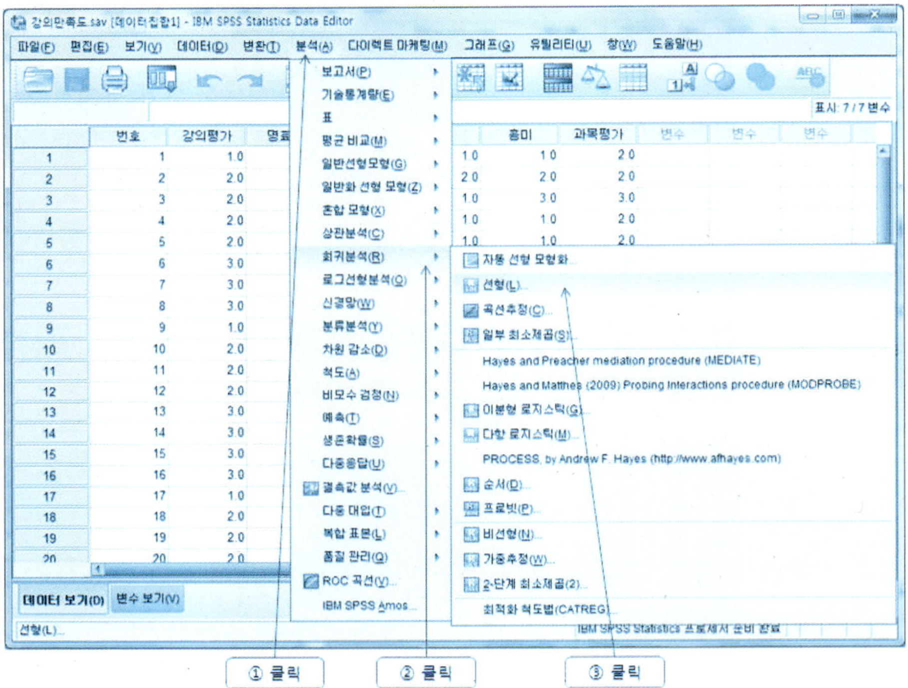

여기서 【종속변수】에는 강의평가를, 【독립변수】에는 명료성, 자극, 지식, 흥미, 과목평가를 선택한다. 모형선택【방법】은 【단계선택】을 선택한다.

그림12.9 선형 회귀분석 대화상자(단계적 회귀분석)

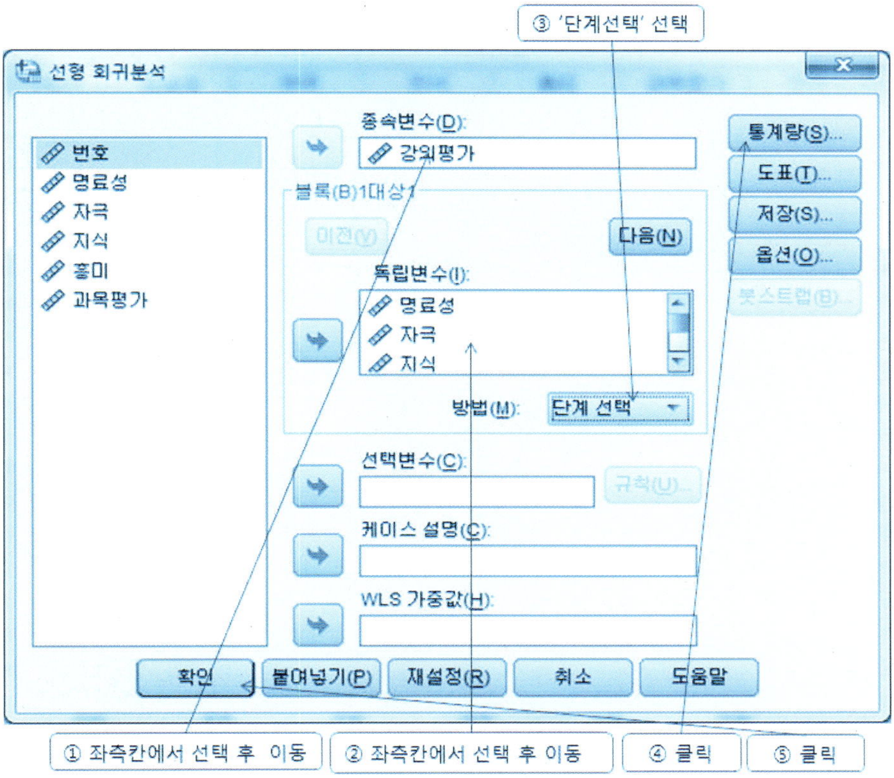

② 【통계량】을 선택하여 창이 열리면, 회귀계수의 【추정값】, 【모형적합】, 【R제곱변화량】, 【기술통계】, 【공선성진단】그리고 잔차의 【Durbin-Watson】을 선택한다.

그림12.10 선형 회귀분석: 통계량 대화상자

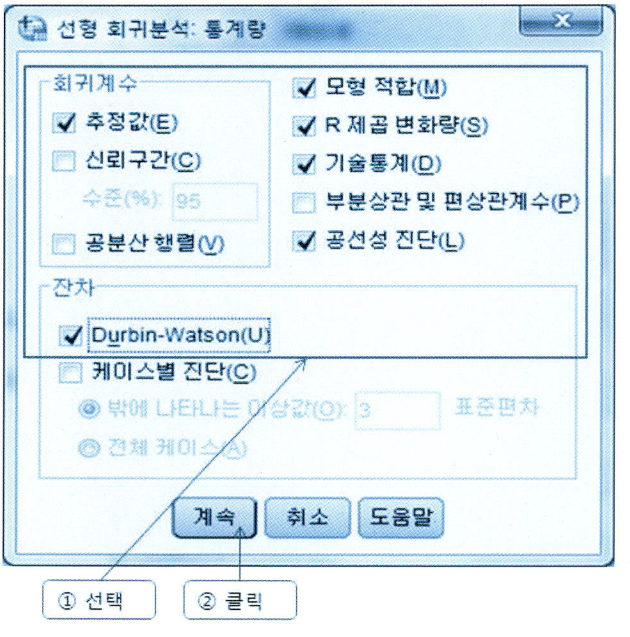

2) 결과표 해석

(1) 진입 / 제거된 변수

아래의 결과표에 의하면 종속변수는 강의에 대한 평가이고, 모형선택을 위한 독립변수 투입방식은 1단계에서는 명료성만이 독립변수로서 투입되었고, 2단계에서는 흥미가 추가적으로 투입되었으며, 마지막 단계에서는 자극이 투입되었다. 이때 변수의 진입 및 제거기준은 각각 p값이 .05와 .10임이 나타나 있다.

그림12.11 진입/제거된 변수

진입/제거된 변수[a]

모형	진입된 변수	제거된 변수	방법
1	명료성	.	단계선택 (기준: 입력할 F의 확률 <= .050, 제거할 F의 확률 >= .100).
2	흥미	.	단계선택 (기준: 입력할 F의 확률 <= .050, 제거할 F의 확률 >= .100).
3	자극	.	단계선택 (기준: 입력할 F의 확률 <= .050, 제거할 F의 확률 >= .100).

a. 종속변수: 강의평가

(2) 모형요약

앞에서 본 입력방법에서는 모형이 1개이지만, 단계선택에서는 총 3개의 모형에 대한 모형요약이 제시되어 있다.

그림12.12 모형요약

모형 요약[d]

모형	R	R 제곱	수정된 R 제곱	추정값의 표준오차	통계량 변화량					Durbin-Watson
					R 제곱 변화량	F 변화량	df1	df2	유의확률 F 변화량	
1	.862[a]	.743	.734	.4112	.743	86.602	1	30	.000	
2	.903[b]	.815	.802	.3551	.072	11.224	1	29	.002	
3	.925[c]	.856	.840	.3189	.041	7.976	1	28	.009	2.500

a. 예측값: (상수), 명료성

b. 예측값: (상수), 명료성, 흥미

c. 예측값: (상수), 명료성, 흥미, 자극

d. 종속변수: 강의평가

① R제곱, R제곱 변화량

모형 1의 경우 명료성만이 독립변수로서 투입된 결과 R^2이 .743으로 나타났다. 모형 1은 회귀식에 독립변수가 처음으로 투입된 것이기 때문에 R제곱이 곧 R제곱 변화량이 된다. 모형 2는 흥미가 추가적으로 투입된 결과 R^2은 .802로 .072만큼 증가하였으며, R^2증가량은 통계적으로 유의하다(F변화량=11.224, 유의확률=.002). 마찬가지로 모형 3은 자극이 추가적으로 투입된 결과 R^2은 .0856으로 .041만큼 증가하였고, R^2증가량은 통계적으로 유의하였다(F변화량=7.976, 유의확률=.009). 따라서 우리는 3개의 독립변수가 투입된 모형 3를 최종적으로 선택한다.

② Durbin-Watson

Durbin-Watson 통계량은 2.500으로 2에 가깝기 때문에 오차항의 독립성 가정은 충족되었다고 할 수 있다.

(3) 분산분석

최종적으로 3번째 모형을 선택하였기 때문에 여기서는 모형 3의 F값과 유의확률만 확인하면 된다. 회귀모형의 적합도를 평가하는 분산분석 결과 F값이 55.316, 유의확률이 .000으로 $p<.001$에서 유의하다. 즉 강의에 대한 평가를 예측하는 3번째 회귀모형은 적합하다고 할 수 있다.

그림12.13 분산분석

분산분석[a]

모형		제곱합	자유도	평균 제곱	F	유의확률
1	회귀 모형	14.645	1	14.645	86.602	.000[b]
	잔차	5.073	30	.169		
	합계	19.719	31			
2	회귀 모형	16.061	2	8.031	63.670	.000[c]
	잔차	3.658	29	.126		
	합계	19.719	31			
3	회귀 모형	16.872	3	5.624	55.316	.000[d]
	잔차	2.847	28	.102		
	합계	19.719	31			

a. 종속변수: 강의평가

b. 예측값: (상수), 명료성

c. 예측값: (상수), 명료성, 흥미

d. 예측값: (상수), 명료성, 흥미, 자극

(4) 계수

그림12.14 계수

계수[a]

모형		비표준화 계수		표준화 계수	t	유의확률	공선성 통계량	
		B	표준오차	베타			공차	VIF
1	(상수)	.598	.207		2.882	.007		
	명료성	.636	.068	.862	9.306	.000	1.000	1.000
2	(상수)	.254	.207		1.230	.229		
	명료성	.596	.060	.807	9.887	.000	.960	1.042
	흥미	.277	.083	.273	3.350	.002	.960	1.042
3	(상수)	.021	.203		.105	.917		
	명료성	.482	.067	.653	7.158	.000	.619	1.616
	흥미	.223	.077	.220	2.904	.007	.900	1.112
	자극	.195	.069	.266	2.824	.009	.580	1.724

a. 종속변수: 강의평가

단계선택의 경우 최종 모형에는 포함된 독립변수들은 모두 유의한 변수들로만 구성된다. 각 독립변수의 t값과 유의확률을 통해서도 확인할 수 있는데, 명료성은 $p< .001$수준에서, 흥미와 자극은 $p< .01$수준에서 유의함을 알 수 있다.

① 비표준화 계수

모형 4의 비표준화 회귀계수를 이용하여 최종 회귀식을 추정하면 다음과 같다.

$$Y = 0.021 + 0.482X_1 + 0.223X_2 + 0.195X_3$$

(X_1 = 명료성, X_2 = 흥미, X_3 = 자극)

회귀계수의 값이 모두 양의 부호(+)이므로, 명료성, 흥미, 자극이 증가할수록 강의에 대한 평가는 증가한다고 해석할 수 있다.

② 표준화 회귀계수

표준화 회귀계수는 종속변수에 대한 독립변수의 상대적인 영향력의 크기를 나타낸다. 강의에 대한 평가에 가장 큰 영향을 주는 변수는 명료성(.653)이고, 다음이 자극(.266), 흥미(.220)의 순으로 나타났다.

③ 공선성 통계량

독립변수들의 공차한계가 0.1보다 훨씬 크고, VIF값이 10보다 훨씬 작기 때문에 다중공선성은 존재하지 않는 것으로 판단된다.

3) 보고서 제시양식

단계선택모형을 선택한 다중회귀분석의 보고서는 입력방법을 선택한 앞의 결과표와 동일하다. 다만 종속변수에 대해 p< .05수준에서 유의한 독립변수들이 단계적으로 투입된 모형이 산출된다.

[표12.2] 소비자지식, 소비자태도, 월평균 가계소득, 연령이 구매비용에 미치는 영향

독립변수	B	β	t	R^2	R^2의 변화량	F
(상수)	.021			.856		55.316***
명료성	.482	.653	7.158***		.743	
흥미	.223	.220	2.904**		.072	
자극	.195	.266	2.824**		.041	

**p<.01, ***p<.001

해석 명료성, 흥미, 자극은 강의에 대한 평가를 84% 정도 설명하며, 그 중에서 명료성이 74%로 가장 많은 설명력을 가진다. 명료성에 흥미가 추가되어 7.2%의 설명력이 증가하여 82%의 설명력을 가지며, 자극이 추가될 경우 4.1%의 설명력이 증가하여 86%의 설명력을 가지게 된다. F값 55.316은 p <.001수준에서 유의한 것으로 나타나 위의 회귀모형식이 적합하다는 것을 보여준다. 강의에 대한 평가에 영향을 미치는 독립변수들에 대한 상대적인 설명력은 명료성, 자극, 흥미의 순으로 많은 영향을 미치는 것으로 나타났다. 즉, 강의내용이 명료할수록, 자극이 높을수록, 흥미가 많을수록 강의에 대한 평가점수가 높았다.

4) 다중회귀분석의 예

[표12.3] 대학생소비자의 성형태도에 대한 다중회귀분석

변수			성형태도 b	성형태도 β
	상수		10.541	0.211
대중매체 변수	1일TV시청시간 (1시간미만)	1-2시간미만	0.029	0.002
		2시간이상	1.480	0.098*
	1일인터넷 사용시간 (1시간미만)	1-2시간미만	-1.501	-0.106
		2시간이상	-1.241	-0.093
인구사회학적 변수	성별(남학생)	여학생	3.132	0.211***
	연령		0.265	0.080
	학년 (1학년)	2학년	1.228	0.081
		3학년	0.021	0.001
		4학년	0.367	0.026
	전공 (인문사회대학)	자연·공과대학·기타	-0.672	-0.050
		생과·예체능대학	-1.515	-0.113
	월평균 가계소득 (200만원미만)	200-300만원미만	0.314	0.020
		300-400만원미만	1.757	0.111*
		400만원이상	1.816	0.129*
개인적 변수	외모관심도		0.315	0.354***
	자아존중감		0.022	0.028
	신체만족도		-0.042	-0.059
F 비			7.851***	
R^2			0.227	
수정된 R^2			0.198	

*p〈.05, ***p〈.001

출처: 허은정, 이아름(2011). 대중매체와 개인적 변수가 대학생 소비자의 성형태도 및 성형행동에 미치는 영향. 한국생활과학회지. 20(3). 625-636.

해석 대학생 소비자의 성형태도에 영향을 미치는 변수를 다중회귀분석을 통해 살펴본 결과 총설명력은 19.8%로, 대학생 소비자의 성형태도에는 외모관심도, 성별, 월평균 가계소득, 1일 TV시청시간이 정적인 영향력을 미치는 것으로 나타났다(F=7.851, p < .001).

즉 대학생 소비자의 외모관심도가 높을수록(β=.354, $p < .001$), 남학생에 비해 여학생이(β=.211, $p < .001$), 월평균 가계소득이 200만원 미만집단에 비해 400만원 이상 집단일 때(β=.129, $p < .05$), 월평균 가계소득이 200만원 미만 집단에 비해 300 - 400만원 미만 집단일 때(β=.111, $p < .05$), 1일 TV시청시간이 한 시간 미만 집단에 비해 2시간 이상인 집단일 때(β=.098, $p < .05$) 성형태도에 대해 긍정적인 것을 알 수 있다.

부록

1/ 표준정규분포표

2/ 지수분포표

3/ t분포표

4/ x^2분포표

5/ F분포표

6/ 질문지

〈표1〉

표준정규분포

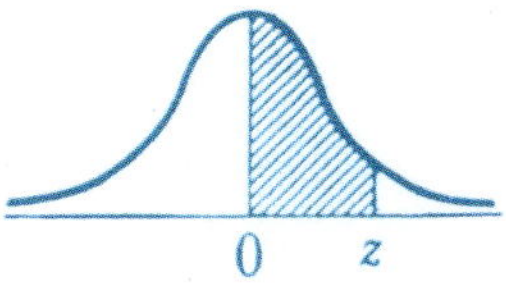

$$P(0 \leq X \leq z) = \int_0^z \frac{1}{\sqrt{2\pi}} e^{-\frac{1}{2}x^2} dx$$

z	.00	.01	.02	.03	.04	.05	.06	.07	.08	.09
0.0	.0000	.0040	.0080	.0120	.0160	.0199	.0239	.0279	.0319	.0359
0.1	.0398	.0438	.0478	.0517	.0557	.0596	.0636	.0675	.0714	.0753
0.2	.0793	.0832	.0871	.0910	.0948	.0987	.1026	.1064	.1103	.1141
0.3	.1179	.1217	.1255	.1293	.1331	.1368	.1406	.1443	.1480	.1517
0.4	.1554	.1591	.1628	.1664	.1700	.1736	.1772	.1808	.1844	.1879
0.5	.1915	.1950	.1985	.2019	.2054	.2088	.2123	.2157	.2190	.2224
0.6	.2257	.2291	.2324	.2357	.2389	.2422	.2454	.2486	.2518	.2549
0.7	.2580	.2612	.2642	.2673	.2704	.2734	.2764	.2794	.2823	.2852
0.8	.2881	.2910	.2939	.2967	.2995	.3023	.3051	.3078	.3106	.3133
0.9	.3159	.3186	.3212	.3238	.3264	.3289	.3315	.3340	.3365	.3389
1.0	.3413	.3438	.3461	.3485	.3508	.3531	.3554	.3577	.3599	.3621
1.1	.3643	.3665	.3686	.3708	.3729	.3749	.3770	.3790	.3810	.3830
1.2	.3849	.3869	.3888	.3907	.3925	.3944	.3962	.3980	.3997	.4015
1.3	.4032	.4049	.4066	.4082	.4099	.4115	.4131	.4147	.4162	.4177
1.4	.4192	.4207	.4222	.4236	.4251	.4265	.4279	.4292	.4306	.4319
1.5	.4332	.4345	.4357	.4370	.4382	.4394	.4406	.4418	.4429	.4441
1.6	.4452	.4463	.4474	.4484	.4495	.4505	.4515	.4525	.4535	.4545
1.7	.4554	.4564	.4573	.4582	.4591	.4599	.4608	.4616	.4625	.4633
1.8	.4641	.4649	.4656	.4664	.4671	.4678	.4686	.4693	.4699	.4706
1.9	.4713	.4719	.4726	.4732	.4738	.4744	.4750	.4756	.4761	.4767
2.0	.4772	.4778	.4783	.4788	.4793	.4798	.4803	.4808	.4812	.4817
2.1	.4821	.4826	.4830	.4834	.4838	.4842	.4846	.4850	.4854	.4857
2.2	.4861	.4864	.4868	.4871	.4875	.4878	.4881	.4884	.4887	.4890
2.3	.4893	.4896	.4898	.4901	.4904	.4906	.4909	.4911	.4913	.4916
2.4	.4918	.4920	.4922	.4925	.4927	.4929	.4931	.4932	.4934	.4936
2.5	.4938	.4940	.4941	.4943	.4945	.4946	.4948	.4949	.4951	.4952
2.6	.4953	.4955	.4956	.4957	.4959	.4960	.4961	.4962	.4963	.4964
2.7	.4965	.4966	.4967	.4968	.4969	.4970	.4971	.4972	.4973	.4974
2.8	.4974	.4975	.4976	.4977	.4977	.4978	.4979	.4979	.4980	.4981
2.9	.4981	.4982	.4982	.4983	.4984	.4984	.4985	.4985	.4986	.4986
3.0	.49865	.4987	.4987	.4988	.4988	.4989	.4989	.4989	.4990	.4990
4.0	.4999683									

〈표2〉

지수분포표

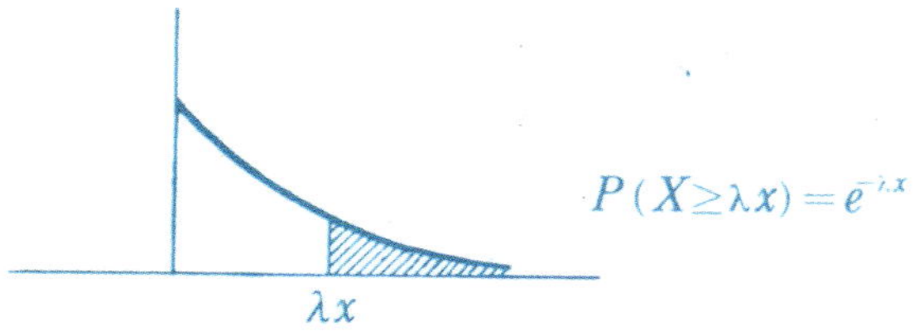

λx	확 률	λx	확 률	λx	확 률	λx	확 률
0.0	1.000	2.5	0.082	5.0	0.0067	7.5	0.00055
0.1	0.905	2.6	0.074	5.1	0.0061	7.6	0.00050
0.2	0.819	2.7	0.067	5.2	0.0055	7.7	0.00045
0.3	0.741	2.8	0.061	5.3	0.0050	7.8	0.00041
0.4	0.670	2.9	0.055	5.4	0.0045	7.9	0.00037
0.5	0.607	3.0	0.050	5.5	0.0041	8.0	0.00034
0.6	0.549	3.1	0.045	5.6	0.0037	8.1	0.00030
0.7	0.497	3.2	0.041	5.7	0.0033	8.2	0.00028
0.8	0.449	3.3	0.037	5.8	0.0030	8.3	0.00025
0.9	0.407	3.4	0.033	5.9	0.0027	8.4	0.00022
1.0	0.368	3.5	0.030	6.0	0.0025	8.5	0.00020
1.1	0.333	3.6	0.027	6.1	0.0022	8.6	0.00018
1.2	0.301	3.7	0.025	6.2	0.0020	8.7	0.00017
1.3	0.273	3.8	0.022	6.3	0.0018	8.8	0.00015
1.4	0.247	3.9	0.020	6.4	0.0017	8.9	0.00014
1.5	0.223	4.0	0.018	6.5	0.0015	9.0	0.00012
1.6	0.202	4.1	0.017	6.6	0.0014	9.1	0.00011
1.7	0.183	4.2	0.015	6.7	0.0012	9.2	0.00010
1.8	0.165	4.3	0.014	6.8	0.0011	9.3	0.00009
1.9	0.150	4.4	0.012	6.9	0.0010	9.4	0.00008
2.0	0.135	4.5	0.011	7.0	0.0009	9.5	0.00008
2.1	0.122	4.6	0.010	7.1	0.0008	9.6	0.00007
2.2	0.111	4.7	0.009	7.2	0.0007	9.7	0.00006
2.3	0.100	4.8	0.008	7.3	0.0007	9.8	0.00006
2.4	0.091	4.9	0.007	7.4	0.0006	9.9	0.00005

〈표3〉

t분포표

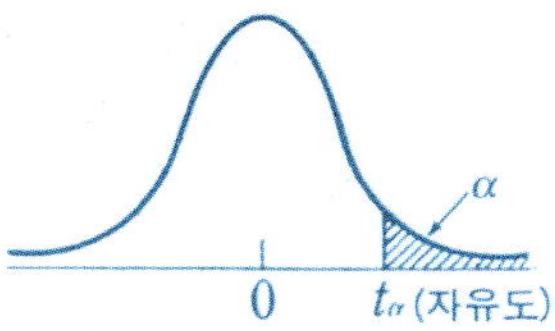

α \ 자유도	.10	.05	.025	.01	.005
1	3.078	6.314	12.706	31.821	63.657
2	1.886	2.920	4.303	6.965	9.925
3	1.638	2.353	3.182	4.541	5.841
4	1.533	2.132	2.776	3.747	4.604
5	1.476	2.015	2.571	3.365	4.032
6	1.440	1.943	2.447	3.143	3.707
7	1.415	1.895	2.365	2.998	3.499
8	1.397	1.860	2.306	2.896	3.355
9	1.383	1.833	2.262	2.821	3.250
10	1.372	1.812	2.228	2.764	3.169
11	1.363	1.796	2.201	2.718	3.106
12	1.356	1.782	2.179	2.681	3.055
13	1.350	1.771	2.160	2.650	3.012
14	1.345	1.761	2.145	2.624	2.977
15	1.341	1.753	2.131	2.602	2.947
16	1.337	1.746	2.120	2.583	2.921
17	1.333	1.740	2.110	2.567	2.898
18	1.330	1.734	2.101	2.552	2.878
19	1.328	1.729	2.093	2.539	2.861
20	1.325	1.725	2.086	2.528	2.845
21	1.323	1.721	2.080	2.518	2.831
22	1.321	1.717	2.074	2.508	2.819
23	1.319	1.714	2.069	2.500	2.807
24	1.318	1.711	2.064	2.492	2.797
25	1.316	1.708	2.060	2.485	2.787
26	1.315	1.706	2.056	2.479	2.779
27	1.314	1.703	2.052	2.473	2.771
28	1.313	1.701	2.048	2.467	2.763
29	1.311	1.699	2.045	2.462	2.756
30	1.310	1.697	2.042	2.457	2.750
40	1.303	1.684	2.021	2.423	2.704
60	1.296	1.671	2.000	2.390	2.660
120	1.289	1.658	1.980	2.358	2.617
∞	1.282	1.645	1.960	2.326	2.576

〈표4〉

x^2 분포표

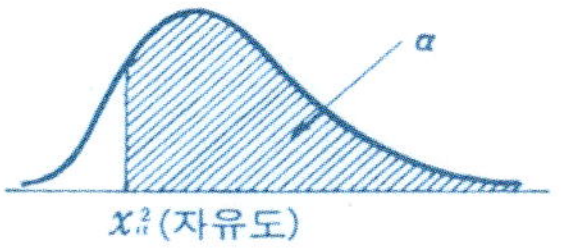

χ^2_α(자유도)

자유도 \ α	.999	.995	.99	.975	.95	.90
1	.000	.000	.000	.001	.004	.016
2	.002	.010	.020	.051	.103	.211
3	.024	.072	.115	.216	.352	.584
4	.091	.207	.297	.484	.711	1.06
5	.210	.412	.554	.831	1.15	1.61
6	.381	.676	.872	1.24	1.64	2.20
7	.598	.989	1.24	1.69	2.17	2.83
8	.857	1.34	1.65	2.18	2.73	3.49
9	1.15	1.73	2.09	2.70	3.33	4.17
10	1.48	2.16	2.56	3.25	3.94	4.87
11	1.83	2.60	3.05	3.82	4.57	5.58
12	2.21	3.07	3.57	4.40	5.23	6.30
13	2.62	3.57	4.11	5.01	5.89	7.04
14	3.04	4.07	4.66	5.63	6.57	7.79
15	3.48	4.60	5.23	6.26	7.26	8.55
16	3.94	5.14	5.81	6.91	7.96	9.31
17	4.42	5.70	6.41	7.56	8.67	10.1
18	4.90	6.26	7.01	8.23	9.39	10.9
19	5.41	6.84	7.63	8.91	10.1	11.7
20	5.92	7.43	8.26	9.59	10.9	12.4
21	6.45	8.03	8.90	10.3	11.6	13.2
22	6.98	8.64	9.54	11.0	12.3	14.0
23	7.53	9.26	10.2	11.7	13.1	14.8
24	8.08	9.89	10.9	12.4	13.8	15.7
25	8.65	10.5	11.5	13.1	14.6	16.5
26	9.22	11.2	12.2	13.8	15.4	17.3
27	9.80	11.8	12.9	14.6	16.2	18.1
28	10.4	12.5	13.6	15.3	16.9	18.9
29	11.0	13.1	14.3	16.0	17.7	19.8
30	11.6	13.8	15.0	16.8	18.5	20.6
35	14.7	17.2	18.5	20.6	22.5	24.8
40	17.9	20.7	22.2	24.4	26.5	29.1
45	21.3	24.3	25.9	28.4	30.6	33.4
50	24.7	28.0	29.7	32.4	34.8	37.7
55	28.2	31.7	33.6	36.4	39.0	42.1
60	31.7	35.5	37.5	40.5	43.2	46.5
65	35.4	39.4	41.4	44.6	47.4	50.9
70	39.0	43.3	45.4	48.8	51.7	55.3
75	42.8	47.2	49.5	52.9	56.1	59.8
80	46.5	51.2	53.5	57.2	60.4	64.3
85	50.3	55.2	57.6	61.4	64.7	68.8
90	54.2	59.2	61.8	65.6	69.1	73.3
95	58.0	63.2	65.9	69.9	73.5	77.8
100	61.9	67.3	70.1	74.2	77.9	82.4

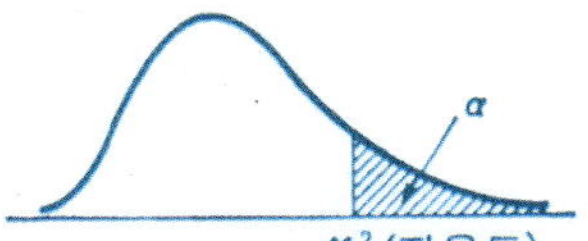

χ^2_α(자유도)

α / 자유도	.100	.050	.025	.010	.005	.001
1	2.71	3.84	5.02	6.63	7.88	10.8
2	4.61	5.99	7.38	9.21	10.6	13.8
3	6.25	7.81	9.35	11.3	12.8	16.3
4	7.78	9.49	11.1	13.3	14.9	18.5
5	9.24	11.1	12.8	15.1	16.7	20.5
6	10.6	12.6	14.4	16.8	18.5	22.5
7	12.0	14.1	16.0	18.5	20.3	24.3
8	13.4	15.5	17.5	20.1	22.0	26.1
9	14.7	16.9	19.0	21.7	23.6	27.9
10	16.0	18.3	20.5	23.2	25.2	29.6
11	17.3	19.7	21.9	24.7	26.8	31.3
12	18.5	21.0	23.3	26.2	28.3	32.9
13	19.8	22.4	24.7	27.7	29.8	34.5
14	21.1	23.7	26.1	29.1	31.3	36.1
15	22.3	25.0	27.5	30.6	32.8	37.7
16	23.5	26.3	28.8	32.0	34.3	39.3
17	24.8	27.6	30.2	33.4	35.7	40.8
18	26.0	28.9	31.5	34.8	37.2	42.3
19	27.2	30.1	32.9	36.2	38.6	43.8
20	28.4	31.4	34.2	37.6	40.0	45.3
21	29.6	32.7	35.5	38.9	41.4	46.8
22	30.8	33.9	36.8	40.3	42.8	48.3
23	32.0	35.2	38.1	41.6	44.2	49.7
24	33.2	36.4	39.4	43.0	45.6	51.2
25	34.4	37.7	40.6	44.3	46.9	52.6
26	35.6	38.9	41.9	45.6	48.3	54.1
27	36.7	40.1	43.2	47.0	49.6	55.5
28	37.9	41.3	44.5	48.3	51.0	56.9
29	39.1	42.6	45.7	49.6	52.3	58.3
30	40.3	43.8	47.0	50.9	53.7	59.7
35	46.1	49.8	53.2	57.3	60.3	66.6
40	51.8	55.8	59.3	63.7	66.8	73.4
45	57.5	61.7	65.4	70.0	73.2	80.1
50	63.2	67.5	71.4	76.2	79.5	86.7
55	68.8	73.3	77.4	82.3	85.7	93.2
60	74.4	79.1	83.3	88.4	92.0	99.6
65	80.0	84.8	89.2	94.4	98.1	106.0
70	85.5	90.5	95.0	100.4	104.2	112.3
75	91.1	96.2	100.8	106.4	110.3	118.6
80	96.6	101.9	106.6	112.3	116.3	124.8
85	102.1	107.5	112.4	118.2	122.3	131.0
90	107.6	113.1	118.1	124.1	128.3	137.2
95	113.0	118.8	123.9	130.0	134.2	143.3
100	118.5	124.3	129.6	135.8	140.2	149.4

〈표5〉

F 분포표

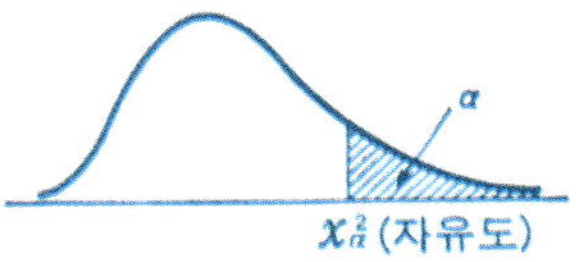

χ^2_α(자유도)

자유도 \ α	.100	.050	.025	.010	.005	.001
1	2.71	3.84	5.02	6.63	7.88	10.8
2	4.61	5.99	7.38	9.21	10.6	13.8
3	6.25	7.81	9.35	11.3	12.8	16.3
4	7.78	9.49	11.1	13.3	14.9	18.5
5	9.24	11.1	12.8	15.1	16.7	20.5
6	10.6	12.6	14.4	16.8	18.5	22.5
7	12.0	14.1	16.0	18.5	20.3	24.3
8	13.4	15.5	17.5	20.1	22.0	26.1
9	14.7	16.9	19.0	21.7	23.6	27.9
10	16.0	18.3	20.5	23.2	25.2	29.6
11	17.3	19.7	21.9	24.7	26.8	31.3
12	18.5	21.0	23.3	26.2	28.3	32.9
13	19.8	22.4	24.7	27.7	29.8	34.5
14	21.1	23.7	26.1	29.1	31.3	36.1
15	22.3	25.0	27.5	30.6	32.8	37.7
16	23.5	26.3	28.8	32.0	34.3	39.3
17	24.8	27.6	30.2	33.4	35.7	40.8
18	26.0	28.9	31.5	34.8	37.2	42.3
19	27.2	30.1	32.9	36.2	38.6	43.8
20	28.4	31.4	34.2	37.6	40.0	45.3
21	29.6	32.7	35.5	38.9	41.4	46.8
22	30.8	33.9	36.8	40.3	42.8	48.3
23	32.0	35.2	38.1	41.6	44.2	49.7
24	33.2	36.4	39.4	43.0	45.6	51.2
25	34.4	37.7	40.6	44.3	46.9	52.6
26	35.6	38.9	41.9	45.6	48.3	54.1
27	36.7	40.1	43.2	47.0	49.6	55.5
28	37.9	41.3	44.5	48.3	51.0	56.9
29	39.1	42.6	45.7	49.6	52.3	58.3
30	40.3	43.8	47.0	50.9	53.7	59.7
35	46.1	49.8	53.2	57.3	60.3	66.6
40	51.8	55.8	59.3	63.7	66.8	73.4
45	57.5	61.7	65.4	70.0	73.2	80.1
50	63.2	67.5	71.4	76.2	79.5	86.7
55	68.8	73.3	77.4	82.3	85.7	93.2
60	74.4	79.1	83.3	88.4	92.0	99.6
65	80.0	84.8	89.2	94.4	98.1	106.0
70	85.5	90.5	95.0	100.4	104.2	112.3
75	91.1	96.2	100.8	106.4	110.3	118.6
80	96.6	101.9	106.6	112.3	116.3	124.8
85	102.1	107.5	112.4	118.2	122.3	131.0
90	107.6	113.1	118.1	124.1	128.3	137.2
95	113.0	118.8	123.9	130.0	134.2	143.3
100	118.5	124.3	129.6	135.8	140.2	149.4

$\alpha = 0.10$

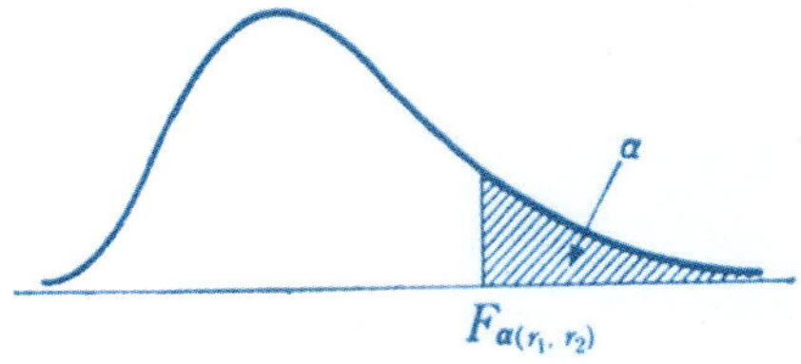

12	15	20	24	30	40	60	120	∞	r_1 / r_2
60.71	61.22	61.74	62.00	62.26	62.53	62.79	63.06	63.33	1
9.41	9.42	9.44	9.45	9.46	9.47	9.47	9.48	9.49	2
5.22	5.20	5.18	5.18	5.17	5.16	5.15	5.14	5.13	3
3.90	3.87	3.84	3.83	3.82	3.80	3.79	3.78	3.76	4
3.27	3.24	3.21	3.19	3.17	3.16	3.14	3.12	3.10	5
2.90	2.87	2.84	2.82	2.80	2.78	2.76	2.74	2.72	6
2.67	2.63	2.59	2.58	2.56	2.54	2.51	2.49	2.47	7
2.50	2.46	2.42	2.30	2.38	2.36	2.34	2.32	2.29	8
2.38	2.34	2.30	2.28	2.25	2.23	2.21	2.18	2.16	9
2.28	2.24	2.20	2.18	2.16	2.13	2.11	2.08	2.06	10
2.21	2.17	2.12	2.10	2.08	2.05	2.03	2.00	1.97	11
2.15	2.10	2.06	2.04	2.01	1.99	1.96	1.93	1.90	12
2.10	2.05	2.01	1.98	1.96	1.93	1.90	1.88	1.85	13
2.05	2.01	1.96	1.94	1.91	1.89	1.86	1.83	1.80	14
2.02	1.97	1.92	1.90	1.87	1.85	1.82	1.79	1.76	15
1.99	1.94	1.89	1.87	1.84	1.81	1.78	1.75	1.72	16
1.96	1.91	1.86	1.84	1.81	1.78	1.75	1.72	1.69	17
1.93	1.89	1.84	1.81	1.78	1.75	1.72	1.69	1.66	18
1.91	1.86	1.81	1.79	1.76	1.73	1.70	1.67	1.63	19
1.89	1.84	1.79	1.77	1.74	1.71	1.68	1.64	1.61	20
1.87	1.83	1.78	1.75	1.72	1.69	1.66	1.62	1.59	21
1.86	1.81	1.76	1.73	1.70	1.67	1.64	1.60	1.57	22
1.84	1.80	1.74	1.72	1.69	1.66	1.62	1.59	1.55	23
1.83	1.78	1.73	1.70	1.67	1.64	1.61	1.57	1.53	24
1.82	1.77	1.72	1.69	1.66	1.63	1.59	1.56	1.52	25
1.81	1.76	1.71	1.68	1.65	1.61	1.58	1.54	1.50	26
1.80	1.75	1.70	1.67	1.64	1.60	1.57	1.53	1.49	27
1.79	1.74	1.69	1.66	1.63	1.59	1.56	1.52	1.48	28
1.78	1.73	1.68	1.65	1.62	1.58	1.55	1.51	1.47	29
1.77	1.72	1.67	1.64	1.61	1.57	1.54	1.50	1.46	30
1.71	1.66	1.61	1.57	1.54	1.51	1.47	1.42	1.38	40
1.66	1.60	1.54	1.51	1.48	1.44	1.40	1.35	1.29	60
1.60	1.55	1.48	1.45	1.41	1.37	1.32	1.26	1.19	120
1.55	1.49	1.42	1.38	1.34	1.30	1.24	1.17	1.00	∞

$\alpha=0.10$

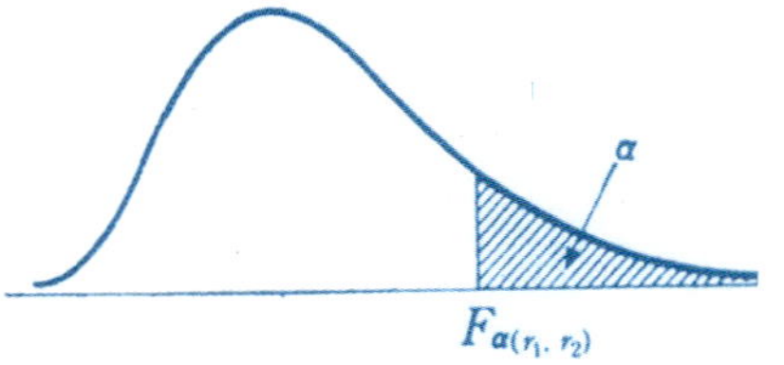

12	15	20	24	30	40	60	120	∞	r_1 / r_2
60.71	61.22	61.74	62.00	62.26	62.53	62.79	63.06	63.33	1
9.41	9.42	9.44	9.45	9.46	9.47	9.47	9.48	9.49	2
5.22	5.20	5.18	5.18	5.17	5.16	5.15	5.14	5.13	3
3.90	3.87	3.84	3.83	3.82	3.80	3.79	3.78	3.76	4
3.27	3.24	3.21	3.19	3.17	3.16	3.14	3.12	3.10	5
2.90	2.87	2.84	2.82	2.80	2.78	2.76	2.74	2.72	6
2.67	2.63	2.59	2.58	2.56	2.54	2.51	2.49	2.47	7
2.50	2.46	2.42	2.30	2.38	2.36	2.34	2.32	2.29	8
2.38	2.34	2.30	2.28	2.25	2.23	2.21	2.18	2.16	9
2.28	2.24	2.20	2.18	2.16	2.13	2.11	2.08	2.06	10
2.21	2.17	2.12	2.10	2.08	2.05	2.03	2.00	1.97	11
2.15	2.10	2.06	2.04	2.01	1.99	1.96	1.93	1.90	12
2.10	2.05	2.01	1.98	1.96	1.93	1.90	1.88	1.85	13
2.05	2.01	1.96	1.94	1.91	1.89	1.86	1.83	1.80	14
2.02	1.97	1.92	1.90	1.87	1.85	1.82	1.79	1.76	15
1.99	1.94	1.89	1.87	1.84	1.81	1.78	1.75	1.72	16
1.96	1.91	1.86	1.84	1.81	1.78	1.75	1.72	1.69	17
1.93	1.89	1.84	1.81	1.78	1.75	1.72	1.69	1.66	18
1.91	1.86	1.81	1.79	1.76	1.73	1.70	1.67	1.63	19
1.89	1.84	1.79	1.77	1.74	1.71	1.68	1.64	1.61	20
1.87	1.83	1.78	1.75	1.72	1.69	1.66	1.62	1.59	21
1.86	1.81	1.76	1.73	1.70	1.67	1.64	1.60	1.57	22
1.84	1.80	1.74	1.72	1.69	1.66	1.62	1.59	1.55	23
1.83	1.78	1.73	1.70	1.67	1.64	1.61	1.57	1.53	24
1.82	1.77	1.72	1.69	1.66	1.63	1.59	1.56	1.52	25
1.81	1.76	1.71	1.68	1.65	1.61	1.58	1.54	1.50	26
1.80	1.75	1.70	1.67	1.64	1.60	1.57	1.53	1.49	27
1.79	1.74	1.69	1.66	1.63	1.59	1.56	1.52	1.48	28
1.78	1.73	1.68	1.65	1.62	1.58	1.55	1.51	1.47	29
1.77	1.72	1.67	1.64	1.61	1.57	1.54	1.50	1.46	30
1.71	1.66	1.61	1.57	1.54	1.51	1.47	1.42	1.38	40
1.66	1.60	1.54	1.51	1.48	1.44	1.40	1.35	1.29	60
1.60	1.55	1.48	1.45	1.41	1.37	1.32	1.26	1.19	120
1.55	1.49	1.42	1.38	1.34	1.30	1.24	1.17	1.00	∞

$\alpha = 0.05$

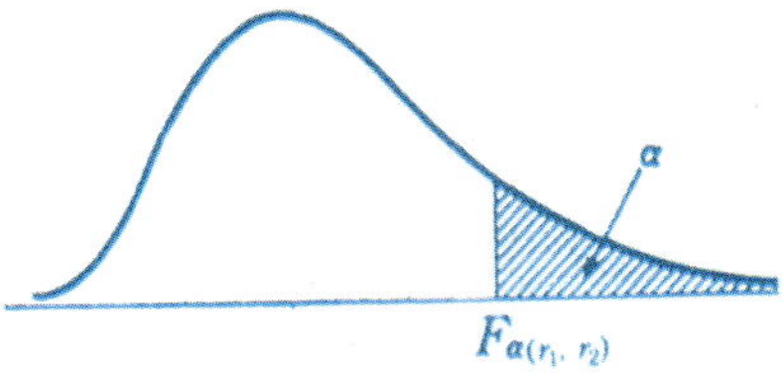

12	15	20	24	30	40	60	120	∞	r_1 / r_2
243.9	245.9	248.0	249.1	250.1	251.1	252.2	253.3	254.3	1
19.41	19.43	19.45	19.45	19.46	19.47	19.48	19.49	19.50	2
8.74	8.70	8.66	8.64	8.62	8.59	8.57	8.55	8.53	3
5.91	5.86	5.80	5.77	5.75	5.72	5.69	5.66	5.63	4
4.68	4.62	4.56	4.53	4.50	4.46	4.43	4.40	4.36	5
4.00	3.94	3.87	3.84	3.81	3.77	3.74	3.70	3.67	6
3.57	3.51	3.44	3.41	3.38	3.34	3.30	3.27	3.23	7
3.28	3.22	3.15	3.12	3.08	3.04	3.01	2.97	2.93	8
3.07	3.01	2.94	2.90	2.86	2.83	2.79	2.75	2.71	9
2.91	2.85	2.77	2.74	2.70	2.66	2.62	2.58	2.54	10
2.79	2.72	2.65	2.61	2.57	2.53	2.49	2.45	2.40	11
2.69	2.62	2.54	2.51	2.47	2.43	2.38	2.34	2.30	12
2.60	2.53	2.46	2.42	2.38	2.34	2.30	2.25	2.21	13
2.53	2.46	2.39	2.35	2.31	2.27	2.22	2.18	2.13	14
2.48	2.40	2.33	2.29	2.25	2.20	2.16	2.11	2.07	15
2.42	2.35	2.28	2.24	2.19	2.15	2.11	2.06	2.01	16
2.38	2.31	2.23	2.19	2.15	2.10	2.06	2.01	1.96	17
2.34	2.27	2.19	2.15	2.11	2.06	2.02	1.97	1.92	18
2.31	2.23	2.16	2.11	2.07	2.03	1.98	1.93	1.88	19
2.28	2.20	2.12	2.08	2.04	1.99	1.95	1.90	1.84	20
2.25	2.18	2.10	2.05	2.01	1.96	1.92	1.87	1.81	21
2.23	2.15	2.07	2.03	1.98	1.94	1.89	1.84	1.78	22
2.20	2.13	2.05	2.01	1.96	1.91	1.86	1.81	1.76	23
2.18	2.11	2.03	1.98	1.94	1.89	1.84	1.79	1.73	24
2.16	2.09	2.01	1.96	1.92	1.87	1.82	1.77	1.71	25
2.15	2.07	1.99	1.95	1.90	1.85	1.80	1.75	1.69	26
2.13	2.06	1.97	1.93	1.88	1.84	1.79	1.73	1.67	27
2.12	2.04	1.96	1.91	1.87	1.82	1.77	1.71	1.65	28
2.10	2.03	1.94	1.90	1.85	1.81	1.75	1.70	1.64	29
2.09	2.01	1.93	1.89	1.84	1.79	1.74	1.68	1.62	30
2.00	1.92	1.84	1.79	1.74	1.69	1.64	1.58	1.51	40
1.92	1.84	1.75	1.70	1.65	1.59	1.53	1.47	1.39	60
1.83	1.75	1.66	1.61	1.55	1.50	1.43	1.35	1.25	120
1.75	1.67	1.57	1.52	1.46	1.39	1.32	1.22	1.00	∞

$\alpha=0.01$

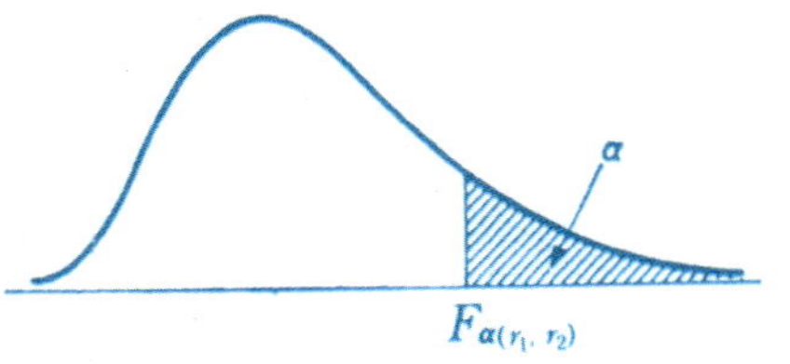

r_2 \ r_1	1	2	3	4	5	6	7	8	9	10
1	4052	4999.5	5403	5625	5764	5859	5928	5982	6022	6056
2	98.50	99.00	99.17	99.25	99.30	99.33	99.36	99.37	99.39	99.40
3	34.12	30.82	29.46	28.71	28.24	27.91	27.67	27.49	27.35	27.23
4	21.20	18.00	16.69	15.98	15.52	15.21	14.98	14.80	14.66	14.55
5	16.26	13.27	12.06	11.39	10.97	10.67	10.46	10.29	10.16	10.05
6	13.75	10.92	9.78	9.15	8.75	8.47	8.26	8.10	7.98	7.87
7	12.25	9.55	8.45	7.85	7.46	7.19	6.99	6.84	6.72	6.62
8	11.26	8.65	7.59	7.01	6.63	6.37	6.18	6.03	5.91	5.81
9	10.56	8.02	6.99	6.42	6.06	5.80	5.61	5.47	5.35	5.26
10	10.04	7.56	6.55	5.99	5.64	5.39	5.20	5.06	4.94	4.85
11	9.65	7.21	6.22	5.67	5.32	5.07	4.89	4.74	4.63	4.54
12	9.33	6.93	5.95	5.41	5.06	4.82	4.64	4.50	4.39	4.30
13	9.07	6.70	5.74	5.21	4.86	4.62	4.44	4.30	4.19	4.10
14	8.86	6.51	5.56	5.04	4.69	4.46	4.28	4.14	4.03	3.94
15	8.68	6.36	5.42	4.89	4.56	4.32	4.14	4.00	3.89	3.80
16	8.53	6.23	5.29	4.77	4.44	4.20	4.03	3.89	3.78	3.69
17	8.40	6.11	5.18	4.67	4.34	4.10	3.93	3.79	3.68	3.59
18	8.29	6.01	5.09	4.58	4.25	4.01	3.84	3.71	3.60	3.51
19	8.18	5.93	5.01	4.50	4.17	3.94	3.77	3.63	3.52	3.43
20	8.10	5.85	4.94	4.43	4.10	3.87	3.70	3.56	3.46	3.37
21	8.02	5.78	4.87	4.37	4.04	3.81	3.64	3.51	3.40	3.31
22	7.95	5.72	4.83	4.31	3.99	3.76	3.59	3.45	3.35	3.26
23	7.88	5.66	4.76	4.26	3.94	3.71	3.54	3.41	3.30	3.21
24	7.82	5.61	4.72	4.22	3.90	3.67	3.50	3.36	3.26	3.17
25	7.77	5.57	4.68	4.18	3.85	3.63	3.46	3.32	3.22	3.13
26	7.72	5.53	4.64	4.14	3.82	3.59	3.42	3.29	3.18	3.09
27	7.68	5.49	4.60	4.11	3.78	3.56	3.39	3.26	3.15	3.06
28	7.64	5.45	4.57	4.07	3.75	3.53	3.36	3.23	3.12	3.03
29	7.60	5.42	4.54	4.04	3'73	3.50	3.33	3.20	3.09	3.00
30	7.56	5.49	4.51	4.02	3.70	3.47	3.30	3.17	3.07	2.98
40	7.31	5.18	4.31	3.83	3.51	3.29	3.12	2.99	2.89	2.80
60	7.08	4.98	4.13	3.65	3.34	3.12	2.95	2.82	2.72	2.63
120	6.85	4.79	3.95	3.48	3.17	2.96	2.79	2.66	2.56	2.47
∞	6.63	4.61	3.78	3.32	3.02	2.80	2.64	2.51	2.41	2.32

r_1 = 분자의 자유도
r_2 = 분모의 자유도

$\alpha = 0.01$

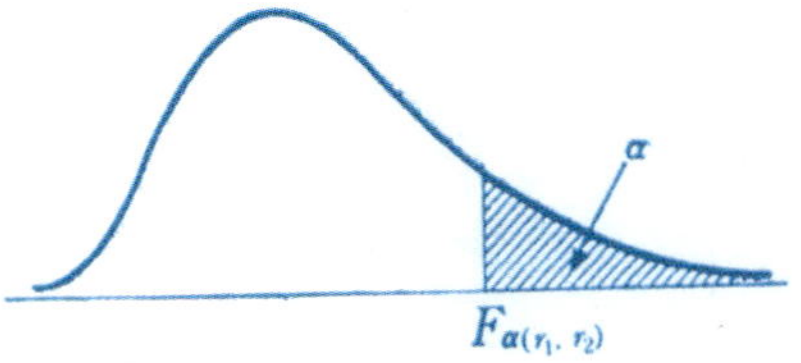

12	15	20	24	30	40	60	120	∞	r_1 / r_2
6106	6157	6209	6235	6261	6287	6313	6339	6366	1
99.42	99.43	99.45	99.46	99.47	99.47	99.48	99.49	99.50	2
27.05	26.87	26.69	26.60	26.50	26.41	26.32	26.22	26.13	3
14.37	14.20	14.02	13.93	13.84	13.75	13.65	13.56	13.46	4
9.89	9.72	9.55	9.47	9.38	9.29	9.20	9.11	9.02	5
7.72	7.56	7.40	7.31	7.23	7.14	7.06	6.97	6.88	6
6.47	6.31	6.16	6.07	5.99	5.91	5.82	5.74	5.65	7
5.67	5.52	5.36	5.28	5.20	5.12	5.03	4.95	4.86	8
5.11	4.96	4.81	4.73	4.65	4.57	4.48	4.40	4.31	9
4.71	4.56	4.41	4.33	4.25	4.17	4.08	4.00	4.91	10
4.40	4.25	4.10	4.02	3.94	3.86	3.78	3.69	3.60	11
4.16	4.01	3.86	3.78	3.70	3.62	3.54	3.45	3.36	12
3.96	3.82	3.66	3.59	3.51	3.43	3.34	3.25	3.17	13
3.80	3.66	3.51	3.43	3.35	3.27	3.18	3.09	3.00	14
3.67	3.52	3.37	3.29	3.21	3.13	3.05	2.96	2.87	15
3.55	3.41	3.26	3.18	3.10	3.02	2.93	2.84	2.75	16
3.46	3.31	3.16	3.08	3.00	2.92	2.83	2.75	2.65	17
3.37	3.23	3.08	3.00	2.92	2.84	2.75	2.66	2.57	18
2.30	3.15	3.00	2.92	2.84	2.76	2.67	2.58	2.49	19
3.23	3.09	2.94	2.86	2.78	2.69	2.61	2.52	2.42	20
3.17	3.03	2.88	2.80	2.72	2.64	2.55	2.46	2.36	21
3.12	2.98	2.83	2.75	2.67	2.58	2.50	2.40	2.31	22
3.07	2.93	2.78	2.70	2.62	2.54	2.45	2.35	2.26	23
3.03	2.89	2.74	2.66	2.58	2.49	2.40	2.31	2.21	24
2.99	2.85	2.70	2.62	2.54	2.45	2.36	2.27	2.17	25
2.96	2.81	2.66	2.58	2.50	2.42	2.33	2.23	2.12	26
2.93	2.78	2.63	2.55	2.47	2.38	2.29	2.20	2.10	27
2.90	2.75	2.60	2.52	2.44	2.35	2.26	2.17	2.06	28
2.87	2.73	2.57	2.49	2.41	2.33	2.23	2.14	2.03	29
2.84	2.70	2.55	2.47	2.39	2.30	2.21	2.11	2.01	30
2.66	2.52	2.37	2.29	2.20	2.11	2.02	1.92	1.80	40
2.50	2.35	2.20	2.12	2.03	1.94	1.84	1.73	1.60	60
2.34	2.19	2.03	1.95	1.86	1.76	1.66	1.53	1.38	120
2.18	2.04	1.88	1.79	1.70	1.59	1.47	1.32	1.00	∞

〈질 문 지〉

안녕하세요?
여러분, 만나서 반갑습니다.
이 질문지는 평소 여러분의 소비생활에 대한 생각과 의견을 듣고자 만들었습니다. 각 문항들에는 정답이 없으니까 자신이 생각하는 곳에 차근하게 체크해주세요. 체크한 답은 모두 익명으로 처리되어 누구에게도 알리지 않습니다.
오직 연구분석을 위해서만 쓰이니까 안심하세요! 질문지 작성에 임해주셔서 감사합니다.

2012. 12
작 성 처: 울산대학교 소비자연구실
문 의 처: 052-259-1639

1. 평소 소비를 할 때 자신의 행동은 어떠한가요? 문항을 읽고 자신의 행동에 일치하는 정도에 ∨표시를 해 주세요.

항 목	매우 그렇다	조금 그렇다	그렇지 않은편이다	전혀 그렇지 않다
	4	3	2	1
1. 나는 종종 아무생각 없이 물건을 산다.				
2. 나는 순간적인 감정에 의해 물건을 산다.				
3. 내 자신이 내린 결정 이후에 나타날 결과에 대해 자신이 있다.				
4. 미래를 위해 현재의 물건 사는 것을 포기할 수 있다.				
5. 나는 쇼핑하는 것보다 저축하는 것이 더 즐겁다.				
6. 나는 계획한 일을 끝까지 완성하는 편이다.				
7. 자신의 행동에 대한 결과를 고려하여서 행동하는 편이다.				
8. 나는 돈을 쓰는 데에 나 자신만의 원칙을 가지고 있다.				

2. 아래 문항을 읽고 평소 생각하는 바와 일치하는 곳에 ∨표시를 해 주세요.

항 목	매우 그렇다	조금 그렇다	그렇지 않은 편이다	전혀 그렇지 않다
	4	3	2	1
1. 좋은 물건을 갖는 것은 중요하다.				
2. 무엇이든 원하는 물건을 살 수 있을 만큼 부자가 되고 싶다.				
3. 남보다 물건을 더 많이 살 수 있는 경제능력이 있으면 행복할 것이다.				
4. 사고 싶은 물건을 모두 살 수 있는 경제능력이 없어 때로는 괴롭다.				
5. 주위 사람들보다 경제적인 면에서 뒤지고 싶지 않다.				
6. 나는 다른 사람을 돕는데 많은 시간을 할애한다.				
7. 제 3세계 등 가난한 나라에 살면서 일하는 사람들의 복지에 대해 관심을 가지고 있다.				
8. 다른 사람들의 권리와 이익을 보호하는 행위는 모든 사람의 중요한 의무다.				
9. 부유한 국가는 자신들의 재산의 일부를 가난한 나라들과 공유해야 하는 도덕적 의무를 가지고 있다.				
10. 현세대를 넘어 미래세대의 복지에 대해서도 관심을 가지고 있다.				

3. 평소 아래와 같은 생각이나 경험을 해 보신 적이 있나요? 해당하는 곳에 ∨표시를 해 주세요.

항 목	매우 그렇다	조금 그렇다	그렇지 않은 편이다	전혀 그렇지 않다
	4	3	2	1
1. 나의 이미지와 어울리는 물건을 보면 당장 필요하지 않아도 산다.				
2. 나는 점원이 좋은 말로 아부하는 것을 알지만 기분 좋은 말로 구매를 권하면 산다.				
3. 나는 제품이 필요하다고 생각되면 미리 계획하지 않았다할지라도 산다.				
4. 나는 갑작스럽게 무엇인가를 구매하고 싶을 때가 있다.				
5. 나는 어떤 물건을 사고 싶은 충동이 들면 꼭 사고야 마는 성격이다.				

4. 평소 물건을 사거나, 사용할 때 영향을 받는 사람이나 매체가 있나요? 해당하는 곳에 ∨표시를 해 주세요.

항 목	매우 그렇다	조금 그렇다	그렇지 않은 편이다	전혀 그렇지 않다
	4	3	2	1
1. 친구				
2. 부모님이나 친척, 이웃				
3. 인터넷/모바일 SNS				
4. TV 광고				
5. 신문, 잡지, 전단지 광고				

※ 다음은 문항은 여러분에 대해 일반적으로 알고자 하는 문항입니다. 문항에 대한 답으로 일치하는 곳에 ∨표시 또는 숫자를 기입해 주세요.

1. 학생의 성별은 무엇인가요?　① 남성　② 여성

2. 어떤 형태의 집에서 살고 있나요?
   ① 아파트　② 단독주택　③ 빌라, 다세대주택　④ 기타(　　　　)

3. 아버지의 직업이 무엇인지 써주세요.

4. 어머니가 직업을 가지고 계시나요?　① 예　② 아니오

5. 부모님의 연세(나이)는 어떻게 되세요?
   ① 아버지　　　　세　② 어머니　　　　세

6. 부모님의 학력은 어떠합니까?
   6-1. 아버지
   ① 중학교졸업 이하　② 고등학교졸업　③ 대학교졸업 이상

6-2. 어머니

① 중학교졸업 이하　② 고등학교졸업　③ 대학교졸업 이상

7. 평소에 우리 집은 어느 정도의 경제적 능력을 가지고 있다고 생각하세요?

① 상층(매우 잘 산다)　② 중상층(잘 산다)　③ 중층(보통이다)
④ 중하층(잘 살지 못하다)　⑤ 하층(매우 못 산다)

8. 평소에 우리 집이 어느 정도 행복하다고 느끼시나요?

① 매우 행복하다　② 조금 행복하다　③ 그저 그렇다
④ 행복하지 않은 편이다　⑤ 전혀 행복하지 않다

9. 평소 나의 성격은 어떠하다고 생각하세요?

① 외향적이다(타인에게 적극적이다)
② 내향적이다(타인에게 적극적이지 못하다)

*답변해주셔서 고마워요!
우리 즐거운 소비자가 됩시다!

참고문헌

권대훈(2011). 『사회과학연구를 위한 통계학』 학지사.

김호전, 허잔(2013). 『SPSS21.0 통계분석 및 해설』 탑북스

노부호, 민재형, 이군희(2009). 『통계학의 이해』 법문사.

서정희, 허은정(2011). 「노인복지시설에 대한 노인소비자의 요구도와 이용의도」『소비자정책교육 연구』, 7(1), 1-18.

서정희, 허은정, 전향란, 김미수, 이아름(2011). 「성인 소비자의 자동차 라이프스타일유형별 주유소 서비스 요구도」, 『2011 한국소비문화학회 춘계학술대회논문집』.

서지원(2013). 「중년기 및 노년기 사회자본의 경제적 복지 효과 비교」. 『대한가정학회지』, 51(2), 207-218.

이군희(2005). 『사회과학 연구방법론 수정판』 법문사.

이학식, 임지훈(2009). 『SPSS 16.0 매뉴얼』 법문사.

이형실(2012). 「부부갈등, 부모의 양육행동, 부모의 감독과 청소년 적응 간 관련성」. 『한국생활과학회지』, 21(6), 1083-1094.

전향란(2013). 「소비자 불매행동 인식유형에 따른 윤리적 소비자주의와 소비자 불매운동 참여」. 『울산대학교 대학원 박사학위논문』.

허경옥, 김기옥, 이승신, 박선영(2012). 『에센셜 연구방법』 교문사.

허은정, 김우성, 정윤선(2010). 「패밀리 레스토랑 매장 내 감각체험이 고객만족에 미치는 영향」. 『한국생활과학회지』, 19(3), 523-536.

허은정, 이아름(2011). 「대중매체와 개인적 변수가 대학생 소비자의 성형태도 및 성형행동에 미치는 영향」, 『한국생활과학회지』, 20(3), 625-636.

황해익, 송연숙, 최혜진, 손원경(2011). 『영유아 아동연구에서의 SPSS 자료분석』 창지사.